Povedali o knihe

Dan Newby a Lucy Núñez sú vynikajúci inovátori v oblasti emócií. V tejto knihe ľahko zrozumiteľným spôsobom odovzdávajú čitateľom svoje poznanie a ocenenie dosahu a hodnoty emócií pri tvarovaní nášho života. Ako koučka pravidelne používam ich rozlíšenia, ktoré poskytujú klientom pri rozširovaní ich emocionálneho rozsahu a rozvíjaní nových praktických postupov, ktoré vedú k uspokojivejšiemu životu. *Neotvorený dar* je inšpiratívny a nenahraditeľný sprievodca pre každého, kto sa snaží uvedomelejšie uchopiť silu, ktorá existuje v emocionálnej oblasti.

— *Kim Ebinger, ontologická koučka, USA*

Dan Newby a Lucy Núñez napísali jednu z najužitočnejších kníh o emóciách, akú som kedy čítal. Autori nás berú na cestu interpretácie emócií od teoretickej po praktickú (nie vyhlasovania, že poznajú pravdu o emóciách, čo je samo osebe osviežujúce). Predstavujú presvedčivú interpretáciu toho, čo emócie sú. No podľa mňa ešte dôležitejšie je, ako emócie chápu, ako s nimi pracujú a ako sa z nich učia. Táto kniha obsahuje najkompletnejší katalóg emócií a ich lepšieho poznania, s akým som sa stretol. Ide o najcennejší zdroj pre pomáhajúce profesie, lídrov v biznise a rodinných príslušníkov, ktorí chcú byť lepšie spojení sami so sebou a s tými, ktorých vedú a o ktorých sa starajú.

— *Curtis Watkins, Master Certified Coach, USA*

Naša práca na emóciách bola veľmi užitočná pri vytváraní kultúry dôvery a stability v našom školskom obvode. Vďaka tomuto učeniu sme sa stali odolnou, súcitiacou organizáciou, ktorú charakterizuje najprv porozumenie druhým a až potom oslavovanie nášho rastu a výsledkov.

— *Julie Everly, superintendantka, Monroe Public Schools, Michigan, USA*

Touto knihou Dan a Lucy majstrovsky odstraňujú našu slepotu v oblasti emócií. Kniha poskytuje pôsobivú, praktickú rekonštrukciu významu a rozlišovania jednotlivých emócií. Ešte som sa nestretol s takouto knihou o emóciách. Objasňuje zdroj našich emócií a pozýva nás prevziať zodpovednosť za svoje emócie, a teda aj výsledky. Je to povinné čítanie pre lídrov a manažérov, ktorí sú emocionálne nevzdelaní.

— *Sameer Dua, zakladateľ a riaditeľ, Institute of Generative Leadership, India*

Táto kniha vás posunie na vyššiu úroveň toho, čo naštartoval Daniel Goleman s EQ. Rastúcu snahu pracovať s emóciami vidíme všade okolo seba. Povinné čítanie pre lídrov, koučov a každého, kto sa chce napojiť na emócie ako na pohonnú silu konania. Danova vášeň pre ontologickú prácu vedúca do sveta milujúcej starostlivosti o ľudí a organizácie je ohromná. Som vďačný, že som ho mohol spoznať ako učiteľa, priateľa a obchodného partnera.

— *Mirko Kobiéla, riaditeľ oddelenia talentov v Adidas Group, Nemecko*

Táto nádherná kniha je skutočne transformačný dar pre každého, kto sa chce učiť v prehliadanej oblasti týkajúcej sa emócií a ich vplyvu na každý aspekt nášho života. Učenie v *Neotvorenom dare* je praktické a prináša perspektívu skutočne praktickému pracovníkovi a nie akademikovi. Prehľad rozličných nálad a emócií z neho robí vynikajúci zdroj pre nováčikov a výbornú príručku pre skúsených praktikov. Potenciál tohto materiálu je napokon len špičkou ľadovca transformačného prežívania pri priamej práci s Danom a Lucy.

— *Christian Stambouli, projektový poradca a konzultant tímovej práce, USA*

Pre mňa ako odborníka, manžela a člena spoločnosti predstavuje táto kniha koniec dlhého hľadania praktickej a zážitkovej cesty k emocionálnej gramotnosti. Keď sa ponoríte do čítania tejto knihy, naozaj sa môžete naučiť emócie vs. učiť o nich. Dan a Lucy otvárajú dvere k učeniu, ako navigovať emócie mnohými novými a účinnými spôsobmi.

— *Rafael García Monroy, výkonný kouč a tréner, Mexiko a Španielsko*

Emócie poháňajú správanie, ktoré určuje výsledky. Preto je emocionálna gramotnosť absolútne dôležitá pre humánne učenie sa a rozvoj. *Neotvorený dar* prináša široké spektrum, ľahko dostupné čitateľom, ktorí by radi spravili prvý krok k emocionálnej gramotnosti.

— *Reiner Lomb, ontologický kouč a autor knihy* The Boomerang Approach: Return to Purpose, Ignite Your Passion, *USA*

Mával som pocity viny, pretože emócie považované za „zlé", ako napríklad úzkosť alebo strach, sa v mojom živote vyskytovali veľmi často. *Neotvorený dar* mi otvoril celý rad možností, ako sa spriateliť s emóciami. Teraz sa cítim oslobodený, pretože ma naučil, že mať tie takzvané „zlé" emócie nie je obmedzenie.

— *Jinobi Narain, riaditeľ, Learning and Development, Execute Limited, Hong Kong*

Podobne ako mnohí z nás aj ja som často zápasila, aby som zvládla množstvo záväzkov, ktoré som mala ako majiteľka podniku, matka a „nadmerná dobrovoľníčka". Emocionálne učenie, obsiahnuté v tejto knihe, mi umožnilo odložiť plášť „superženy" a znovu objaviť silu, ktorú mám, na zvládnutie mojich záväzkov. Určite mi prinieslo viac pokoja do života.

— *Jill Meaux, koučka a konzultantka, Excelerant, USA*

NEOTVORENÝ DAR

PRÍRUČKA EMOCIONÁLNEJ GRAMOTNOSTI

Dan Newby a Lucy Núñez

Z anglického originálu Daniel Newby and Lucy Núñez: The Unopened Gift: A Primer in Emotional Literacy preložil PhDr. Ivan Valkovič

Printed and bound in the United States of America
ISBN: 978-1-7324509-3-6

(dan@dannewby.me, www.dannewby.me)

Ak sa zaregistrujete na www.dannewby.me, budete mať k dispozícii ustavične sa obnovujúce ponuky a správy. Získate tiež prístup k 30-minútovej videonahrávke s úvodom do ontologického myslenia a jeho úlohy v líderstve a koučovaní, ako jeho prepojenia s emóciami.

VENOVANIE

Túto knihu venujeme svojim rodičom, Jesúsovi a Rose, Donovi a May, ktorí boli bezpochyby tými najvplyvnejšími učiteľmi v našom živote, a našim deťom Suhail, Rachel, Andrému, Willovi a Octaviovi, ktoré hlboko milujeme.

Hosťovský dom

Byť človekom je ako hosťovský dom.
Ráno čo ráno nový príchod.

Radosť, depresia, úbohosť.
Záblesky vedomia prichádzajú
ako nečakaný hosť.

Privítaj a pohosti ich všetkých!
Aj vtedy, keď je to prúd žiaľov,
ktorý prudko zbavuje tvoj dom
nábytku v ňom.
Aj tak prijímaj každého s úctou.
Možno ťa pripraví
na novú radosť.

Pochmúrne myšlienky, hanba či zlovôľa.
Privítaj ich na prahu s úsmevom
a pozvi ich ďalej.

Buď vďačný, nech príde hocikto,
pretože každý bol poslaný
ako sprievodca z druhej strany.

Rumi
(Preklad I. Valkovič)

OBSAH

NEOTVORENÝ DAR – PREDSLOV PREKLADATEĽA

Keď som sa dozvedel o pripravovanom seminári Dana Newbyho o práci s emóciami v koučovaní, ihneď som prejavil záujem. S kolegami a kolegyňami už roky robíme vzdelávacie akcie (aj) o práci s emóciami a viem, že mnoho ľudí má k emóciám rezervovaný postoj. Povedal by som, že najmä v oblasti koučovania, ktorá sa predsa len najviac zameriava na oblasť podnikania a riadenia, sa väčší dôraz kladie na rozumové schopnosti a vôľové vlastnosti ako na emócie. Tie sú predsa prechodné a prchavé a navyše – často pri nich nevidno žiadnu „logiku". Veľa ľudí im nerozumie a nájde sa dosť takých, ktorí by ich chceli ovládať asi takým spôsobom, ako vôľou ovládame svoje správanie. Čo teda už vonkoncom nejde, pretože aj keď nejakú emóciu potlačíme, čo sa dá, ona sa v nejakej podobe ukáže niekedy inokedy niekde inde a obvykle narobí problémy. Danov prístup vnáša do tejto oblasti jednoduché a jasné porozumenie prostredníctvom príbehov a účelu emócií. Vyskúšal som si to v praxi a dobre sa s tým pracuje. Jeden z dôvodov, prečo sa s tým dá dobre pracovať, je podľa môjho názoru to, že človek sa zoznamuje so svojimi pocitmi priateľským spôsobom. Sú ľudia, ktorí sa svojich pocitov boja. Nielenže im nerozumejú, ale sa ich aj obávajú – čo napokon môže súvisieť. Obavy z pocitov sú v konečnom dôsledku neopodstatnené, ale aj podľa mojich skúseností človek často prechádza ťažkým obdobím utrpenia, kým sa prepracuje k poznaniu, že emócie sú priateľské. Napokon Dan si tiež prešiel takým obdobím, ako o tom v úvode píše.

To je jeden z dôvodov, prečo som prijal výzvu preložiť túto knihu od kolegyne, ktorá sa tiež zúčastnila na Danovom seminári. Druhý je ten, že ma zaujal doteraz najväčší počet vymenovaných emócií na jednom mieste. Na spomínaných seminároch o emóciách občas vznikala debata o tom, koľko je vlastne emócií. Hlavní teoretici v tejto oblasti hovoria o šiestich základných, ale rôzne odtienky v intenzite a zameraní vytvárajú množstvo kombinácií, ktoré poskytujú skutočne pestrú paletu. V jednej publikácii som objavil 174 „pocitových" slov, ale táto kniha ich obsahuje 256! A pekne usporiadaných do prehľadnej tabuľky. To, dúfam, ocenia hlavne praktickí pracovníci v oblasti koučovania a iných pomáhajúcich profesiách, ale aj vzdelaní laici, ktorým záleží na osobnom a osobnostnom raste.

PhDr. Ivan Valkovič

PREDSLOV K SLOVENSKÉMU VYDANIU

Emócie sú hybnou silou nášho každodenného konania, sú súčasťou našich úspechov aj zlyhaní. Vedia byť zdrojom neskutočných ťažkostí a bolesti. Sú v pozadí každého výnimočného výkonu, ale aj každodennej rutiny. A často sa nám zdá, že nás ovládajú.

Emócie ma vždy priťahovali. To však neznamená, že som im vždy aj rozumel. Robili si, čo chceli, a zdalo sa, že rozum akosi prehráva. Nepomohlo mi veľmi ani akademické vzdelanie v psychológii. Bolo jednoducho vzdialené každodennej realite. Odvtedy som nadobudol mnohoročnú skúsenosť ako školiteľ manažmentu najmä v oblasti mäkkých zručností, ako facilitátor osobnostného rozvoja manažérov, viacročnú skúsenosť so sprevádzaním manželov v krízach a mal som za sebou viac než tisíc odkoučovaných hodín s najrôznejšími klientmi. Emócie však stále zostávali viac otázkou ako odpoveďou. A vtedy som absolvoval výcvik s Danom Newbym. Ako povinné čítanie nám dal knihu, ktorú držíte v rukách. Všetko zrazu do seba zapadlo.

Spôsob, ako Dan a Lucy pracujú s emóciami, je originálny, inšpirujúci a účinný. Nepozerajú sa na emócie ako na dobré alebo zlé, čo je dnes stále prevládajúci pohľad, v dôsledku ktorého sa snažíme niektoré emócie vytesniť a popierame ich. Namiesto priradenia morálnej kvality niektorým emóciám (napr. hnev) navrhujú skúmať, nakoľko človeku daná emócia slúži alebo neslúži, pomáha či bráni dosahovať to, čo chce. Toto je jedna z mnohých vecí, ktoré som sa od Dana a Lucy naučil.

Najmä v role kouča sa môžem spoľahnúť, že klient prichádza v klbku emócií, ktorého rozpletenie je často dobrý východiskový bod k zmene, po ktorej túži.

Neotvorený dar

Vyznať sa vo vlastných emóciách a „navigovať ich" – ako Dan a Lucy nazývajú tvorivú prácu s nimi namiesto ich potláčania – je pre každého z nás dobrodružná cesta objavovania nových, dovtedy netušených zdrojov. Pre kouča je veľkým darom, ak vie takto so svojím klientom pracovať a vidí, že klient začína vytvárať priestor pre emócie, vďaka ktorým sa môže pohnúť z miesta.

Keď pracujem sa manažérmi, neraz zisťujem, že emócie sú pre nich veľkým zdrojom neistoty. Sú záhadou, ťažko ovládateľnou veličinou a vnímajú ich skôr ako príťaž. Jedným dychom však zdôrazňujú, ako je pre nich dôležité vidieť u svojich ľudí entuziazmus, zanietenie, odvahu, proaktivitu, samostatnosť a ino-vatívnosť. Chcú ľudí s optimistickým prístupom, chápaním sa navzájom v tíme, zapálených pre víziu. Očakávajú vlastne celý rad emócií, ktoré dodajú energiu takým prejavom správania, ktoré sú pre každý biznis nevyhnutné. Keď skúmajú svoj líderský štýl, neraz zistia, že takéto emócie nepodporujú tak, ako by chceli. Príliš často svojím štýlom navodzujú emóciu strachu, obáv, pochybností. Pre manažérov a lídrov je svet emócií, ich pochopenie a práca s nim nielen príleži-tosťou na lepšie fungovanie celých systémov, ale dnes už nevyhnutnosťou.

Porozumenie vlastným emóciám nám umožní predísť mnohým konflik-tom, zraneniam a sklamaniam. Niekedy väčšia pravda o sebe zabolí. Stane sa to možno raz, ale odvtedy nám novozískané poznanie slúži k plnšiemu životu. Kniha je aj povzbudivým osobným svedectvom autorov. Verím, že ak sa do nej začítate, váš život bude bohatší o skutočný poklad – dar, ktorý všetci nosíme v sebe, len sme ho doteraz z rôznych dôvodov celkom neotvorili. Dan Newby a Lucy Núñez nás pozývajú, aby sme tak urobili *odvážne* a naplno pochopili jeho význam pre náš život.

Marián Kubeš, PCC, CMC,
kouč, mentor, lektor, autor

PREDSLOV

Väčšina z nás verí, že sme emocionálne fixovaní, že jediný spôsob, ako sa v emocionálnej oblasti zmeniť, je absolvovať roky terapie alebo pomôcť si liekmi. Aj ja som si to myslel, ale už si to nemyslím. Zažil som veľký objav v čase, keď som zápasil s úzkosťou. Prežil som niekoľko temných, zmätočných, deštruktívnych rokov. Moja cesta von z tohto obdobia sa udiala z dvoch príčin. Jedna z nich bola, že som sa zapojil do podpornej skupiny a naučil sa, čo ma to malo naučiť. Druhá bola učenie sa emóciám. Stal som sa emocionálne gramotným. Uvedomil som si, že hoci mám dosť dobré vzdelanie v tradičnom zmysle, emocionálne som bol nevedomý. Toto bola časť mňa, o ktorej som nič nevedel a chápal som ju len veľmi bazálne.

Otvoriť dvere do učenia sa emóciám si vyžadovalo, aby som pochopil svoju nevedomosť a jej súvislosti s rozhodnutiami, ktoré som robil každý deň. Musel som sa naučiť, že chaos, v ktorom som žil, pochádzal z mojej emocionálnej negramotnosti a dal sa vyriešiť jedine učením. My ľudia nie sme takí racionálni, ako si myslíme. Uvažujeme a používame logiku, ale nie sme „racionálne bytosti". Keby sme boli racionálne bytosti, načo by sme mali vôbec emócie? Neboli by potrebné. No čo ak majú dôvod na to, aby existovali? Keď skúmame túto ideu, uvedomíme si, že sme prehliadli jeden z najdôležitejších nástrojov, ktorý my ľudské bytosti máme.

Máte partnera alebo manželského partnera? Ak áno, bol výber tej osoby racionálny? Možno sa smejete, pretože voľba partnera často býva to najmenej racionálne rozhodnutie, aké sme mohli urobiť. Keď si to trochu premyslíme, všetci môžeme uznať, že toto rozhodnutie bolo poháňané emóciami. Dokonca aj keď naši rodičia mali všetky dôvody na to, aby sme si ho alebo ju nebrali, a naši priatelia tiež boli proti, aj tak sa svadba konala. Argumenty a logika nezavážili. To isté platí aj pri kúpe auta, psa alebo výbere reštaurácie, kde sa pôjdeme najesť. Platí to pri všetkom. Je racionálne mať deti? Nuž, nie, naozaj nie. Niekedy to naozaj nie je dobrý nápad. Ale robíme to. Takže otázka potom je, prečo to robíme? Ak sme len racionálne bytosti, mali by sme byť dostatočne „múdri" na to, aby sme nerobili také veci, čo nemajú zmysel. Tak čo sa deje? Dejú sa emócie, pretože emócie poháňajú naše správanie. A to nie je dobré, ani zlé; jednoducho to tak je.

MÔJ PRÍBEH

Prv než som sa začal učiť emóciám, jednou z hnacích síl môjho života bol *strach*. Prežíval som veľkú *úzkosť*. Vtedy som nevedel, aký je v tom rozdiel, ale boli to moji stáli spoločníci. Boli tam aj ďalšie emócie. *Osamelosť* bola zrejme jednou z nich a *nedostatok sebadôvery* bol ďalší. *Strach* bol však najväčší. *Strach* z toho, že budem sám, *strach* z odmietnutia, *strach,* že sa dostanem do ťažkostí, *strach,* že ma prichytia, *strach,* že stratím vzťahy, *strach* zo všetkého. Povedal by som, že v tom čase som zhŕňal všetky tieto emócie na kopu do *úzkosti*. Neskôr, keď som už vedel pomenovať rôzne emócie, začal som si uvedomovať, že to boli špecifické *strachy.* Sprvu to však bola veľká guča *úzkosti;* bál som sa všetkého. Neviem, či to, čo som prežíval, boli vlastne záchvaty paniky, ale veľmi som trpel. A robil som to, čo robí veľa ľudí, vyhýbal som sa pocitom. Robil som všetko, čo mi mohlo pomôcť vyhnúť sa bolesti a strachu. Príliš veľa som pracoval, príliš veľa som pil, príliš veľa som pozeral televíziu, ba dokonca som sa vyhýbal svojim emóciám tým, že som nutkavo čítal. To všetko som robil, lebo ma to bavilo, ale vtedy som to robil preto, aby som sa vyhol emóciám, ktoré som nechcel cítiť alebo si ich priznať. Vo vzťahoch som mával obrovský *strach,* že ma partnerka opustí, odmietne a ja budem sám, tak som sa snažil vzťah ovládať. Snažil som sa ovládať toho človeka. Manipuloval som, aby bolo po mojom. Hlavné však bolo, aby som zabezpečil, že ma neopustí – hoci ani nemala v úmysle ma opustiť. V mojej mysli bol každý email, telefonát, rozhovor alebo interakcia potenciálna hrozba. Myslel som si, že „toto spôsobí, že ona ma opustí". Boli to temné a mätúce časy.

Od podpornej skupiny som dostal podnet, že utekám pred emóciami. Keď som cítil *úzkosť,* snažil som sa od nej ujsť pomocou nutkavých odklonov, ako je sledovanie televízie alebo alkohol. Všetko, čo som robil, malo za cieľ vyhnúť sa emóciám. Moji radcovia mi povedali, že si musím nájsť spôsob, ako „byť so svojimi emóciami". Nemal som potuchy, čo to znamená. Jedného dňa, nevediac, čo iné by som robil, som sa rozhodol, že keď budem len tak pokojne sedieť, nebudem mať na výber; nebudem sa im môcť vyhnúť. Musel som sa doslova donútiť sedieť na rukách, aby som ostal pokojný a prežíval emócie, ktorým sa vyhýbam. Bolo to zvláštne a nepohodlné, ale lepšie ako bolesť a strach. Teraz si uvedomujem, že vtedy som prestal utekať. Začal som to robievať vždy, keď som cítil, že ma emócie zaplavujú. Niekedy to bolo päť minút a niekedy dvadsať minút, ale pamätám si, že niekedy to trvalo aj takmer hodinu.

Skôr než som sa začal učiť rozumieť emóciám, mal som strach doslova z toho, že ma emócie zabijú, pretože boli silné, bolestivé a desivé. Teraz to znie hlúpo, ale vtedy som tomu veril. Po troške som si uvedomoval, že aj keď sú zlé, neublížia mi. Pomaly som si uvedomil, že sa môžem naučiť, že svoje emócie nemusím *popierať* a vyhýbať sa im, aj keď sú veľmi nepríjemné. To, že som im čelil a rozumel im, mi pomáhalo, hoci som nevedel ako. Napadlo mi, že keď sa naučím niečo o svojich emóciách, nebudú ma tak ovládať.

Zúfalstvo som zažil, keď som sa dostal do takej krízy, že som mal len dve možnosti: zomrieť, alebo urobiť niečo inak. „Robiť niečo inak" som začal tak, že som začal chodiť do podpornej skupiny a absolvoval som kurz koučovania, kde som urobil prvé kroky v rozlišovaní emócií. Začal som si uvedomovať, aký som negramotný v oblasti emócií a že ak emócie poháňajú všetko naše správanie, tak som sa určite správal tak, ako som sa správal, vďaka emóciám. Chýbala mi však vedomosť, ktoré emócie ma poháňajú – to som sa musel naučiť.

Mal som veľké šťastie, že som sa vždy rád učil. Moji rodičia sa radi učili a ja som bol naučený, že učenie nikdy nie je zbytočné. Keď som teda videl, čo sa mám naučiť, alebo oblasť, ktorú mám zvládnuť, všetko šlo ľahšie a ja som veril, že na tom môže byť niečo cenné pre mňa. Nakoniec bolo učenie sa emóciám pre mňa veľmi logické, užitočné a praktické.

Po prvý raz som si uvedomil svoje emócie vtedy, keď som si sadol na ruky a nerobil som nič iné, len som pozoroval svoje pocity. Sprvu to bolo strašné a som si istý, že moje prvé kroky neboli elegantné. No postupne som sa naučil ich pomenovávať a uvedomil som si, že pri niektorých emóciách máme síce podobné pocity, ale ide o rozličné emócie. Začal som chápať, že každá emócia má svoj príbeh a že keď budem počúvať ten príbeh, hoci si nebudem istý, v ktorej emócii som, tak sa to dozviem. Začal som rozoznávať odlišnosti, chápať, ktoré emócie prežívam, ako ma poháňajú k správaniu, a skúmať, či následné správanie bude nejako užitočné pri vytváraní života, aký som chcel. Napokon som si uvedomil, že učiť sa emóciám je také dôležité, ako všetko, čo som sa dovtedy v živote naučil.

Pripisoval by som si príliš veľkú zásluhu, keby som tvrdil, že som si to od začiatku uvedomoval. Skôr to vyzeralo, ako keď sa človek vydá na cestu tak, že zbadá nejaké zaujímavé miesto a pomyslí si: „Aha, tam by mohlo byť niečo pre mňa" a šiel som tam. A keď som sa ta dostal, uvidel som ďalšiu vec a potom ďalšiu. A potom som si v určitom bode uvedomil: „Fíha, nikdy som nemal v úmysle vydať sa na cestu, ale presne to sa stalo." A stalo sa to, lebo tam bolo niečo užitočné, čo ma stále ťahalo tým smerom. Pre mňa to bolo niečo, čo mi pomáhalo zmierniť bolesť a zmätok.

To bol začiatok mojej cesty, urobil som prvé kroky a neskôr, keď som odbočil z cesty, ma ľudia podporili. No bolo aj niečo cenné na prepojení bolesti – nech už to bolo akokoľvek strašné žiť v *úzkosti* a *strachu* – s uvedomením si, že som si to do veľkej miery vytváral sám svojimi činmi. Nebolo to tak, že by mi to niekto bol robil.

Predtým som vždy vyzeral navonok *pokojný,* ale nikdy som sa necítil *pokojný* vo vnútri. Vždy som bol *vystrašený, úzkostný, pochyboval som* o sebe a mal som *strach.* Navonok som sa naučil pestovať si výzor *pokoja,* ale vo vnútri som taký nebol. Teraz vyzerám *pokojný* a aj sa cítim *pokojný.* Len málokedy sa cítim *úzkostný;* len zriedkavo ma niečo vydesí. Nestáva sa často, že by ma emócie zachvátili. Prežívam emócie, ale pretože im načúvam, dávajú mi informácie. Keď sa teda pristihnem, ako si v duchu hovorím, „To nie je fér", pomyslím si: „No, cítim sa pohoršený. O čom to je? A zakladá sa to na niečom reálnom, alebo je to len príbeh, ktorý som si vymyslel?"

V minulosti ma emócie hnali. Diktovali mi, čo mám robiť a ako mám žiť. Teraz by som povedal, že som sa skamarátil s emóciami. Slúžia mi. Neovládajú ma. Samozrejme, sú veci, na ktoré reagujem, ale mám omnoho väčší výber v tom, ako budem reagovať na základe týchto emócií, odkedy ich počúvam. Takže je tu prekrásna zmes reakcií a odpovedí. To predtým nebolo. Nemal som možnosť odpovedať, všetko boli reakcie. Rozhovor v mojej hlave sa teraz zameriava na to, aby som objal emóciu, prijal ju a pozrel sa na jej hodnotu. Objať emóciu tiež znamená neodmietnuť ju ako úplný výmysel. Ak cítim *strach*, že moja partnerka by ma mohla opustiť, mohla by to byť jedna z možností, ale bojovať s ňou nie je prospešné. Snažiť sa ju ovládať nie je na nič dobré. Nápomocné bude povedať: „Všimol som si, že cítim *žiarlivosť* a nemá to žiadnu príčinu. Proste mám tento *strach*, že ťa stratím alebo že odídeš. Len chcem, aby si to vedela." V minulosti by som to skrýval, pretože by to bolo niečo, čo by som nemohol povedať; nemohol by som o tom rozprávať, pretože som sa *hanbil* priznať si to. Myslel som si, že povedať jej „Bojím sa, že ma opustíš" by ju potlačilo k tomu, aby ma opustila. Takže som mával dokonca *strach* zo *strachu*.

Teraz by som povedal, že tam je *zvedavosť* na *strach*. Niekedy som *strachom pobavený*. Pomyslím si: „No tak, Dan. Máš 61 rokov a veľa si toho prežil. Vieš, ako to chodí. Nenechaj sa tým dobehnúť. Možno ťa *opustí*. No tak si kúpiš motorku a vydáš sa na cestu po Európe. Nájdeš si niečo. Budeš pracovať na archeologických vykopávkach a budeš šťastný, len iným spôsobom." Viem, že ani jeden z príbehov nie je pravdivý, ale že každý produkuje iné emócie a že si môžem zvoliť príbeh a emóciu, v ktorej chcem žiť. Posledné uvedomenie, ktoré mi pomohlo *akceptovať strach*, bolo poznanie, že bez ohľadu na to, ako blízko mám k inej osobe, už som sám. A vždy to tak bolo. Nebolo to tak, že „jedného dňa budem sám". Zomriem sám, a či už pôjdem prvý alebo druhý, tak to bude. *Akceptovanie* tejto reality bol posledný krok, pretože mi to umožnilo zanechať pokusy udržať si partnerku. Ten krok mi priniesol ohromný *pokoj* a ľahkosť.

Teraz mávam úplne iné rozhovory sám so sebou. Vyjadrené mojimi slovami, mám iné emócie o tých emóciách, ale povedal by som tiež, že sú menej mocné, pretože keď pociťujem *strach*, viem ho pomenovať; keď pociťujem *žiarlivosť*, viem ju pomenovať a viem, čo sa mi snaží povedať. Emócia *žiarlivosti* sa mi nesnaží povedať, aby som sa bál, ale pýta sa ma: „Dávaš skutočne pozor na tento vzťah? Robíš všetko, čo musíš alebo chceš v tomto vzťahu? Alebo ignoruješ niektoré veci, ktoré by bolo dobre si všímať?" To je dosť dobrá otázka, lebo často nedávam pozor na niečo, čo má vplyv na vzťah. „Tak dávaj pozor!" hovorí moja žiarlivosť.

PREČO EMÓCIE?

Sú dve emócie, ktoré nám umožnia začať cestu, ako sa učiť emóciám. Jedna je *zvedavosť* a druhá *skepsa*. Keď sme *zvedaví*, povedali by sme: „Nikdy som nerozmýšľal o emóciách takto. Povedzte mi viac, uveďte príklad, ukážte mi, ako to funguje." Keď sme *skeptickí*, hovoríme: „Počkajte chvíľku. To nie je to, čo som sa učil, nie som si teda istý, či tomu verím." Na to je určená *skepsa* ako emócia. Má nám pomôcť prísť na to, čomu budeme veriť. „Budem veriť tomu, čo som sa naučil predtým, alebo prevezmem túto novú myšlienku a budem veriť jej?" Pre tých, čo sú príliš nasiaknutí racionalizmom, čo sú veľmi logickí a rozumoví, je *skepsa* celkom bežná. Neznamená to, že sa nebudeme učiť a nebudeme na určitej úrovni otvorení; budeme len na začiatku dosť opatrní. Chcem sa uistiť, že nás nikto neoblafol s touto „emocionálnou záležitosťou". A ďalší ľudia sú *zvedaví*. Napokon tomu môžu uveriť a prevezmú to alebo nie, ale vedia, že chcú vedieť viac.

Emócie a nálady sú súčasťou všetkého, čo súvisí s ľudstvom. Každý z nás ustavične prežíva emócie, ktoré nami hýbu, keď odpovedáme na udalosti v nás a okolo nás. Kedykoľvek sme v prítomnosti iných ľudí, naše emócie sa s nimi energeticky rozprávajú a komunikujú. Organizácie sú plné emocionálnej energie, ktorú sa neprestajne snažíme usporiadať. Vedenie ľudí možno chápať ako „schopnosť generovať emócie potrebné pri danej úlohe". Ak je to tak, ako táto kniha tvrdí, že emócie sú „tá energia, čo nás posúva do činnosti", potom samotná existencia organizácie závisí od emócií. Hoci si o politikoch často myslíme, že majú veľa prázdnych rečí a snažia sa získať moc, pod týmito aktivitami nájdeme fundamentálnu hnaciu silu emócií. Marketing sa dá chápať ako mimoriadny pokus generovať emócie, ktoré niekoho vyprovokujú k tom, aby kúpil produkt. Úspešný marketing nás vedie ku konzumu pod vplyvom konkrétnych emócií. Šport sa síce všeobecne považuje za telesnú aktivitu, ale neexistoval by bez emócií *ambície, hrdosti* a *sklamania*. Umenie je motivované ďalším súborom nálad a emócií. Éry v histórii možno často charakterizovať náladou doby a zemepis býva často silným generátorom emócií a nálad. Napokon vzťahy medzi ľudskými bytosťami – či už rodičovské, rodinné alebo partnerské – sú všetky výsledkom a zdrojom nespočetných emócií.

Dá sa povedať, že bez emócií by ľudia nedokázali jestvovať. Nebol by „dôvod" na vzťahy, záujem o druhého človeka, hru alebo tvorbu. Nemali by sme „chuť" vyhnúť sa prichádzajúcemu vlaku alebo státiu na okraji útesu. Nič by nás nehnalo objavovať nové miesta alebo vymýšľať nové nástroje. Neexistovala by žiadna ľudská aktivita. Samozrejme, bez emócií by sme sa vôbec nestali ľuďmi; možno by sme zastali vo vývoji na úrovni plazov a to by bol koniec príbehu. Našťastie sme tam nezastali.

Ľudia si dlho gratulovali k intelektovej múdrosti. Používali sme rozum ako nástroj na riešenie ťažkostí v živote, chápanie sveta okolo nás a to nám dávalo pocit moci. A predsa naša schopnosť myslieť a uvažovať nestačila na to, aby sme vyriešili problémy, ktoré stáli pred nami a ktoré sme vytvorili. No keďže rozum je jediným nástrojom, ktorému dôverujeme, že nás povedie životom, máme iba možnosť myslieť a uvažovať ešte viac. Samotný úspech rozumu nás zaslepil a nevidíme ostatné spôsoby učenia sa a poznania.

Podľa mňa sú dva dôležité dôvody na to, aby sme podstúpili prácu na emocionálnej gramotnosti. Verím, že poznanie emócií zmení vzťah každej ľudskej bytosti s každou inou ľudskou bytosťou. Umožní nám to uvedomiť si a pamätať si, že cítime *znechutenie* nie preto, že ten druhý človek je *nechutný,* ale preto, že ho takto *vidíme. Znechutenie* nie je o nich; je o mne. Je to moja zodpovednosť. To isté platí o *hneve, žiarlivosti* alebo *láske.* Keď prežívam emócie, mojou zodpovednosťou je uvedomovať si ich a konať v živote podľa toho. To zásadne mení vzťah človeka s emóciami, keď je za ne zodpovedný – za všetky. Už nemôžem povedať: „Je v poriadku zraniť tohto človeka, pretože ma *nahneval.*" To už nie je oprávnené. Je to <u>môj</u> *hnev*; ten človek je len cieľ. Ja som *nahnevaný,* pretože verím, že niečo je nespravodlivé. To sa mi *hnev* snaží povedať. Môžem reagovať a trestať, alebo môžem odpovedať tým, že sa budem snažiť odstrániť nespravodlivosť, ale nech sa rozhodnem pre čokoľvek, stále to bude môj *hnev* a moja zodpovednosť. Sme voči tomu slepí, pretože to nevieme. Hovoríme, že nás „*nahnevali* tí druhí", ale prehliadame, že mohli urobiť presne to isté niekomu inému a v ňom by to nespustilo hnev. Alebo niekto iný by nám mohol spraviť to isté a nevyvolalo by to v nás *hnev.* Kým nepreberieme zodpovednosť za svoje emócie a nenaučíme sa ich poznať a rozumieť im, nebudeme si môcť zvoliť tie, ktoré nám v tej chvíli pomáhajú a slúžia. Emocionálna gramotnosť nám poskytuje výnimočný nástroj na to, aby sme si vytvorili taký život, po akom túžime.

Emocionálne poznanie by zmenilo aj vzťah každej ľudskej bytosti so svetom a s prírodou. Existuje obrovská túžba mať na svete mier. Čoraz väčšia je aj túžba žiť v harmónii s prírodou a prestať ničiť to, čo umožňuje život. Čo tomu stojí v ceste? V ceste stojí emocionálna negramotnosť. Nerozumieme emóciám tak, aby nám to umožňovalo budovať to, čo chceme budovať. Kým si neosvojíme oblasť emocionálneho poznania, budú emócie skôr ovládať nás, ako by sme my ovládali emócie.

Mojou víziou je, že použijete túto knihu ako krok k emocionálnej gramotnosti a využijete ju vo všetkých oblastiach svojho života. Dúfam, že to, čo sa z knihy naučíte, vám pomôže zlepšiť vzťahy s partnerom, rodinou a priateľmi a že sa vám to zíde v životných snahách, či už pri vyučovaní, starostlivosti o zdravie, právnych službách, technike alebo v ktorejkoľvek inej oblasti. Emocionálne kompetencie sú súčasťou bohatého ľudského života.

Najlepším scenárom by bolo, keby táto kniha hrala rolu pri normalizovaní emócií tak, že sa jednoducho stanú súčasťou našej identity a už sa nebudú považovať za niečo divné a nepríjemné. Verím, že ak sa viacerí staneme emocionálne gramotnými, zlepší to svet rovnako, ako ho zmenila gramotnosť.

Prinajmenšom dúfam, že po dočítaní tejto knihy si čitateľ povie: „Nuž, nepochopil som všetko, ale môže na tom niečo byť." Ak táto kniha prispeje aspoň k tomu, že vám otvorí možnosť chápať emócie inak, budem spokojný. Ak čitateľ odíde aspoň s jedným odlíšením – napríklad aký je rozdiel medzi *službou* a *obetou* –, poteší ma to. Cení sa aj ten najmenší poznatok a určite zmení váš postoj k vašim emóciám.

ÚVOD

Ako používať túto knihu

Každá emócia, o ktorej píšeme, je dôležitá, ale niektoré sú bežnejšie ako iné. S niektorými, ako sú napríklad *hnev*, *súcit* alebo *pochybnosti*, sa stretávame denne, kým niektoré iné – napríklad *zúrivosť* – zažijeme iba raz za život. Tie bežné môžete brať ako stredný rozsah kláves na klavíri a tie zriedkavé ako veľmi vysoké alebo hlboké tóny. Všetky sú užitočné a sú súčasťou bohatej kompozície, ale niektoré sa používajú viac ako iné. Niekedy sú naše emócie ako hudobné akordy – tri alebo štyri tóny naraz. Presne tak ako pri prvkoch akordu je užitočné oddeliť jednotlivé tóny, aby ste ich dobre pochopili, a potom sa môžete pozrieť na to, ako znejú spolu.

Dúfame, že táto kniha vám poskytne nový spôsob chápania emócií a – čo je dokonca ešte dôležitejšie – nové nástroje, ktoré môžete používať každý deň na to, aby bol váš život zmysluplnejší. Knihu sme rozdelili do štyroch sekcií. Prvá prináša výklad našej interpretácie emócií a nálad. Druhá sekcia prináša pohľad na vyše 100 najčastejších emócií, s ktorými sa stretávame v našej práci, a ako ich Lucy a ja chápeme. Tretia uvádza túto interpretáciu v širšom kontexte každodenného života a skúseností a štvrtá je slovník vyše 250 emócií usporiadaných v abecednom poradí, pričom pri každej sú uvedené jej etymologické korene, význam a účel. Táto posledná sekcia má slúžiť

27

ako pomôcka, ktorú možno kedykoľvek využiť, keď chcete porozumieť konkrétnej emócii.

V tejto knihe sa zameriavame predovšetkým na našu interpretáciu emócií a skúmanie mnohých rozdielov. Uvedomujeme si, že o emóciách a ich vzťahu k telu alebo biológii by sa dalo napísať oveľa viac a oveľa viac by sa dalo skúmať aj v oblasti spoločenskej.

Nevenovali sme veľa pozornosti ani otázke, ako pracovať s emóciami: „Ako môžem zmeniť svoje emócie?" „Aké sú užitočné spôsoby kultivácie emócií, ktoré si chcem pestovať?" „Ako sa ich môžem naučiť ešte lepšie diferencovať?" atď. To je nekonečné a veľmi osobné skúmanie a mohlo by byť námetom na ďalšie knihy. Je to aj práca, ktorú my sami vykonávame v koučovaní a vo workshopoch, a pozývame vás, aby ste nás kontaktovali, ak vás to zaujíma.

Porozumenie samým sebe sa u ľudí ustavične vyvíja, obzvlášť v tejto oblasti. Ak máte poznatky alebo príklady, o ktoré by ste sa radi podelili, ak si všimnete emócie, ktoré chýbajú v našom zozname, alebo ak máte interpretáciu, o ktorej ste presvedčení, že by rozšírila toto poznanie, budeme vám vďační, ak nám napíšete. Sme neustále ponorení do tejto práce a v dôsledku toho sa neprestajne vyvíja a naberá väčšie nuansy. Radi privítame vaše doplnenia. Môžete nás kontaktovať emailom na adrese dan@dannewby.me alebo lucynunez.alg@gmail.com.

Napokon by vás mohlo zaujímať, odkiaľ pochádza táto interpretácia emócií. Nie je to náš výtvor, ale vychádza z chápania ľudí zameraných na celé bytie, čo sa označuje ako *ontologické.* Stručne povedané, ontologické chápanie ľudských bytostí vyjadruje to, že sme niečo viac ako len racionálne bytosti a že emócie a telo sú tiež legitímne oblasti učenia a poznania. Ontologická perspektíva znamená, že za posledné štyri storočia sme sa čoraz viac videli ako racionálne bytosti a dospeli sme k presvedčeniu, že učenie je iba rozumová funkcia. Koučovia a učitelia, ktorí si osvojili ontologický model, pracujú s klientmi v jazyku (nástroj uvažovania) a rovnakú pozornosť venujú emóciám a telu (somatika), aby pomohli formulovať úplné a udržateľné učenie. Ontologický model nijako nepopiera alebo nezmenšuje racionalitu, ale kladie ju do súvislostí s týmito dvomi ďalšími podstatnými časťami nášho bytia.

Kapitola I

HISTÓRIA A KONTEXT

V ďaka za tvoj email. Prišiel uprostred môjho zmätku. Plakala som, keď som ho čítala, ale tentoraz to bol dobrý plač – podporoval ma.

Emócia „dôstojnosti", to je presne ono. Snažila som sa dostať k „nádeji", lebo som si myslela, že to je emócia, ktorá by mi pomohla. Nevedela som sa dostať k „nádeji". Dôstojnosť tu bola na mieste.

Tak som si dnes na niekoľko hodín „obliekla dôstojnosť" a dospela som k tomuto vyhláseniu: „Nebudem stáť nečinne bokom, keď budú ľudia chrliť svoju závisť a nenávisť. Zastanem sa svojej oprávnenosti ako ľudskej bytosti aj iných. Od tohto momentu sa postavím a budem chrániť, opatrovať a podporovať ľudskosť – svoju, tvoju a každého."

Keď som sa spojila so svojou dôstojnosťou, všimla som si, že už sa nebojím vyhlásiť, že som moslimka. Po 11. septembri som to tajila a vyhýbala som sa tejto otázke, ako sa len dalo. Ak som to aj prezradila, často som k tomu dodala niečo ako – „ale ja nie som ako extrémisti". Už necítim potrebu skrývať túto časť svojej identity. Áno, stále sa trochu bojím, ale nie som stuhnutá, zahanbená ani sa neospravedlňujem.

Tento email prišiel nedávno od našej bývalej študentky a koučky. Ona používa emócie vo svojej práci s klientmi, ale ako si môžete prečítať, vo svojej situácii sa naučila používať svoju moc. Pre nás nie je tento list iba o tom, čo sa individuálne naučila a kam kráča, ale aj o kolektívnej ľudskej ceste. Pochopiť emócie a dokonca sa s nimi spriateliť je jedna z najmocnejších vecí, ktorú sa my, ľudské bytosti, môžeme naučiť.

Kde sa nachádzame

Hlavné presvedčenie, ktoré nás viedlo k rozhodnutiu napísať túto knihu, možno zhrnúť do šiestich slov: „My, ľudské bytosti, sme emocionálne negramotní." To neznamená, že je s nami niečo v neporiadku, len toľko, že sme sa ešte nenaučili, ako užitočne chápať emócie. Je to podobné ako vzťah negramotného človeka k napísaným slovám. Vidí písmo a chápe, že tie znaky majú nejakú hodnotu a účel, ale nevie prísť na to, ako im porozumieť. Hoci niekoľko ľudí nemusí byť schopných naučiť sa čítať, negramotnosť je pravdepodobne výsledkom toho, že človek nemal možnosť sa to naučiť. Podobnú možnosť vidíme aj pri emóciách. Ľudia skúšali veľa stratégií, teórií a modelov, ktoré nám mali pomôcť pochopiť emócie, ale ešte nenašli takú, ktorá by odkryla ich význam a úžitok. Existuje však interpretácia emócií, ktorá to podľa nášho presvedčenia dokáže.

Zdá sa, že väčšinu ľudskej histórie sme rozmýšľali a skúšali nájsť spôsob, ako porozumieť emóciám. Mysleli sme si, že pochádzajú z myslenia alebo z tela. Mysleli sme si, že sú výsledkom biologickej rovnováhy a nerovnováhy. Považovali sa za súčasť filozofie, biológie, sociológie a psychológie, ale väčšina teórií sa zhoduje v tom, že emócie existujú ako neoddeliteľná časť nášho ľudského prežívania, že do istej miery sú súčasťou našej vnútornej výbavy a výsledkom našich skúseností. Miesto, kam sme dospeli na tejto ceste, je ťaživý a dokonca podozrivý vzťah k emóciám. Máme tendenciu vidieť ich tak, že sídlo majú v srdci a odtiaľ vyvierajú. Sme presvedčení, že sa im nedá dôverovať a že konkurujú alebo súťažia s myslením a logikou. Chápeme ich ako opak rozumu a všeobecne veríme, že ich „treba odstrániť z cesty", aby sme mohli „rozmýšľať jasne". Veríme, že sú fixné alebo aspoň ťažko sa dajú zmeniť a že sa dajú zmeniť len s odbornou pomocou. Náš hlavný spôsob, ako interagujeme s emóciami, spočíva v tom, že ich chceme riadiť alebo ovládať, alebo sa o to aspoň pokúšame. Okrem toho sa často obávame ich sily a veríme, že život by bol lepší, keby sme ich mali menej. Do istej miery berieme svoje emócie tak, ako keby to bola infekcia alebo mimozemšťan, čo sa nasťahoval do nás a robí všetko preto, aby podkopal náš konštruktívny život. Skrátka, väčšina ľudí nie je veľkým fanúšikom emócií a niekedy si želá, aby radšej zmizli a nechali nás v predvídateľnom svete rozumu.

Z tejto perspektívy neprekvapuje, že sme učeniu sa emócií nedali šancu. Keď si pozrieme predmety, ktoré tvoria obsah formálneho vzdelania, bude to dlhý zoznam kognitívnych alebo jazykových tém a nebude obsahovať takmer nič z oblasti emócií. V podstate *dúfame*, že naše deti sa naučia emócie, ale nevieme, ako by sme im v tom metodicky alebo formálne pomohli. Očakávame, že keď ich budeme milovať a hovoriť im, ktoré emócie sú želateľné a ktoré nie, tak sa naučia dosť. Aj keď prežijú zmätky adolescencie, nezaistí im to, že budú vybavené emocionálnymi kompetenciami. Keď sme dospelí, predpokladáme, že naša emocionálna výbava je fixná a nezmení sa, takže nemá veľmi cenu učiť sa viac o emóciách, pokiaľ to nesúvisí s nerovnováhou toho, čo nazývame duševné zdravie. A v tom prípade máme tendenciu vyhľadávať najprv lieky, až potom snahu učiť sa.

Pri emóciách sa môže stať, že budú príliš blízko, aby sme si ich všimli. Alebo si ich budeme uvedomovať, ale budeme presvedčení, že ich môžeme ignorovať. Môžeme sa ich báť, alebo ich považovať za už nepotrebný pozostatok z našej minulosti, asi tak ako slepé črevo. Bez ohľadu na dôvod, fakt, že ich nevidíme ako neodmysliteľnú súčasť seba, nás vedie k tomu, že odmietame ich hodnotu.

Dlho sa všeobecne verilo, že emócie a nálady sú fixné a že nemôžeme urobiť nič, aby sme ich zmenili. Logickým dôsledkom tohto názoru je, že jediný spôsob, ako pristupovať k emóciám, je dostať ich nejako pod kontrolu alebo ich riadiť. Väčšina ľudí chápe emócie tak, že sú do nás naprogramované, a tak ich vnímajú ako veci, čo nás *ovládajú*. V tomto prípade sa „my" rovná rozumu, ktorý považujeme za jediného spoľahlivého sprievodcu v živote. Takže náš obvyklý postoj k emóciám je, že im nedôverujeme a sme presvedčení, že sa na ne nemožno spoľahnúť. Väčšine ľudí sú emócie prinajmenšom nepohodlné a v mnohých prípadoch sa ich boja.

Vznik racionalizmu

Prinajmenšom od výroku Reného Descarta „Myslím, teda som" v roku 1637 čoraz viac vyzdvihujeme rozum oproti emócii ako základu poznania. Niekoľko posledných desaťročí vo všeobecnosti veríme, že „vedieť" je synonymom kognitívneho pochopenia. Čokoľvek sme chceli „vedieť", muselo spĺňať pravidlá logiky alebo rozumu, alebo príbuzných disciplín, ako je matematika, fyzika a ostatné „tvrdé vedy". Každé „poznanie" mimo toho bolo podozrivé alebo smiešne. Toto presvedčenie vyňalo oblasť nálad a emócií spomedzi seriózneho záujmu o poznanie a učenie. Náš zúžený pohľad na rozum a racionalitu viedol k tomu, že sme opustili emócie ako oblasť učenia sa a poznania, pokiaľ to nebolo v rámci „mäkkých vied", ako je psychológia, sociológia a podobne. Tie sa však nebrali vážne ako „skutočná veda", a teda sa nepovažovali za „skutočné poznanie".

Z väčšej časti sme emócie ignorovali aj ako potenciálne cenné nástroje. V organizáciách sme ich dlho nepripúšťali alebo považovali za podozrivé. Táto nechuť k emóciám v organizáciách má tiež historické korene v prírode. V priemyselnej revolúcii sa koncept skupiny ľudí pracujúcich spolu posunul od organického k mechanickému, pretože sa na ľudské bytosti aplikovali strojové princípy. Slovo *organizácia* odráža ideu, že skupiny pracujúce spolu sú svojou povahou organické. Slovo *práca* a *pracovník* sú odvodené od mechanickej miery snahy. Emócie sa na našich pracoviskách ešte stále niekedy trivializujú a takmer vždy sa podceňujú, pretože sú v protiklade s mechanickou povahou *práce*.

Skrátka, pomýlili sme si emócie s iracionalitou. Nie je to to isté, a keď ich nerozlišujeme, strácame potenciál oboch. Zaujímavé je, že aj keď sa Descartovo presvedčenie stalo takmer nezastaviteľnou silou v západnom myslení, od začiatku boli aj takí, čo mali iný názor. Jedným z nich bol mladší súčasník Descarta Blaise Pascal, ktorý odpovedal na Descartovo vyhlásenie tým, že napísal: „Srdce má svoje dôvody, o ktorých rozum nič nevie." Po celý čas existovali takí, čo nepovažovali rozum za jediný prostriedok poznania alebo dokonca myslenia, ale rozumové poznanie napriek tomu prevládlo v chápaní nás, a teda aj sveta.

Hyperracionalizmus a devalvácia emócií

Ako sme postupovali na ceste chápania samých seba ako racionálnych bytostí, až donedávna sa náš pohľad čoraz viac zužoval. Dospeli sme k akémusi hyperracionalizmu, ktorý úplne vylúčil každú formu poznania okrem rozumu. Inými slovami, rozum sa považuje za najvyšší a jedine platný spôsob poznania čohokoľvek.

Táto kniha vychádza z koncepcie, že platnosť myšlienky závisí od jej užitočnosti. Nepokúšame sa dokázať, že jedna vec je pravdivá a druhá chybná, chceme sa skôr podeliť o pohľad, ktorý sa ukázal ako užitočný, ba dokonca schopný zmeniť život čoraz väčšiemu počtu ľudí.

Považovať emócie za oblasť učenia sa s rovnakou hodnotou, aká sa spája s rozumom, nám ohromne pomáha porozumieť sami sebe. Nie je to viac alebo menej účinné. Nie je to viac alebo menej spoľahlivé. Keď sa oboje skombinuje, môže vzniknúť synergia, akú sme doteraz nezažili a ktorá nám umožňuje žiť plnšie a s väčším pocitom sebaistoty. Ľudia dlho ignorovali emocionálnu oblasť, a tým sme sa stali emocionálne nevedomými. Dobrá správa je, že nevedomosť sa dá zmeniť učením sa, a týka sa to aj emócií. Skrátka, emócie sa môžu stať jednou z hlavných opôr nášho života. Môžeme sa s nimi spriateliť a môžeme im začať viac dôverovať.

Prinajmenšom v západnej kultúre sa za posledných pár storočí verilo, že emócie sú v horšom prípade podozrivé a v lepšom nespoľahlivé; netreba im dôverovať, keď sa rozhodujeme, a emócie musíme vyňať z rovnice, aby sme sa dobre rozhodli. Nazývame to objektívnosť a to je idea z vedy devätnásteho storočia. V tom čase sa verilo, že pozorovateľ objektu neovplyvňuje stav objektu a je oddelený od veci, ktorá sa pozoruje. Ako sa ukázalo, v kvantovej teórii sme sa dozvedeli, že to tak nie je. Dokázalo sa, že pozorovateľ je faktor určujúci výsledok experimentu, a stará myšlienka, že je možné byť objektívny, sa opustila. Teraz vidíme, že v momente rozhodovania nemožno emócie rozhodujúceho sa človeka odstrániť. Emócie sú súčasťou rozhodcu, a teda aj rozhodovania sa. Nemôže to byť inak.

Tento vývoj ľudského chápania vesmíru (ktorého sme súčasťou) vedie k tomu, že je čas považovať, ako by sme mohli v rámci tejto aktualizácie chápať emócie. Okrem dôkazu, že „objektivita" nie je možná, ako sme si to mysleli, sme sa dozvedeli aj to, že každý z nás je odlišný a jedinečný pozorovateľ. Takže to, čo vidíme, keď sa pozrieme na svet, bude závisieť viac od nás, ako od toho, na čo sa dívame. V oblasti emócií to znamená, že hoci vy aj ja použijeme slovo „hnev", každý máme svoju vlastnú interpretáciu toho, čo je hnev, ako vyzerá a aký je to pocit. Naše interpretácie budú pravdepodobne podobné, ale nie je veľmi pravdepodobné, že budú rovnaké. Vlastne nie je ani možné zistiť, či sú rovnaké. Takže možno povedať, že každá emócia má *interpretáciu*, ale nie *definíciu*, ktorá by platila univerzálne.

Emócie a učenie sa

V oblasti učenia sa emóciám je potrebné uvedomiť si jednu vec. Kvôli mechanistickému vplyvu na naše chápanie sveta máme tendenciu chápať učenie sa ako *akumuláciu informácií*. V emocionálnom učení je však rozdiel medzi *učením sa emóciám* a *učením sa o emóciách*. **Učenie sa o emóciách** je „prijímanie a pochopenie pojmov, idey a logiky", ide o kognitívne spôsoby, ako sa môžeme učiť niečo *o veci*. Napríklad spôsob, ako sa *učíme variť* tým, že sa pozeráme na reláciu o varení v televízii. **Učiť sa emóciám** znamená tráviť s nimi čas, cítiť ich energiu a pomenovávať ich, experimentovať s nimi a praktizovať ich; skrátka, prežívať ich a osvojovať si ich tak, ako keby sme boli v kuchyni a varili. V istom zmysle je to učenie sa zvnútra von.

Úplné pochopenie prichádza z prepojenia konceptuálneho a zážitkového. A *vedieť o* emóciách nám pomáha *poznať* emócie. Táto kniha predstavuje idey, koncepty a modely. Keď si ich osvojíte, umožnia vám prežívať váš vzťah k emóciám novým spôsobom. Bez zážitkov, ktoré obsahujú samotné emócie, však riskujete to, že sa budete *učiť o* emóciách. To, samozrejme, platí na hlboké a úplné učenie sa čohokoľvek, ale vďaka našej tendencii veriť, že sme racionálne bytosti, často upadáme do obmedzujúceho presvedčenia, že vedieť niečo *o* veci stačí. S emóciami to určite tak nie je. Z tohto spisu môžete získať množstvo kognitívnych vedomostí, ale budete musieť venovať čas aj emocionálnym zážitkom a reflexii, aby ste získali širšie chápanie tejto oblasti.

Je to páčiť sa? Alebo je to milovať?

Keď som viedla skupinu intuitívneho maľovania, mnoho ráz som bola svedkom toho, že ľudia sa často chytali do pasce potreby, aby sa im ich maľba páčila. Ak sa im maľba nepáčila, mali pocit, ako keby zlyhali – urobili niečo zle. Na Danovej konferencii o emóciách som zažila, ako krásne oddeľoval, čo znamená „páčiť sa" v živote. Opísal, ako väzba k páčeniu sa často produkuje zatvorený pohľad na svet a že často hľadáme alebo potrebujeme emóciu lásky. Žasla som, ako Dan dokázal previesť ľudí cez toto neuveriteľne mocné územie bez štetca v ruke.

—J. C.

Od frustrácie k pokoju

Uvedomenie prišlo, keď som bol na školení, na ktoré som musel ísť z práce. Pamätám sa na to, ako keby to bolo včera. Teraz viem, že som bol v emócii hnevu. Tri mesiace predtým mi zomrela matka. Otec bol v hlbokej depresii; jeho emócie sa menili z hodiny na hodinu a pil ako dúha. Moja manželka nebola spokojná s tým, koľko času som s ním trávil. Môj nadriadený bol najnáročnejšou osobou, pre akú som kedy pracoval. Tlak na mňa bol na maxime. Okrem toho som vedel, že musím ísť na školenie, aby som sa naučil lepšie komunikovať s kolegami a že by mi to malo pomôcť aj v osobnom živote. Pre mňa to vôbec nemalo zmysel. Už beztak som nestíhal v práci a teraz mám ísť na tri dni „hrať sa" s emóciami. Bol som vyčerpaný a nahnevaný, že nemám na výber a že musím ísť na školenie, na ktoré nechcem ísť.

Prvý deň som sa pokúsil zablokovať facilitátorov hlas. Poobede sme sa začali rozprávať o tom, čo sú emócie a ako im môžeme užitočne porozumieť. V tom momente som začal naozaj počúvať. Nasledujúci deň sme išli hlbšie do konkrétnych emócií. Oj, veď som sa dozvedel, prečo sú moje emócie vždy frustrácia a hnev. Dozvedel som sa, ako pôsobia emócie, na základe ktorých som sa rozhodol komunikovať s ostatnými ľuďmi, a v ten deň sa môj život navždy zmenil. Naučil som sa toľko spôsobov, ako byť pozitívnym lídrom a ako pracuje ľudská myseľ a emócie praktickým spôsobom. Teraz, skôr než odpoviem na akékoľvek otázky alebo keď sa rozhodujem, vždy myslím na to, v akej emócii som. Jedna veľká zmena pre mňa spočíva v tom, že už netrpím záchvatmi paniky. Vďaka poznaniu, že emócie sú normálne a len sa mi snažia povedať, čo sa mi deje, je môj život akosi pokojnejší a menej desivý. Nikdy som si to nevedel predstaviť.

— L. Z.

Kapitola 2

NOVÁ INTERPRETÁCIA

Všetky ľudské bytosti majú spoločné určité základy. Dýchanie je čosi, čo robia všetci ľudia. Prijímanie potravy a výživy je ďalší aspekt. Spánok je tretí. Pri týchto aspektoch ľudského bytia je v našej moci zvoliť si, *ako* alebo *kedy* ich urobíme, ale nemôžeme si zvoliť, *či* ich budeme robiť. Za nimi sú ďalšie hlavné aspekty ľudského bytia, ktoré niekedy prehliadame. Jedným z nich je, že všetky ľudské bytosti majú emócie. Emócie nie sú ľubovoľné. To znamená, že si nemôžeme zvoliť, či budeme mať emócie alebo nie. **Sme** emocionálne bytosti práve tak, ako sme racionálne bytosti. Hoci sa staviame k emóciám a vyjadrujeme ich rozdielne, v závislosti od nášho charakteru, spoločnosti a skúsenosti, nič to nemení na fakte, že všetci máme emócie.

Základom na pochopenie toho, čo tvrdíme, je, že všetky vaše presvedčenia o tom, čo sú emócie a ako fungujú, sú interpretácie. Môžu to byť interpretácie potvrdené výskumom a experimentovaním. Možno ste nazbierali údaje, ktoré „dokazujú", že presvedčenie, ktoré navrhujete, je jediné správne, ale ak pôjdete dostatočne do hĺbky, uvidíte, že vaše presvedčenie je špecifická interpretácia emócií. My, autori, ponúkame jednoducho ďalšiu interpretáciu fenoménu emócií. Nevyhlasujeme, že je správna, ale tvrdíme, že je užitočná a praktická. Roky skúseností pri koučovaní, vyučovaní, facilitovaní a konzultovaní nám ukazujú, že absencia užitočnej interpretácie emócií obmedzuje našu schopnosť zapojiť sa do života mnohými spôsobmi. Sme menej efektívni vo väčšine vecí, ktoré robíme. Býva to zdrojom zmätkov, pretože keď sme presvedčení, že ľudia sú iba racionálne bytosti, žiadna udalosť, ktorá sa nedá vysvetliť racionálne, sa nedá vysvetliť. Preto sa to v rámci hraníc, ktoré sme si vytvorili naším obvyklým spôsobom myslenia, nedá pochopiť.

Ak budete hľadať v slovníku definíciu, čo je to emócia, všeobecne nájdete dva výroky: „emócia je pocit" alebo „emócia je afektívny stav vedomia". Hoci sú obidve platné, ani jedna nie je obzvlášť nápomocná pre porozumenie emóciám, akú rolu hrajú v našom živote, čo to môže znamenať, keď ich prežívame, alebo ako ich navigovať. Ontologická interpretácia emocionálnej oblasti umožňuje chápať nálady a emócie ako užitočné nástroje v každodennom živote.

V ontologickej interpretácii je emócia to, čo už etymológia tohto slova naznačuje: *e-mócia*. To je to, „čo vás uvádza do pohybu" alebo „čo vami hýbe". Všetci si môžeme všimnúť energiu, ktorá nás nabáda hýbať sa rýchlejšie, zmeniť pozíciu alebo povedať niečo, čo považujeme za dôležité. Táto energia je emócia. V tomto prípade sa „konanie" alebo „podnet" líši od „pohybu". Emócia ako lenivosť učiní príťažlivým ležanie na gauči, čo je jej konkrétna „predispozícia konania". Emocionálna energia sa môže ukázať ako reakcia na zážitok, čo by bola emócia, alebo by mohla trvať dlho, a potom by sme to mohli nazvať nálada.

Nálady aj emócie majú tieto špecifické atribúty:

Emócie (a nálady) nie sú ľubovoľné

My **sme** emocionálne bytosti. Odjakživa sú emócie v nás prítomné a sú súčasťou našej výbavy. Každý človek prežíva emócie a nálady. Prejavujeme ich, samozrejme, rôznym spôsobom v závislosti od spoločnosti, histórie, rodu a ďalších faktorov, ale emócie a nálady sú prítomné v každej ľudskej bytosti od narodenia do smrti.

Emócie nie sú vždy zábava a niektoré z nich sú vyslovene bolestivé. Väčšina z nás si občas predstavuje, aký by bol život bez bolesti. Možno sme sa aj pokúsili byť „menej emocionálni" alebo „objektívnejší", aby sme zvládli nepohodlie. Mohli sme sa snažiť otupiť bolesť pomocou rozptýlenia alebo snahou vyhýbať sa jej. Môže to dočasne fungovať, ale nie sú to užitočné dlhodobé stratégie. Život podľa Spocka[1] nás môže niekedy priťahovať, ale nie je v súlade s tým, ako sme my ľudia stvorení. Každý z nás má integrálnu súčasť energie, ktorú nazývame emócia a ktorá nami hýbe. A musí to tak byť. Jednoducho povedané, bez tejto energie by ľudský život neexistoval. Nebola by žiadna hnacia sila, ktorá by nás pohýnala k tomu, aby sme si postavili prístrešie a nakŕmili sa, ani vzťahy by neboli možné.

Alternatívnu stratégiu možno nájsť v samotnej oblasti emócií. Pokusy vyhnúť sa emóciám sú vlastne predispozíciou emócie: *popretie*. Kým zotrvávame v *popretí*, dovtedy sme uzamknutí v tejto dynamike snahy minimalizovať svoje prežívanie emócií. Inou možnosťou by bolo *akceptovanie*. Podľa našich skúseností táto emócia nebýva v súčasnej spoločnosti dobre pochopená alebo vysoko cenená. Naše nepresné chápanie *akceptovania* je, že to znamená súhlasiť, páčiť sa alebo schvaľovať nejakú vec. Užitočnejšia inter-

---

1 Fiktívna postava zo sci-fi seriálu *Star Trek*, polovičný človek a polovičný Vulkánec (vysoko inteligentný mimozemský druh), spoliehajúci sa predovšetkým na logiku (pozn. prekl.).

pretácia je, že „uznávam, že je to také, aké to je". Inými slovami, nebojujeme proti tomu, čo sa javí ako fakt. Nekladieme odpor, aj keď sa nám to nemusí vždy páčiť alebo s tým nesúhlasíme. Jednoducho uznávame, že emócie sú časťou ľudskej výbavy, či sa nám to páči alebo nie, či s tým súhlasíme alebo nie a či to chceme alebo nie. Ak aplikujeme akceptovanie na ideu, že sme emocionálne bytosti, urobili sme krok k tomu, aby sme im porozumeli iným spôsobom, čo im umožňuje stať sa užitočným nástrojom.

Emócie (a nálady) sú legitímnou oblasťou učenia sa a poznania

Kým doteraz sme verili, že učenie sa je predovšetkým rozumové (používa jazyk ako nositeľa informácií), ontologická interpretácia je, že emócie a nálady sú ako oblasť učenia sa, poznania a múdrosti rovnocenné rozumu.

Spomeňte si na celé svoje formálne vzdelanie. Aký vzorec vidíte v kritériách, ktoré rozhodovali o tom, že niečo sa oplatí študovať? Jeden, ktorý sa rysuje autorom, je, že azda 90 percent všetkých kurzov sa zameriava na kognitívny alebo intelektuálny rozvoj. Študovali sme informácie, poznatky a (dúfajme) ako premýšľať. Takmer nič z toho, čo sme študovali, sa ani vzdialene nezameriavalo na explicitný rozvoj emócií alebo pochopenie emócií. V našom systéme ponechávame toto učenie sa na sociálne interakcie, ktoré sa dejú, keď sa zíde veľké množstvo študentov, a primárne sa zakladá na *nádeji*. *Dúfame,* že naše deti sa naučia niečo o svojich emóciách a emóciách ostatných ľudí, ale nemáme systém, ktorý by ich to učil.

Sú takí, čo vidia potrebu a hodnotu toho, ale spoločensky neberieme nálady a emócie ako oblasť učenia. Zdráhavo ich uznávame, ale predovšetkým veríme, že sme „na ceste". Všetci čitatelia tejto knihy vyrástli v stave mysle, ktorý by sme mohli nazvať karteziánsky. To jest vyrastali sme v myšlienkach o svete vychádzajúcich z podobných myšlienok, aké zastával René Descartes, napríklad o sile rozumu. Vyrastať v nejakom systéme myslenia znamená, že vidieť tento systém je podobné, ako keby ryba videla vodu. Zdá sa, že to je proste tak, svet je takýto. Zdá sa, že to je *pravda,* a je veľmi náročné už len uvažovať o tom, že by to bol len jeden z mnohých spôsobov chápania sveta. Pamätám si rozhovor s mojím synom (narodený 1989), v ktorom som mu rozprával o svete pred počítačmi. Povedal by som, že to v ňom vzbudilo emóciu *nedôverčivosti.* Takú možnosť si vôbec nevedel predstaviť a ani to, ako vyzeral svet, keď tento nástroj neexistoval. Môžeme si spomenúť na mnoho príkladov, ako sa zmenilo ľudské myslenie v čase. Pre nás bola pravdivá myšlienka, že učenie sa deje väčšinou alebo výhradne rozumovo, ale ľudia sa učia, že to *nie je najlepší spôsob* chápania učenia, *iba posledný spôsob* jeho chápania. Práve tak, ako sa mení a vyvíja technológia, ktorú používame pri interakcii so svetom, tak sa mení aj to, čo by sme mohli označiť ako *ľudská technológia.* Spoznanie emócií ako oblasti učenia sa má obrovské dôsledky na to, ako vidíme sami seba ako ľudské bytosti a možné budúce cesty, ktoré sa pred nami otvárajú.

Bežné presvedčenie u našich študentov a koučov je, že emócie a nálady sú fixné. Ľudia to často vyjadrujú tak, že povedia niečo ako: „Takáto situácia ma vždy nahnevá; taký proste som", čo odhaľuje hlbšie presvedčenie, že tam nie je možnosť zmeny alebo učenia sa. Už len presvedčenie, že emocionálne učenie sa a voľba sú možné, otvára ohromné možnosti pre ľudský rast.

Emóciám (a náladám) sa učí ponorením

Líšia sa od rozumového učenia, ktoré sa deje pochopením. Emocionálne učenie sa deje ponorením do emocionálnej energie, či už strávime čas s vlastnými emóciami, alebo sa ponoríme do energie emócií iných ľudí.

Keďže sme venovali toľko pozornosti kognitívnemu učeniu sa, sme zvyknutí na spôsob, ako to funguje. Rozumovo sa učíme pochopením. Vidíme situáciu, vzorec, slovo, matematickú rovnicu a niečo cvakne. V okamihu uvidíme logiku tej veci. Takmer hneď získame alebo si vytvoríme poznatok. Mohli by ste povedať, že ľahkosť a rýchlosť rozumového učenia sa nám skazila ostatné typy učenia. Hoci *učenie sa o* emóciách sa môže diať pochopením, ostáva v oblasti intelektu. Ak sa máme *učiť* emóciám, musíme sa do nich ponoriť a zažiť ich. To je učenie sa iného druhu.

Existujú dva primárne spôsoby, ako sa ponoriť do emócií. Jeden je byť nimi obklopený, ako sme boli v detstve a mladosti v rodine. Keď sme rástli, absorbovali sme týmto spôsobom svoju základnú náladu. Ak sme vyrastali obklopení *strachom,* pravdepodobne sme sa naučili vidieť svet ako nebezpečný. Ak sme vyrastali ponorení do nálady *dobrodružstva,* pravdepodobne sme sa naučili vidieť svet ako plný zaujímavých možností. Život s ľuďmi, ktorí dôverovali, nás naučil emócii *dôvery* a možnosť sledovať ľudí okolo nás, ktorí veľa dávali, nám umožnila naučiť sa *štedrosti.* Deje sa však viac, než len to, že sa učíme a osvojujeme si návyky týchto emócií alebo počúvame príbehy s nimi spojené; učíme sa aj hlboko v tele. Tým náladám a emóciám, s ktorými sme rástli, sa učíme implicitne. Neskôr v živote si však môžeme zvoliť, ktorú hnaciu silu by sme chceli prehĺbiť a ktorú by sme chceli zmenšiť, a podľa toho sa pustiť do emocionálneho učenia.

Druhý spôsob, ako sa ponárať do emócií, je *byť s* emóciami, alebo azda presnejšie povedané, umožniť emóciám, aby *boli s nami*. *Smútok* je emócia, ktorá sa na Západe príliš necení. Máme sklon spájať ho s depresiou a ide proti podstate *ambícií* a *nadšenia*, ktoré si ceníme viac. Považujeme ho za negatívnu emóciu a neveríme, že by mohla byť nejaká hodnota v jeho prežívaní. Keď teda cítime smútok alebo nás iní vidia smutných, obvyklá reakcia je „prekonaj to". Naši priatelia alebo príbuzní sa budú snažiť rozptýliť nás alebo nás rozosmiať, alebo sa sami rozhodneme odkloniť od neho. No keď cítime smútok, deje sa toho viac, než len to, že ho prežívame. Súčasne, ako ho prežívame, tak sa mu aj *učíme*. To sa môže zdať ako zvláštna koncepcia, ale predstavte si, že by sa to nedialo. Nech by ste mali akúkoľvek úroveň *lásky* k svojmu dieťaťu pri jeho narodení, zostala by rovnaká, nerástla by. Väčšina rodičov to však pociťuje tak, že rastie. Keby ste nerástli so štedrosťou, nemohli by ste si ju neskôr v živote zväčšiť; ale v skutočnosti môžete. To isté platí o dôvere alebo hneve, alebo údive. Emocionálne by sme boli statickí. Ak si teda dovolíme ostať v emócii, až kým „nedokončí svoju prácu" alebo „nás nenaučí svoju múdrosť", učíme sa ponorením.

Emocionálne učenie sa má svoje tempo

Kognitívne učenie sa deje takmer okamžite, ale učenie sa v emocionálnej oblasti sa deje v omnoho dlhšom časovom období. Nie je neobvyklé, že trvá týždne alebo mesiace, kým emocionálne učenie sa zapustí korene.

Práve tak ako má emocionálne učenie svoj proces, má aj svoje tempo. Ako sme povedali, rozumové učenie sa deje veľmi rýchlo. Keď sme situáciou

zavalení alebo zmätení, nedokážeme predpovedať, kedy nastane pochope-
nie. Tak isto nevieme predpovedať, ako dlho bude trvať, kým nastane emo-
cionálne učenie. Zo skúsenosti však vieme, že to trvá dlhšie ako pochopenie.
Ak uvážite, že určitú náladu v živote ste si osvojovali prvých 16 až 18 rokov
svojho života ponorením sa do rodinného a spoločenského života, viete si
predstaviť, že môže trvať niekoľko mesiacov alebo rokov, aby sa tá nálada
posunula. Mohli by sme povedať, že nás ľahkosť a rýchlosť rozumového
učenia sa skazila.

Vlastne sú dva spôsoby, ako hovoríme o týchto typoch učenia sa. Jeden
je, že to „vyriešime". To znamená, že sa snažíme usporiadať jednotlivé časti
idey do zmysluplného poriadku. Takto dochádzame k poznatku rozumovo.
Druhý je, že „dospejeme k porozumeniu". Toto presnejšie opisuje, čo sa deje
v emocionálnom učení. Porozumenie nejako príde, ale nemusíme si byť istí
v tom, ako alebo kedy presne. Všeobecne si to vyžaduje trpezlivosť, ale stojí
to za to, keď už porozumenie príde.

Nikdy nie sme bez emócie

Toto je hrozná gramatika[2], ale zdôrazňuje fakt, že nikdy nenastane mo-
ment, kedy by emócie neboli prítomné. Nemusíme si ich uvedomovať alebo
ich pomenovať, ale aj tak tam sú.

Ak chápeme emócie ako energiu, ktorá nás poháňa k akcii, vidíme,
že sú stále prítomné, či už sme niečím zaneprázdnení, alebo neaktívni.
Od prvého okamihu, čo sa zobudíme, až kým neupadneme do spánku,
budeme prežívať jednu alebo viac emócií. Zaujímavé je uvažovať, či

---

2 Text naráža na kostrbatú gramatiku titulku tohto odstavca, ktorý v angličtine znie: We
are never not in an emotion.

prežívame emócie aj počas spánku. Jedným argumentom za by bolo to, ako často sa emócie prejavia v našich snoch. Bez ohľadu na to, či sú prítomné v spánku, niekedy nás z neho prebudia, čo by naznačovalo, že sú ustavične aktívne.

Niekedy nám ľudia môžu povedať, že si myslia, že nemajú emócie alebo aspoň nie stále. Jednou z možných príčin, prečo sa im to zdá, je to, že buď nemajú vo zvyku všímať si svoje momentálne emócie, alebo nevedia, ako ich pomenovať. Schopnosť všímať si svoje emócie môžeme získať tak, že si budeme overovať, aké telesné vnemy prežívame. Tieto vnemy alebo *pocity* nás upozorňujú na to, že je nejaká emócia prítomná. Mnohí z nás nie sú dobrí pozorovatelia týchto vnemov. Keďže sme neobjavili bezprostredný spôsob, ako sa učiť emóciám, neprekvapuje, že niekedy nemáme slová na vyjadrenie toho, čo pociťujeme. Dobrým spôsobom, ako si začať budovať emocionálny slovník, je jednoducho pomenovať emóciu, o ktorej sme presvedčení, že ju prežívame, alebo ktorá sa zdá prítomná. Spočiatku nie je také dôležité urobiť to správne, ako jasnejšie rozlišovať. Napríklad emócie strachu, úzkosti a pochybností majú tendenciu k podobným vnemom. Začať jednoducho vetou „Cítim niečo, čo by mohol byť strach, úzkosť alebo pochybnosti" tento proces naštartuje. Odtiaľ by sme mohli reflektovať ich odlišné hlbšie príbehy, aby sme jasnejšie identifikovali, čo je prevládajúca emócia.

Emócie možno spoznať len podľa interpretácie

Človek nikdy neuvidí emócie priamo, môže ich spoznať len podľa interpretácie, ako ich telo vníma alebo vyjadruje, alebo pomocou jazyka, ktorý používame na ich opis (čo je tiež somatická funkcia). To teda znamená, že lingvisticky môžeme každú konkrétnu emóciu interpretovať, ale nie absolútne definovať. Nemôžem vedieť, či to, čo označujem ako lásku, prináša rovnaké vnemy pre iných ľudí ako pre mňa.

Tvrdíme, že emócie nemajú presnú definíciu, ale je možné dohodnúť sa na ich užitočnej interpretácii. Neexistuje definitívny sprievodca, čo je a čo nie je emócia, dokonca ani aký je význam špecifickej emócie. Keď hovoríme o emóciách, tlmočíme medzi oblasťami – jazykom a emóciou – a tento proces je podobný tlmočeniu medzi dvomi jazykmi alebo nárečiami. Každý, kto hovorí viacerými jazykmi, vie, že najlepšie, čo sa dá urobiť, často býva snažiť sa zopakovať význam, ale aj tak sa často niečo „stratí v preklade" a mnoho slov nemá presný ekvivalent v inom jazyku. To neznamená, že nemá význam prekladať, znamená to len to, že si musíme dávať pozor na toto obmedzenie, aby sme počúvanie nastavili tak, aby sme lepšie rozumeli. *Schadenfreude* v nemčine (alebo *škodoradosť* v slovenčine, pozn. prekl.) nemá nijaký priamy preklad do angličtiny, ale znamená niečo ako „radosť odvodená z nešťastia iných". Naším cieľom pri emóciách je dohodnúť sa na spoločnej interpretácii.

Rozdiely v interpretácii sa vyskytujú aj v jednom jazyku. Keď napríklad počujete slovo „dom", máte predstavu, čo to je, ale keď to začnete podrobnejšie vysvetľovať, dom, ktorý v duchu vidíte, sa bude líšiť od domu, ktorý vidím ja. Sú to domy, ale vidíme a opisujeme ich rozdielne. Čím viac sa snažíme definovať dom, tým viac rozdielov nájdeme, ale pravdepodobne dokážeme nájsť interpretáciu, ktorú akceptujeme obaja. Pri interpretovaní je užitočné preskúmať etymológiu emócie. V pôvodnom význame alebo stavbe môže byť nuansa, ktorá nám pomôže porozumieť príčine, prečo bola emócia pomenovaná práve tak. Jazyk bol vynájdený na základe „potreby", čo znamená, že keď sa nachádzame v situácii alebo prežívame zážitok, na ktoré nemáme slovo, vymyslíme nejaké. Obvykle vymyslíme slovo na základe pozorovania ľudskej aktivity alebo nášho presvedčenia, odkiaľ tá aktivita pochádza. Takto ľudia pomenovali väčšinu emócií. Tento etymologický prieskum môže byť veľmi bohatý a môže veľmi rozšíriť hĺbku nášho emocionálneho chápania. (V našej práci a v tejto knihe sme často používali webovú stránku www.etymonline.com a odporúčame ju ako zdroj.)

Najdôležitejší element pri spoznávaní svojich emócií je zamerať sa na vlastné porozumenie a interpretáciu. Ak chápete, aký príbeh máte za *smútkom,* tak vám bude *smútok* ako emócia užitočný, aj keď budú slová, ktorými ho opisujete, trochu iné než slová iných ľudí.

Každá emócia a nálada nás predisponujú na špecifický čin

V každej jednej emócii alebo nálade naše telo *inklinuje* k špecifickej reakcii. To nemusí nutne znamenať, že tak aj budeme konať, ale že nás emócie budú viesť k tomu, že chceme konať týmto spôsobom. V tom môže byť obsiahnuté aj to, čo budeme chcieť povedať, lebo reč je funkciou tela. Napríklad radosť nás predisponuje oslavovať; neha vzbudzuje chuť objímať; a hnev, keby sa mal prejaviť, nás pobáda k tomu, aby sme niekoho alebo niečo potrestali. Nie vždy uskutočníme tento sklon, ale je tam, pomáha nám identifikovať emóciu a tá bude modifikovaná spoločenskými konvenciami a osobnými zvykmi.

Hnev nás predisponuje k tomu, aby sme *potrestali zdroj vnímanej* nespravodlivosti. Dôležité je pochopiť, že nás k tomu nabáda, ale neprinúti nás urobiť to. Ak vidíme niekoho, ako kope psa, a nevidíme na to dôvod, môžeme sa *nahnevať* a zatúžiť udrieť alebo nejako potrestať toho človeka.

Spoločenské normy nám môžu zabrániť, aby sme to urobili, ale fakt, že máme takú pohnútku, nám hovorí, že prežívame emóciu *hnevu*. *Radosť* nás predisponuje oslavovať, *úzkosť* robiť si starosti a *ambícia* využiť príležitosti, ktoré vidíme okolo seba.

Toto je miesto, kde vidíme rozdiel medzi našou ontologickou a spoločenskou výbavou. To, čo prežívame ako sklony, nám hovorí niečo o skúsenosti, ktorú sme ako ľudia zažili, ale to neznamená, že musíme podľa toho aj konať. Civilizovanosť vrátane vlastných skúseností nám hovorí, čo je vhodné správanie, keď prežívame nejakú konkrétnu emóciu. Vedieť to oddeliť je veľmi dôležité, ak máme porozumieť, čo sú to emócie takpovediac v surovom stave. Táto informácia sa potom stáva súčasťou spoločenskej interakcie.

Nasledujúci model ilustruje rôzne úrovne identifikácie, ktoré využívame. Všetci máme nejaké typické charakteristiky, ktoré používame ako identifikátory. Juan má tmavé čierne vlasy, Linda má modré oči, on má šikovné ruky, ona rýchlo chápe atď. Spoločenskú úroveň niekedy používame ako identifikátor, keď hovoríme, že niekto pochádza z určitej krajiny, má nejakú etnickú príslušnosť alebo robí určitý typ práce. Spoločenské identifikátory identifikujú, k akej skupine dotyčný človek patrí, či už je to dobrovoľné alebo nie. Táto kniha sa najviac zaoberá ľudskou alebo ontologickou úrovňou. Každý človek spí, prijíma potravu a dýcha. Tieto funkcie sú súčasťou ľudského bytia, a hoci máme nejaké možnosti vybrať si, kedy alebo ako budeme tieto veci robiť, nemáme na výber, či ich budeme robiť alebo nie. Podobne sú súčasťou ľudského bytia aj emócie. To, ako ich vyjadrujeme (alebo nevyjadrujeme), veľmi závisí od individuálnej a spoločenskej úrovne, ale mať emócie je aspekt ľudskej, teda ontologickej úrovne nášho bytia.

Osobná

Spoločenská

Ľudská (ontologická)

Každá emócia je tvorivým spôsobom spojená s príbehom

Inými slovami, emócie existujú, aby nám poskytovali informácie o našich interakciách so svetom. Keď cítim ambíciu, prežívam aj príbeh, že „život mi ponúka možnosti a ja ich využijem". Ak som v príbehu, že „to nie je spravodlivé" alebo „to som nemal", prítomná je emócia nevôle. Opäť platí, že to sú interpretácie, nie definície. To druhé sa dá vyjadriť aj inak a stále to bude energia *nevôle.* Emócie nevznikajú náhodne a nie sú vágne, ale nesú veľmi špecifickú informáciu, ak vieme, ako ju dekódovať.

V ontologickej interpretácii sa emócie a príbehy (alebo myšlienky) navzájom spoluvytvárajú. Ak začnete myslieť na to, ako niekto *zradil* vašu *dôveru,* všimnete si, že to generuje emóciu *hnevu,* a môžete cítiť, ako narastá vo vašom tele. V tom momente sa nedeje nič, čo by vyprovokovalo *hnev,* iba vaše myšlienky na incident, o ktorom ste presvedčení, že bol nespravodlivý. Keby sme zvažovali len tento jeden príklad, mohli by sme dospieť k záveru, že emócie sa tvoria myšlienkami. Deje sa však aj opak. Niekto poruší daný sľub a to spustí vo vás *hnev.* V momente identifikácie *hnevu* nemusíte mať slová, ktoré by opísali, prečo prežívate túto emóciu. Po chvíľke uvažovania môžete opísať jeho konanie ako nespravodlivé. V tomto prípade sa zdá, že emóciu vytvára jazyk, ktorý používate na opísanie toho, čo sa stalo. Z praktickej stránky stačí ukázať, že medzi emóciou a jazykom je súvislosť spoluvytvárania. Zážitkovo pravdepodobne nebudeme vedieť povedať, čo je primárne, ale vieme, že obe sú neustále prepojené.

Ako sa ukazuje, každá emócia je spojená s veľmi špecifickým príbehom. Pod „príbehom" nemáme na mysli vašu konkrétnu situáciu, ale skôr konzistentný hlbší príbeh. Niekedy nazývame tieto naše presvedčenia perspektívou alebo hodnotením. Napríklad *smútok* je vždy spojený so „stratou niečoho, na čom mi záleží". Nie je to len „strata niečoho", lebo ak vám na tom nezáleží, nebudete cítiť smútok. Nebude to ani samotné „na čom mi záleží", lebo ani to negeneruje smútok. *Smútok* je vždy príbeh o tom, že ste „stratili niečo, na čom vám záleží". Pamätajte, že tlmočíme z oblasti emócií do oblasti jazyka a môžete to formulovať aj trochu odlišne, ale *smútok* vždy obsahuje tieto dva prvky.

Frustrácia je príbeh o tom, že „sa snažím a už sa to malo stať". *Dôvera* je príbeh, že „nie je to pre mňa veľké riziko, ak budem interagovať s touto osobou". *Strach* je príbeh, že „niečo konkrétne v budúcnosti môže spôsobiť škodu mne alebo niekomu, na kom mi záleží". Môžeme pokračovať s niekoľko sto emóciami, ktoré sú nám ľuďom dostupné. Mnoho príbehov za emóciami nájdete v 10. kapitole tejto knihy.

Hodnota takéhoto počúvania príbehu emócie môže byť značná. Len počúvaním človeka sa môžete dostať veľmi blízko k poznaniu, aká emócia vyvolala rozhovor. To vám potom umožní klásť otázky, ktoré vám obom pomôžu porozumieť, čo prežíva. Ak vám napríklad syn alebo dcéra hovorí, že sú „naštvaní na vás, lebo im nechcete dovoliť, aby išli autom s priateľom, ktorý práve dostal vodičský preukaz", môžete okamžite počuť *hnev* alebo *nevôľu. Hnev* by bolo ich presvedčenie, že to je neoprávnené, a *nevôľa* by znamenala, že to je nespravodlivé. Mohli by ste tiež počuť, že vaše rozhodnutie je založené na malej *dôvere* (že dovoliť to je podľa vášho úsudku príliš riskantné). Keď to viete, môžete sa rozprávať produktívnejšie, než ako keby ste len argumentovali alebo bránili svoj názor. Tento poznatok umožňuje skutočný rozhovor o záujme, zodpovednosti, budovaní *dôvery* a o tom, v čom sa vy dvaja líšite pri pozorovaní tej istej situácie. Príklad z pracovnej sféry by mohol byť, že niekto z vášho tímu sa nezapája do práce. Toto správanie by mohlo sýtiť niekoľko emócií. Mohla by to byť *nuda* („Nie je tu nič hodnotné pre mňa") alebo *zaujatie* („Dôležitejšia je pre mňa iná vec"), alebo dokonca *rezignácia* („Nič z toho, čo urobím, aj tak nemá zmysel, tak načo sa snažiť?"). Spôsob, ako zúžiť pole emocionálnych kandidátov, je počúvať príbeh toho človeka. Ak sa zhoduje s niektorým z týchto troch príkladov, zbadáte to; ak nie, musíte hľadať emóciu, ktorá bude konzistentná s jeho „príbehom".

Nie je podstatné, či je príbeh generujúci emóciu pravdivý. Ak som presvedčený, že ma niekto zradil, budem cítiť *hnev* bez ohľadu na to, či to naozaj spravil alebo nie. Ak verím, že som stratil niečo, na čom mi záleží, cítim *smútok*, a ak sa tá vec odrazu objaví, *smútok* zmizne a ja budem cítiť *šťastie* a *radosť*.

Emócie a nálady často majú časovú orientáciu

Niektoré emócie sa viažu alebo sa zameriavajú na minulosť, ďalšie na prítomnosť a zasa iné na budúcnosť. V niektorých prípadoch sa nelíšia ničím iným. *Ľútosť* je presvedčenie, že život by bol lepší, keby som sa v minulosti inak rozhodol. *Neistota* je príbeh o tom, že môžem urobiť rozhodnutie, ktoré vytvorí budúcnosť, aká sa mi nepáči. *Pokoj, mier* a *šťastie* sa týkajú prítomného okamihu. Ak sme si vedomí tejto časovej orientácie, môže nám to pomôcť pochopiť, či žijeme v prítomnosti, alebo sa viac upíname na minulosť či budúcnosť.

Predstavte si politického kandidáta, ktorý rozpráva o tom, ako bolo dobre „za starých, zlatých čias". Jednoduché počúvanie emócie, ktorá je za tým výrokom, vám napovie, či je spojený s *nostalgiou*, a jeho snaha sa nás pravdepodobne pokúsi vrátiť späť k spôsobu života, aký existoval kedysi. Ak kandidát rozpráva o *nádeji*, pozerá sa do budúcnosti a svoju energiu pravdepodobne vynaloží na vytvorenie čohosi nového, o čom je presvedčený, že bude lepšie ako to prítomné (alebo minulé). A ak kandidát povie, že veci sú dobre také, aké sú, a teda netreba nič meniť, možno počúvate *samoľúbosť*. Vodcovia všetkých druhov majú sklon zameriavať sa buď na minulosť alebo na prítomnosť, pretože ponúkajú zmenu. Hlavnou otázkou je, akú zmenu. Jedna nie je nevyhnutne lepšia ako druhá, ale nálada, ktorú prežívame, určuje, čo je možné. *Rezignácia* je o budúcnosti a vychádza z minulých skúseností. *Nevôľa* vychádza z presvedčenia, že niečo v minulosti bolo nespravodlivé. *Bázeň* prichádza so zážitkami v prítomnosti, ako aj *údiv* a *zvedavosť.*

Emócie nie sú zlé ani dobré

Každá konkrétna emócia umožňuje určité činy a interakcie a nie iné. Napríklad dôvera nám umožňuje koordinovať činnosť s ostatnými ľuďmi. Nedostatok dôvery nám bráni koordinovať činnosť alebo ju sťažuje. Oboje majú svoje miesto. Veľká dôvera nám umožňuje budovať efektívne tímy a mať závislé vzťahy. No ak niekto nemá na srdci náš najlepší záujem a vnímame jeho neúprimnosť, tak je obozretné nedôverovať mu, a teda ani nekoordinovať s ním našu činnosť. Rezignácia nás odkláňa od angažovania sa v živote a veľa ráz to môže byť presne to, čo potrebujeme, aby sme sa vyliečili alebo si oddýchli. Pretrvávajúca rezignácia (nálada rezignácie) nám však bráni v interakcii, po ktorej môžeme veľmi túžiť. Onálepkovaním emócií ako dobré alebo zlé sa odrežeme od prístupu k tým, ktoré označíme ako zlé. V podstate zahodíme ich možnú hodnotu a podporu.

Táto idea môže byť provokujúca, pretože v súčasnosti je takáto interpretácia emócií hlboko zakorenená. Pre väčšinu z nás je ľahké rozdeliť zoznam emócií na „dobré" a „zlé". *Lásku, záväzok, šťastie, pokoj* a *nadšenie* máme tendenciu považovať za „dobré" a *smútok, zúrivosť, hnev, frustráciu* a *žiarlivosť* za „zlé" emócie. Nešťastným dôsledkom takéhoto uvažovania o emóciách je, že sa snažíme mať viac „dobrých" a menej tých „zlých". Niekedy to ide ešte hlbšie a jednotlivým emóciám pripisujeme morálnu kvalitu. Napríklad môžeme byť presvedčení, že *lenivosť* nie je len „zlá" emócia, ale že je „nesprávna". Takto pohŕdame každým, koho považujeme za *lenivého*, a považujeme ho za zlého alebo menej hodnotného človeka. Robíme to s celou škálou emócií, okrem iného s *aroganciou, hnevom, zúfalstvom, hrabivosťou, žiarlivosťou, závisťou, cynizmom, rezignáciou* a *slasťou*. Podobne sme niekedy presvedčení, že ľudia sú morálne nadradení, keď často demonštrujú dobré emócie ako *ambície, nadšenie, šťastie, radosť, nádej* a *lásku*.

Každá emócia nám umožňuje urobiť nejaké činy a bráni nám robiť iné. Určite si viete predstaviť, ako je pri vytváraní možností a skúmaní nových myšlienok užitočné *nadšenie*. V tomto zmysle môže mať nesmiernu hodnotu. No čo keď je niekto schopný prežívať <u>iba</u> *nadšenie?* Čo by nebol schopný robiť? Pravdepodobne by nedokázal odpočívať, počúvať alebo tešiť sa z daného momentu. *Hnev* je emócia, ktorej sa mnohí ľudia boja, pretože bol niekedy v ich živote zdrojom zranenia. Aká je však hodnota *hnevu?* Hovorí nám, čomu veríme, že je spravodlivé a nespravodlivé, takže keby nám nebol dostupný *hnev*, nepoznali by sme tieto časti seba. Základná otázka o emóciách preto nie je to, či sú dobré alebo zlé, ale či nám slúžia alebo nie. Emócie existujú, aby nám slúžili, a nie naopak.

Nálady a emócie nie sú „chemicky" čisté

V danom momente často mávame niekoľko emócií alebo kombináciu nálady a emócií. Môžu byť podobnej povahy, ale môžu sa zdať aj paradoxné, ako napríklad keď máme vzťah *lásky – nenávisti* alebo sme *šťastní* z úspechu niekoho iného a zároveň mu ho *závidíme*. Jedno neprotirečí druhému. Oboje nám hovorí niečo o tom, ako vidíme ten vzťah.

Idea brať emócie individuálne a oddelene je v istom zmysle akademická, pretože ony tak v nás nežijú. Nie je neobvyklé, že prežívame naraz viac než jednu emóciu. Napríklad môžeme cítiť *úzkosť* a *pochybnosti* pred prezentáciou, ktorá nás čaká. *Úzkosť* má pre nás jednu správu a funkciu a *pochybnosti* druhú. Jednu môžeme cítiť silnejšie ako druhú, ale obe hrajú rolu v tom, že nás informujú o našom prežívaní. Môžeme dokonca prežívať zdanlivo protikladné emócie, ako napríklad *šťastie*, že sa priateľ oženil, a *závisť*, že má niečo, čo by sme chceli aj my. Môže sa nám niekto *páčiť*, ale *nedôverujeme* mu, alebo dokonca cítime k nemu *lásku aj nenávisť*. Čo keby bolo možné ceniť si všetky naše emócie, počúvať ich jednotlivé správy a potom pouvažovať, ako odpovedať? Aký odlišný by bol život? Nie je nutné popierať emócie, ktoré sa zdajú nelogické alebo paradoxné, a môžeme prísť na to, že keď ich budeme počúvať, získame dôležité poznatky.

To isté by sa dalo povedať o súvislosti medzi náladami a emóciami. Môžeme žiť v nálade možností alebo *ambícií*, ale niekedy prežívať emóciu *zúfalstva*. Znovu, hovoria nám odlišné veci a pozývajú nás, aby sme sa pozreli na celý náš vzťah so svetom, nielen na jeho časť.

Každá emócia sa stará o niečo dôležité pre človeka

Emócie sa často chápu ako bezúčelné alebo ako keby existovali len preto, aby nám znepríjemňovali život. Nesúhlasíme a sme presvedčení, že každá emócia vznikla na to, aby sa postarala o konkrétnu a pre človeka dôležitú oblasť. Každá emócia má istý účel. *Vernosť* sa stará o skupiny, do ktorých patríme. *Pocity viny* sa starajú o našu súkromnú identitu. *Hnev* nám hovorí, čo je podľa nás neoprávnené, a dáva nám možnosť napraviť to. Mohli by sme povedať, že toto je *účel* emócií a každá emócia sa o nás stará svojím spôsobom. Účelom *smútku* je informovať nás, na čom nám v živote záleží. *Hnev* nám hovorí, čo považujeme za oprávnené a neoprávnené. *Radosť* signalizuje, že vidíme v živote niečo, čo je hodné oslavy. *Hrdosť* mi hovorí, že som urobil niečo, o čom som presvedčený, že je to dobré, a čo chcem povedať aj ostatným. Posledná kapitola tejto knihy uvádza účel každej z 256 emócií, čo sú na zozname. Emócie teda nie sú nedôležité alebo náhodné. Existujú vďaka veľmi konkrétnej príčine a zastávajú významnú rolu v starostlivosti o nás.

Nie sme emócie

My prežívame svoje emócie, ale ony nás nedefinujú. Práve tak ako myšlienky sú niečo, čo si môžeme myslieť a rozhodnúť sa neosvojiť si ich alebo im neveriť, aj naše emócie nám ponúkajú porozumenie svetu okolo nás, a tak sú zdrojom potenciálneho poznania. Existuje rozdiel medzi „my máme emóciu" a „emócia má nás".

Jednou z ďalších vlastností emócií a nálad je, že ich síce ustavične prežívame, ale nie sme to „my". Ak nevieme odlíšiť našu skutočnú podstatu od energie našich emócií, môžeme si ich spliesť. Dôležité je vedieť ich oddeliť, pretože to nám umožňuje odstúpiť, všímať si a reflektovať naše emócie a nenechať sa nimi chytiť. Chápanie tohto rozdielu nám umožní voliť si medzi *reagovaním* a *odpovedaním*. *Reagovanie* je to, čo robíme, keď sa naša dispozícia udeje rýchlejšie, ako dokážeme myslieť. Dokázané je, že náš emocionálny reakčný čas je kratší ako intelektový reakčný čas, a tak sa to stane „skôr, ako to vieme". Možné je však aj natrénovať sa a vytvoriť priestor medzi prežívaním udalosti a reagovaním, alebo dokonca sa naučiť inú reakciu, než je naša vrodená. To neprestajne robia atléti, aby zlepšili svoj fyzický výkon.

Môže byť cenné vybudovať si kapacitu odpovedať namiesto toho, aby sme len reagovali, keďže reakcia nemusí byť ten najefektívnejší spôsob, ako vyriešiť situáciu, ktorej čelíte. Predstavte si, že sa hneváte, pretože ste presvedčení, že niekto vám urobil niečo neoprávnené. Možno vám nezvýšili plat, keď všetko nasvedčovalo, že ho zvýšia. *Hnev* vás predisponuje, aby ste potrestali zdroj neprávosti, v tomto prípade zrejme vášho šéfa. Tak mu môžete povedať niečo škodlivé, môžete zaujať namrzený postoj, alebo svojim spolupracovníkom začnete o ňom rozprávať negatívne veci.

Ani jeden z týchto činov však nenapraví neprávosť. Účinný spôsob, ako pristúpiť ku vnímanej neprávosti, je hľadať porozumenie. „Je to pravda, že mi nezvýšia plat? Aký je kontext tohto rozhodnutia? Bolo to niečo na mojom výkone, čo znemožnilo zvýšenie? Na čom sa zakladalo vaše očakávanie? Dostali ste sľub, ktorý nebol splnený?" Tieto otázky by boli súčasťou odpovede a pripravili by vás na zmeny v riešení tej neprávosti. Riešením by mohla byť zmena zamestnania, zmena šéfa, usilovnejšia práca, žiadosť o úprimnú spätnú väzbu alebo naučiť sa neočakávať. To všetko by pravdepodobne bolo efektívnejšie, než len potrestať šéfa, ale dá sa to urobiť len vtedy, ak sa naučíte zvoliť si odpoveď namiesto reakcie.

Emócie sa spúšťajú, nálady nie

Rozdiel, ktorý robíme medzi náladami a emóciami ontologicky, je ten, že emócie spúšťa nejaká udalosť, kým nálada je všetko prenikajúca energia. To znamená, že emócie sú vyprovokované zážitkom, zatiaľ čo nálady vytvárajú zážitok, ktorý máme. Ak niekto žije v nálade strachu, bude vidieť svet plný nebezpečenstva a to bude formovať jeho správanie. Ak žije v nálade rozhorčenia, bude vidieť udalosti, ktoré sa mu dejú, ako nespravodlivé, pretože nálada vytvára šošovky, cez ktoré sa bude pozerať a hodnotiť svoj zážitok. Povedané inak: nálady existujú pred zážitkom, emócie nasledujú po zážitku.

Emócie sú reakcie na zážitok. Spúšťa ich niečo, či už je to myšlienka, stretnutie, niečo, čo vidíte, alebo niečo, čo vám niekto povedal. Vytvárate si príbeh zo spúšťača a ten príbeh vyvolá súvisiacu emóciu. Táto interpretácia nepodporuje myšlienku, že ostatní ľudia „zapríčiňujú" určité emócie v nás. Teda keď povieme: „Nahneval ma", je to chabá reprezentácia procesu a vlastne nás vzďaľuje od toho, aby sme pochopili, čo sa v nás deje. Súčasťou emocionálnej kompetencie je prevziať zodpovednosť za svoje emócie a uvedomiť si, že sú naše preto, aby sme im rozumeli a navigovali ich. To môže byť sprvu náročné, pretože viniť druhých ľudí z toho, ako sa my cítime, je dlhodobý zvyk a obyčajne je to ľahšie, ako prevziať zodpovednosť.

Nálady nespúšťa udalosť, ale vlastne predchádzajú našim zážitkom a tvarujú naše porozumenie a interpretovanie. Keď sme v nálade *strachu*, všetko, čo okolo seba vidíme, sa zdá nebezpečné. Ak sme v nálade *vďačnosti*, vidíme svet plný darov. Ak sú našou základnou náladou *ambície*, vidíme svet plný príležitostí, kým v *rezignácii* sa nebudeme snažiť niečo robiť, lebo veríme, že aj tak nám nič nepomôže. Nálady možno chápať ako šošovky, cez ktoré vidíme svet, a ony tvarujú našu interpretáciu prežívania. Tým sa líšia od vlastných emócií.

Existencia emócií je logická

Môže sa to zdať paradoxné, ale existencia emócií je celkom logická. Ak chápeme účel kognitívnych funkcií tak, že majú zbierať a triediť informácie, je logické, že potrebujeme aj mechanizmus na váženie hodnoty informácií. Túto rolu v ontologickom modeli hrajú emócie.

Mnohí z nás vyrastali s myšlienkou, že rozum a city sú protiklady alebo idú proti sebe. Panuje presvedčenie, že nemôžeme fungovať súčasne aj logicky, aj emocionálne, alebo že jedno protirečí druhému. V takej interpretácii emócie nie sú logické alebo spojené s rozumom a naopak. Nové významné výskumy však dokázali, že naše rozhodnutia, skutočné voľby sú vždy výsledkom emócií, čo je v súlade s ontologickou interpretáciou emócií ako „energie, ktorá nami hýbe". Náš intelekt alebo neocortex je stavaný tak, že akumuluje a organizuje dáta. Rozhodnutia sa robia vďaka *túžbe*, *odporu*, *frustrácii* a širokej škále ďalších emócií. Energia rozhodnutia je vždy emocionálna. Keďže rozum sa nemôže rozhodovať, je logické, že ľudia potrebujú mechanizmus, ktorý rozlišuje, čo je najdôležitejšie, aby mohol podľa toho konať. To je rola emócií. Logické teda je, že u ľudí sa vyvinuli emócie a vo všetkých aspektoch života sú nepostrádateľné.

Paralelnú myšlienku vidno aj vo vývine umelej inteligencie. Vypracovali sa dobre fungujúce logické algoritmy, ktoré sa stále vylepšujú. Najväčšou výzvou v tejto oblasti vývoja je nájsť spôsob, ako môže umelý mozog (neocortex) rozlišovať hodnotu možných rozhodnutí (prekurzorov konania). To je presne úloha emócií u ľudí.

Emócie sú výsledkom toho, čo máme vrodené, plus čo sme sa naučili

Večná otázka, čo je zdedené a čo naučené, platí aj pri emóciách a náladách. Ako ľudstvo sme určite naprogramovaní konkrétnym biologickým spôsobom mať emócie a ako jednotlivcom je nám dané spracovávať ich špecifickým spôsobom. Rastie množstvo prác, ktoré ukazujú, ako sa v emocionálnej oblasti učíme a akú úlohu zohrávajú emócie v učebnom procese.

Na základe vlastného štúdia a skúseností nedokážeme povedať, že jedno je dôležitejšie ako druhé, alebo odmietnuť jedno v prospech druhého. Zdá sa, že užitočnejšia otázka znie: „Koľko z toho, akí sme, sa skladá z toho, akí sme sa narodili a koľko sme sa naučili?" Zdá sa, že sa to mení od jednotlivca k jednotlivcovi, podobne ako mnoho iných vlastností človeka. Každý z nás má určitým spôsobom „naprogramovanú" vrodenú štruktúru. Zvyšok je naučený a oboje sa navzájom ovplyvňuje, takže pomer sa v čase mení. Človek sa vždy môže snažiť učiť, a ak sa dejú čo i len malé zmeny, ukazuje to, že učiť sa je možné. Človek sa môže ďalej snažiť učiť, aj keď zmena nenastane, ak má vytrvalosť a nádej. No ak sa niekto nesnaží učiť, tak sa nedá spoznať jeho kapacita učiť sa v emocionálnej oblasti.

Ak sa niekto začne učiť, musí ako prvé spochybniť svoje presvedčenie, že „to, aký som, je fixné". Ľudia to často vyjadrujú slovami: „Taký proste som." Aby ste sa mohli začať učiť, navrhujeme zmeniť slová na: „Tak som sa to naučil." Nikto vlastne nevie povedať, do akej miery sa dokáže emocionálne učiť, ale za tie roky sme zistili, že v tejto oblasti, ktorú sme vždy považovali za fixnú, sa dá naučiť veľa.

Keď nám na niekom záleží, ale nestaráme sa oňho

Veľmi užitočný bol pre mňa rozhovor s Danom, ktorý sa odohral na recepcii s výhľadom na hory. Vychutnávali sme si jedlo a on rozprával o tom, ako sa zamiloval do svojej nevesty. Pamätám si dve veci. „Riaď sa telom" a klaď jednoduché otázky: „Si hladná? Je ti zima?" V tej chvíli som si uvedomila hlboký význam starostlivosti ako emócie. Dan pokračoval tým, že niekedy nám na niekom záleží, ale on o tom nevie, lebo sa o neho nestaráme. Ten rozdiel som si zapamätala a odvtedy si často kladiem otázku, či prejavujem záujem takým spôsobom, že tomu ten druhý naozaj rozumie. Bolo to jednoduché ponaučenie, ale znamenalo pre mňa veľmi veľa.

— K. R.

Kapitola 3

VÝZNAM EMÓCIÍ

Čo nám emócie hovoria

O dbornosť v každej oblasti sa zakladá na schopnosti rozlišovať a pomenovávať kriticky dôležité prvky. Advokát dokáže rozpoznať rozdiely medzi zákonom a legálnym procesom, kuchár rozoznáva rozdiely v jedle, chute, textúru a procesy varenia. V oblasti emócií nám dáva väčšie kompetencie a odbornosť naša schopnosť rozlišovať emócie, pomenovávať ich, vnímať ich v tele a rozumieť ich príbehu. Nazývať určitú činnosť raz *službou* a inokedy *obetou* znamená, že nám nie je jasné, čím vlastne sú, a spreneveruje to hranice nášho emocionálneho poznania. Čím jemnejšie dokážeme chápať nuansy jednotlivých emócií, tým väčšia bude naša emocionálna inteligencia a kompetencia.

Ak je vyjadrovanie emócií v jazyku formou tlmočenia, nie je možné *definovať* emócie absolútne. Môžeme však stanoviť význam a nájsť interpretáciu, ktorá nám umožňuje zblízka s nimi pracovať. Na lingvistickom pochopení je najdôležitejšia interpretácia, ako na to pred sto rokmi poukázal Ludwig Wittgenstein vo svojej štúdii o filozofii jazyka. Naše osobné i odborné skúsenosti po päťdesiatich rokoch cestovania a života v mnohých krajinách sú, že sme sa nestretli s kultúrou, v ktorej by chýbala emócia, ktorú spúšťa zážitok nespravodlivosti. Tento zážitok sa zdá univerzálny. V slovenčine je pomenovanie emócie, ktorú priraďujeme k tejto odpovedi, *hnev.* Pri preklade do iných jazykov sa to môže meniť, ale zdá sa, že taká emócia existuje vo všetkých civilizáciách. Naše vlastné presvedčenie je, že všetky emócie sú na nejakej úrovni dostupné každej ľudskej bytosti. Azda vďaka biologickým variáciám sa medzi jednotlivcami mení schopnosť intenzity emócií, ale najväčší rozdiel v našom vzťahu k emóciám je to, čo sme sa o nich naučili. Súčasťou každej spoločnosti je jej vzťah k emóciám. Každá spoločnosť má jedinečné chápanie emócií; niektoré emócie si cení a všíma viac a iné menej, ale tu opäť zastávame ľudské, čiže ontologické hľadisko. Nižšie sú uvedené emócie, s ktorými sa v našej práci stretávame najčastejšie. Tento zoznam vyplynul z našich skúseností a je teda silne ovplyvnený západnou spoločnosťou. Zoznam s inou spoločenskou orientáciou – napríklad domorodou – sa môže líšiť. Dlhší zoznam sa nachádza na konci tejto knihy:

■ **Akceptácia:** *Akceptácia* je jedna z najmenej pochopených a oceňovaných emócií, čo je trochu nešťastné vzhľadom na jej možnosti. Štandardné presvedčenie je, že *akceptácia* znamená „vzdať sa" alebo „ustúpiť". Často sa zamieňa za *rezignáciu* a považuje sa za znak slabosti. *Akceptovať* ontologicky znamená „uznať, že je to tak". To znamená, že nekladieme odpor proti tomu, čo sa stalo alebo čo sa deje, a že vidíme život taký, aký je. **Neznamená** to, že súhlasíme, že sa nám to páči, alebo že schvaľujeme, ako sa veci majú. Znamená to len, že vidíme veci také, aké sú.

Keď počujeme niekoho povedať „no, čo už", možno práve vyjadruje *akceptáciu* alebo zažíva *rezignáciu. Rezignácia je takýto príbeh: „Nič, čo urobím, to nezmení, tak načo sa snažiť?"* Zmätok môže vyplynúť z toho, že obidve tieto emócie vyzerajú neaktívne. Dispozíciou oboch je nehybnosť, ticho, tak sa musíme pozrieť bližšie na pokles pliec (či sú poklesnuté, alebo nie), sklopený zrak (alebo nie), či na výdych, ktorý hovorí: „vzdávam sa", aby sme videli rozdiel. Druhá cesta je skúmať, čo si daná osoba myslí – jej „príbeh" – a to nám jasnejšie ukáže jedno alebo druhé.

Všeobecne sa verí, že *akceptáciu* je ťažké dosiahnuť a dlho to trvá. Toto presvedčenie odráža napríklad výraz „zmieriť sa s niečím". *Akceptáciu* však možno deklarovať. Ak sme vyčerpaní vracaním sa k minulému zážitku alebo podráždení z toho, že sme sa zasekli, máme možnosť rozhodnúť sa, že máme dosť tej emócie alebo myšlienky. Lingvisticky sa to deje vyhlásením, čo je výrok, ktorým daný človek niečo začína alebo ukončuje. Zmena nebude okamžitá, ale vyhlásením sa začína cesta k novému mysleniu a novej emócii. Vytrvalým vyhlasovaním akceptácie, že „už je to raz tak" alebo „prestal som o tom takto rozmýšľať", môžeme otvoriť nový smer. Časom z toho môže vzniknúť akceptácia alebo pokoj, ktorý nám umožní opustiť pozíciu odporu. Cieľom nie je ostať naveky v akceptácii, ale je to odrazový mostík k inej emócii, ako je napríklad ambícia alebo nadšenie, a nemožno tento krok vynechať.

Predstavte si, že sa zobudíte uprostred noci a nepodarí sa vám znovu okamžite zaspať. Ležíte a možno zistíte, že bojujete proti faktu, že ste hore. Môžete myslieť na to, akí ste boli unavení, keď ste išli spať, a že nemôžete uveriť, že ste hore. Alebo si možno začnete robiť starosti kvôli stretnutiu, ktoré máte ráno, a obávate sa, že budete unavení, keď budete mať predniesť svoj príspevok. Možno začujete, ako váš partner hlasno dýcha alebo susedov pes šteká. Vzorec, do ktorého upadnete, je odpor proti tomu, že nespíte. Znamená to, že *neakceptujete*, že ste uprostred noci hore. Keby ste sa mali rozhodnúť, že budete *akceptovať*, že bdiete, nebude to znamenať, že sa vám to páči, alebo to chcete, ale len, že „je to tak“. Len čo vyhlásite, že to akceptujete, môžete vidieť alternatívy. Môžete si prečítať knihu, napísať list matke alebo sa jednoducho kochať mesačným svetlom z okna. Tieto veci pre vás neboli dostupné, kým ste *neakceptovali* to, že bdiete.

Veľa času a energie sa venuje boju proti tomu, čo je. Niekedy je dôležité odporovať tomu, aký život je, ale často kladieme odpor len zo zvyku a reflexívne, nie preto, že nás k tomu vedie múdrosť. Pridanie *akceptácie* do nášho kufríka nástrojov môže byť významným krokom vpred.

■ **Ambícia:** Pochádza z latinského slova *ambitionem,* čo znamená „obchádzať“, obzvlášť kvôli tomu, aby sa získali hlasy do volieb. Preto je vhodné, ak si práve o politikoch často myslievame, že sú *ambiciózni.* V západnej spoločnosti máme k ambícii dvojaký vzťah: oceňujeme ju alebo ju neznášame. Ambíciu do určitého momentu pokladáme za dobrú vec, ale od istého bodu nás znechutí, alebo začne iritovať, ak sa stane u niekoho prevládajúcou náladou. V niektorých spoločnostiach – napríklad v Spojených štátoch – sa ambícia vníma pozitívne, kým v iných ju považujú za drsnú alebo spojenú s agresiou.

■ **Anticipácia:** *Anticipácia* ako emócia sa niekedy vyjadruje slovami, že „úzkostlivo“ túžime, aby sa niečo udialo. To ukazuje, nakoľko sú tieto dva pojmy podobné. *Anticipácia* však znamená „starať sa o to, čo bude dopredu v čase“, alebo byť zaangažovaný v niečom skôr, ako sa to stane, kým *úzkosť* je čakanie na niečo neznáme. Príklad *anticipácie* je, keď výrobná spoločnosť vymieňa stroje za modernejšie, postará sa o všetky detaily ich inštalácie a očakáva, aké budú výsledky, pričom predpokladá, že pozitívne. *Úzkosť* by v tejto situácii bolo presvedčenie, že „niečo sa pravdepodobne pokazí“.

■ **Arogancia:** Čo nás na niekom privádza k tomu, že si o ňom pomyslíme, že je arogantný? Dobrý kľúč pochádza z latinskej etymológie: *arogantia* – „dovoľujúci si, spupný, drzý". Ak sa pozrieme na definíciu týchto troch slov – byť *drzý* znamená „povýšene si nevážiť druhých ľudí", *dovoľujúci si* znamená byť „prijatý do neba" a *spupný* znamená „prevážiť fyzickou silou" –, získame telesný vnem tejto emócie. Tí, čo sú v emócii alebo nálade *arogancie,* sami seba považujú za niečo viac, povyšujú sa na nebeskú úroveň alebo si myslia, že majú právo potláčať iných. Ich príbeh je, že sú nadradení a dôležitejší než ostatní ľudia. Dispozícia k *arogancii* sa často prejaví verbálnym pohŕdaním iných ľudí, ale možno ju vidieť aj v postoji, ako sa títo ľudia nesú. Výraz „pozerať sa zvysoka" vhodne opisuje telesnú dispozíciu *arogancie.* Teda, aký účel spĺňa *arogancia* pre nás, ľudské bytosti? (Keby totiž nespĺňala nijaký účel, ľudia by ju nevynašli.) *Arogancia* je užitočná ako emócia, pretože nám umožňuje získať veci, na ktoré inak nemáme silu, aby sme ich dostali. Keď sa budeme správať, ako keby sme boli nadradení, múdrejší alebo morálnejší než druhý človek, bude to spôsob, ako získať výhodu, pokiaľ tomu bude veriť aj ten druhý človek. *Arogancia* je v istom zmysle podobná *správnosti,* aspoň v konaní. Obe sa zakladajú na príbehu, že „ja to viem najlepšie", ale arogancia má pridaný prvok v tom, že „toto ma robí lepším človekom, ako sú ostatní".

■ **Apatia:** *Apatia* je príbeh o tom, že „jednoducho mi na ničom nezáleží". Doslova to znamená, že som „bez pocitov alebo emócií", ale paradoxne toto samo je emócia. V *apatii* je predispozíciou „nekonať" alebo prenechať činy iným. Prejavuje sa to nehybnosťou a absenciou aktivity. *Apatia* sa líši od *nudy* v tom, že nuda nás môže posunúť k tomu, aby sme hľadali aktivity, v ktorých nájdeme hodnotu, a neboli len nečinní. Spomedzi všetkých emócií je táto pravdepodobne najbližšie k *rezignácii,* pri ktorej sme presvedčení, že nič sa nezmení. Pri *apatii* to nie je tak, že by sme boli presvedčení, že aj tak sa nič nezmení, ale že nám je jedno, či sa niečo zmení. Apatia je emócia, ktorú možno bežne pozorovať v organizáciách, keďže to sú miesta, kde sa veľmi cení rozhodovanie, tvorba výsledkov a proaktivita. Keď je niekto v emócii apatie, je to všetkým jasné, pretože vnímame absenciu aktivity v súvislosti s cieľmi organizácie.

- **Bázeň:** Korene slova *bázeň* sú v severnej Európe a miešajú *hrôzu* a *úctu.* Vec, pred ktorou *sa chvejeme bázňou,* nás *desí* a zároveň si vyžaduje *úctu.* Toto je emócia, ktorá sa často objavuje pri stretnutí človeka s Bohom alebo pri mocných prírodných udalostiach, ako sú hurikány, zemetrasenia alebo vybuchujúce sopky. Priťahujú nás, niekedy veľmi silno, a zároveň z nich máme hrôzu. Slangový výraz *hrozný* (angl. *awesome*, pozn. prekl.) sa zrejme odvodzuje od pôvodného významu, ale stratil jeho hĺbku.

- **Baženie:** *Baženie* nás informuje, že sme oddelení od človeka alebo od vecí, ktoré sú pre nás primárne dôležité. Hovorí nám niečo o našich najhlbších túžbach. Často ho prežívame ako prázdnotu alebo bolesť v oblasti srdca a podnecuje nás, aby sme urobili všetko, čo je v našich silách, aby sme sa k tomu dostali. *Baženie* nás informuje nielen o tom, na čom nám záleží, ale bez čoho nechceme žiť. Možno si ho pomýliť s *túžbou* alebo dokonca *pobláznenosťou,* ale je hlbšie. Najbližšie k opisu *baženia* je azda poetický výraz „pálčivá túžba".

■ **Besnenie:** *Besnenie* je zahrnuté do tohto zoznamu ani nie tak preto, že by sme ho často zažívali, ale preto, že je to niečo, čo vidíme v správach, a môže byť ťažké obhájiť, že to nie je „zlá" emócia. Ako môže byť *besnenie* na prospech alebo dávať ľuďom schopnosť robiť niečo, čo by mohli vykonať aj bez toho? Besnenie sa spája so zabíjaním, s vojnou a nerozvážnou deštrukciou. To, čo sa stalo počas francúzskej revolúcie alebo genocídy vo Rwande, či počas druhej vojny v Iraku, keď Armáda Spojených štátov amerických vstúpila do Bagdadu, to sú príklady deštrukcie samy osebe. Zločiny z vášne sa často pripisujú *besneniu*. Emócia *besnenia* sa spája s príbehom, že „nič nestojí za záchranu" a predispozíciou je ničiť. Často sa tiež chápe ako extrémny hnev, ale v skutočnosti je za ním iný príbeh a dispozícia, a tak je to jedinečná emócia. Pokúša nás to myslieť si, že *besnenie* je emócia dostupná len iným, ktorí na to majú kapacitu, ale autori z osobnej skúsenosti hovoria, že je prístupná každému z nás, ak nastanú vhodné okolnosti.

■ **Bezmocnosť:** Pomáhať (anglicky *help*, ktoré tvorí koreň emócie *helpless*) znamená „podporovať, pomáhať; mať úžitok, robiť dobre; liečiť, naprávať". Keď žijeme príbeh, že tieto veci nedokážeme robiť, prežívame emóciu *bezmocnosti*. Keď sa cítime bezmocní, nebudeme konať, pretože sme presvedčení, že by sme aj tak nemali žiadny vplyv na situáciu. Môže byť, že veríme, že nedokážeme pomôcť sebe alebo iným. Podobne ako je to aj s inými emóciami, nemusí to byť pravda, ale my sme presvedčení, že je to tak.

■ **Beznádej:** Podobne ako pri iných emóciách sa naše slovo *beznádej* (angl. *hopeless*) odvodzuje zo starej angličtiny, kým *zúfalstvo* (angl. *dispair*) pochádza z latinčiny a možno ho považovať za tú istú emóciu.

Opisujú ten istý príbeh, že nevidíme pozitívnu budúcnosť a máme rovnakú predispozíciu ochabnúť.

■ **Blaženosť:** *Blaženosť* (*bliss*) sa odvodzuje od staroanglického *blis,* tiež *bliđs:* „blaženosť, veselosť, šťastie, milosť, láskavosť". Spoluvytvára príbeh, že „všetko v živote je správne", a v *blaženosti* sa cítime ľahko a uvoľnene. Priekopník v poznávaní spoločnosti a emócií Joseph Campbell označil *blaženosť* za emóciu, ktorá poukazuje na cieľ života. *Blaženosť* sa podobá na *pokoj* a *akceptáciu.* Všetky nám dávajú príležitosť reflektovať, oceňovať a radovať sa z momentov v živote, ale iba *blaženosť* súvisí s cieľom života.

■ **Bojazlivosť:** Keď sa obávame života všeobecne, môžu nás považovať za *bojazlivých.* Je to príbeh o tom, že mnoho alebo väčšina vecí predstavuje určité nebezpečenstvo a je lepšie sa im vyhnúť. Našou predispozíciou je, samozrejme, skryť sa alebo sa vytratiť. Hodnota *bojazlivosti* je v tom, že ak žijeme v situácii, ktorá je nebezpečná, alebo ak sme slabí na to, aby sme čelili výzvam života, udržuje nás v bezpečí. Nemala by sa zamieňať s *plachosťou,* čo je sklon vyhýbať sa tomu, aby nás videli. *Plachosť* nemusí vyvolávať strach, ale skôr túžba po neviditeľnosti.

■ **Cynizmus:** *Cynizmus* sa takmer vždy chápe ako „negatívna" emócia a niečo, čomu sa treba vyhnúť. Niekedy sa považuje za emóciu starých ľudí, ktorí sú prepracovaní, alebo človeka, ktorý zažil v živote veľké sklamanie. Koreň *cynizmu* má svoju históriu. Má vraj pôvod vo filozofickej komunite starovekého Grécka. Koreň slova *kynikos* v gréčtine znamená „nasledovník Antisthena", doslova „ako pes". Údajne to pochádza z posmešného sarkazmu jeho nasledovníkov, ale pravdepodobnejšie je to z *Kynosarge*, „Sivý pes", čo bol názov cvičiska mimo starovekých Atén (určeného pre tých, čo neboli čistí Aténčania), kde zakladateľ Antisthenes, žiak Sokrata, učil. Či už bol zdroj „psí úškľabok", alebo nie, je to výraz tváre, ktorý si spájame s *cynizmom*.

Cynizmus sa dá chápať ako nedôvera v očividne dobré úmysly druhých ľudí. Preto bude vždy stáť v opozícii k takým emóciám, ako je *nadšenie* alebo *ambícia*. Za nedôverou posúva *cynizmus* človeka k tomu, aby „naverboval iných pre náš názor". Ten, kto hovorí z tejto emócie, bude znevažovať ostatných ako *naivných* alebo slepých. Jedinečnou kvalitou *cynizmu* je zachovanie sily. Pokiaľ *cynik* dokáže nachádzať alebo vytvárať opozíciu, bude sa cítiť silný. To znamená, že neexistuje nijaký racionálny argument, ktorý by vyviedol z rovnováhy *cynickú* osobu, pretože to by znamenalo, že by sa musela vzdať svojej sily. Pod tým odporom je hlboký strach, že sa stane bezvýznamným alebo nedôležitým.

Cynizmus by sa nemal zamieňať so *skepsou,* ktorá existuje na to, aby odlíšila, čomu budeme veriť a čomu nie. V *cynizme* sme silne oddaní tomu, čo veríme, že je „reálne" alebo „možné", a nie sme ochotní uvažovať o zmene tohto záväzku. *Cynizmus* spochybňuje nepodložené *vzrušenie* alebo *naivitu*, dokonca aj vtedy, ak používa drsný jazyk a metódy.

■ **Česť:** Z latinčiny, znamená „dôstojnosť, úrad alebo povesť". Je to emócia, ktorá nám umožňuje chrániť si svoju povesť. Ak niekto útočí na to, čo sme urobili, dáva nám energiu zaujať postoj na obranu našich činov. *Česť* je emócia týkajúca sa konania, ktoré bráni to, o čom veríme, že je „správne", aj keď si ostatní nemyslia, že tieto činy sú etické. Vojak, ktorý sa obetuje za kamaráta, môže tiež konať na základe *cti*.

- **Ďakovanie:** Ďakovať znamená uznávať výmenu hodnoty. Keď *ďakujeme* pri stole za jedlo, uznávame, že sme dostali niečo hodnotné, a oceňujeme to. Keď ďakujem automechanikovi za to, že mi opravil auto, hovorím, že to, čo on urobil pre mňa a čo som ja urobil pre neho, je uspokojivá výmena. *Ďakovanie* sa líši od *vďačnosti* v tom, že tá je poďakovaním za dar. *Ďakovať* znamená byť presvedčení o tom, že sme dostali niečo rovnakej hodnoty ako to, čo sme dali.

- **Dodržanie záväzku:** „Ochota byť volaný na zodpovednosť", „zodpovedný za svoje činy" alebo „akceptovať dôsledky svojich rozhodnutí" sú iné spôsoby, ako by sme mohli myslieť na *dodržanie záväzku*. Jeho účelom je, aby sme „dodržali slovo" alebo udržali svoje činy v súlade so záväzkami. Vytvára sa tým súlad medzi naším „bytím" a „konaním" a dáva nám to spoľahlivú identitu. Potrebné je poznamenať, že dodržanie záväzku samotné z nás nijako nerobí „dobrého" človeka. Môžete *dodržiavať záväzok* voči pravidlám spoločnosti, ktoré od vás žiadajú, aby ste zabili jej neverných členov, a hoci môžete byť absolútne spoľahlivý v dodržaní záväzku, neznamená to, že ste etický a láskyplný.

- **Dôstojnosť:** *Dôstojnosť* je jedna z najdôležitejších emócií z hľadiska vlastnej identity, a predsa je pre ľudí často neznáma. Cítiť *dôstojnosť* znamená „cítiť sa hodnotný". Je to presvedčenie, že sme takí dôležití, ako ktorýkoľvek iný človek, a že si zaslúžime svoje miesto na svete. Inými slovami, sme legitímne ľudské bytosti. Ďalšie presvedčenie je, že máme právo rozhodovať sa za seba. Keď konám na základe dôstojnosti, ja sa rozhodujem, čomu budem veriť, čo budem robiť v živote, s kým budem a aké zaobchádzanie prijmem od ostatných. *Dôstojnosť* mi umožní vidieť moje hranice, a ak sú prekročené, vyprovokuje to vo mne *rozhorčenie*, aby som ich bránil. Nie je prekvapujúce, že väčšina vodcov spoločenských hnutí stelesňuje *dôstojnosť* a trvá na nej ako na základe ľudskej interakcie. Mandela, Gándhí, Martin Luther King, Matka Tereza, dalajláma a mnohí ďalší sociálno-politickí vodcovia založili svoju kampaň na emócii *dôstojnosti*. Jednou z inherentných vlastností tejto emócie je, že ak stelesňujem *dôstojnosť*, netrvám na nej len pre seba, musí sa rozšíriť aj na ostatných, dokonca aj na tých, proti ktorým som. Keď hovoríme o niekom, komu chýba „sebadôvera", často hovoríme o nedostatku *dôstojnosti*.

■ **Dôvera:** Ontologicky je *dôvera* emócia, ktorá nám umožňuje koordinovať súčinnosť s druhými ľuďmi. *Dôveru* tradične chápeme z „morálneho" hľadiska, čo znamená, že súvisí s našou ľudskou „dobrotou" alebo „zlobou". Môžete využiť aj túto interpretáciu, ale užitočnejšie je chápať *dôveru* ako „nástroj na odhadovanie rizika", ktorý sa zakladá na *úprimnosti, schopnosti* a *spoľahlivosti*. Keď sme presvedčení, že na základe týchto dimenzií druhého človeka nevzniká veľké riziko, budeme s ním interagovať. Ak si na základe našich noriem myslíme, že je tu výrazné riziko, nebudeme s ním interagovať a vysvetlíme to tak, že povieme, že mu *nedôverujeme*.

Dôvera sa netýka iba ľudí. *Dôveru* vyhodnocujeme aj u skupín, systémov, procesov a technológií. Keď máme dostatočnú *dôveru*, sme ochotní s ostatnými ľuďmi spolupracovať. Keď *nedôverujeme*, sme menej ochotní alebo nebudeme vôbec spolupracovať. Existuje aj stav malej *dôvery*, keď nemáme s niekým veľa skúseností, aby sme vyhodnotili jeho úprimnosť, schopnosti a spoľahlivosť. *Dôvera* je zručnosť a schopnosť, takže sa dá naučiť, cvičiť a zlepšovať.

Bez *dôvery* by nebolo možné mať vzťahy, vytvárať organizácie, niečo žiadať alebo akceptovať sľuby druhých ľudí. Ak nemáme dostatočne veľkú *dôveru*, nenastúpime ani do lietadla, nekúpime si výrobok alebo sa nezamestnáme. Vlastne je len veľmi málo činností, ktoré v živote robíme a nemajú dimenziu *dôvery*.

■ **Empatia:** *Empatia* ontologicky znamená rezonovať s emóciou druhého človeka do tej miery, že sa tá emócia stane našou vlastnou. Niekedy hovoríme, že „preberáme" emóciu toho druhého. Keďže emócie sú svojou povahou energia alebo vibrácie, znamená to, že sa dostávame do súladu s energiou druhého človeka. *Empatia* je emócia, ktorá druhým ľuďom hovorí, že naozaj rozumieme, čo prežívajú. Každý máme kapacitu *empatie*, je to súčasť našej psychickej výbavy, ale bude pre nás prístupnejšia v situáciách, v ktorých sme mali podobné skúsenosti ako osoba, s ktorou sme. Napríklad niekto, kto je rodičom dieťaťa, čo má problémy s učením, bude lepšie vedieť *empatizovať* s iným rodičom v podobnej situácii. Niekto, kto nemá tie skúsenosti, bude možno obmedzený na *sympatiu*, čo znamená, že dokáže odhadovať to prežívanie, ale nebude mať zážitok z prvej ruky.

■ **Erotika:** Slovo *erotika* vyvoláva silné reakcie. Na Západe si spájame erotiku so sexom a sexuálnym aktom. Pravda je, že grécky koreň *eros* znamenal „sexuálnu lásku", ale *erotika* môže mať omnoho širší význam, ktorý sa spája s *vášňou*. *Vášeň* sa odvodzuje od koreňa, ktorý obsahuje význam „trpiaci, trvanlivý a túžiaci". Ontologicky je *erotika* „túžba, želanie alebo prahnutie splynúť s objektom túžby". To môže byť človek, ale aj umenie, hudba, príroda, duch alebo iné aspekty sveta, ktoré považujeme za hlboko príťažlivé. Keď sa krútili súfijskí takzvaní „tancujúci derviši", považovalo sa to za *erotický* akt a *erotika* je súčasťou každého umenia. Nech už človek použije ktorúkoľvek interpretáciu, dôležité je pamätať si, že hoci je v takmer každej emócii predispozícia, neznamená to, že musíme podľa nej konať. Môžeme cítiť *erotiku* bez toho, aby sme na jej základe konali, ale i tak nás môže informovať, po čom *túžime*.

■ **Eufória:** *Eufória* je „rozpoznaný zážitok výnimočnej pohody". Je to emócia, ktorá je pre väčšinu ľudí veľmi príťažlivá. Môže ju vyvolať rituál a cvik, ale je to aj emócia, vďaka ktorej pôsobia niektoré drogy a činnosti návykovo. V istom zmysle je to protipól *beznádeje,* pretože v *eufórii* sa zdá všetko možné. Keď hovoríme o kolísaní medzi mániou a depresiou, pravdepodobne hovoríme o emóciách *eufórie* a *zúfalstva*. Účel *eufórie* by mohol byť poskytnúť nám zážitok, aký výnimočný môže byť svet, a ukázať nám vrchol našich zážitkov.

■ **Fascinácia:** Podobne ako pri mnohých iných emóciách aj pôvod nášho slova *fascinácia* je latinský. Znamená „očariť alebo okúzliť" a to je zážitok, ktorý nám poskytuje. Sme pripútaní k niečomu alebo niekomu a venujeme mu všetku pozornosť. Je to, ako keby nás ten človek začaroval. *Fascinácia* si nevyžaduje, aby sme chápali, prečo sme takí zaujatí; vlastne, ak to nevieme, je to tým atraktívnejšie. Hodnota *fascinácie* v našom repertoári emócií je v tom, že nám umožňuje intenzívne sa sústrediť.

■ **Frustrácia:** Príbeh *frustrácie* je, že „už sa to malo udiať". Mohol by byť aj „nemalo sa to stať", ale je to vždy buď jedno, alebo druhé. *Frustrácia* sa deje, pretože ľudia majú jedinečnú schopnosť tvoriť príbeh o tom, ako bude vyzerať budúcnosť. To sa volá očakávanie. Očakávania prichádzajú z dvoch zdrojov. Keď nám niekto, komu dôverujeme, sľúbi niečo do určitého času, obvykle očakávame, že sa to v tom čase stane.

Ak sa to nestane, môžeme cítiť *frustráciu,* pretože „už sa to malo stať". Ďalšie miesto, odkiaľ pochádzajú očakávania, je naše tvorivé myslenie. V každom momente, či už si to uvedomujeme, alebo nie, si vytvárame príbeh o tom, ako bude vyzerať nasledujúca minúta, hodina, deň, rok alebo život. Veľa z toho sa zakladá na tom, čo sa stalo v minulosti. Žijeme v príbehu, že keď vložíme kľúč do zapaľovania, auto naštartuje, že nás priateľka zavolá na oslavu narodenín alebo že zajtra bude slnečno. Keď sa vec, o ktorej si myslíme, že sa má stať, a nestane sa, nastáva moment, keď si uvedomíme, že život sa nedeje tak, ako sme si predstavovali. V tom momente prežívame *sklamanie* a môžeme prežívať aj *frustráciu. Sklamanie* nám hovorí, že medzi naším očakávaným príbehom o živote a životom samotným nastal nesúlad. *Frustrácia* je príbeh o tom, že by sa to nemalo diať. Často si myslíme, že ak sme *frustrovaní,* tak je niečo „zle", hoci ono nás to iba informuje, že niečo nesplnilo naše normy alebo očakávania. Niekedy sa zamieňa *frustrácia* s *hnevom,* ale *hnev* sa týka vnímanej nespravodlivosti, *frustrácia* vychádza z nenaplneného očakávania.

■ **Hanba:** *Hanba* je emócia, ktorá sa stará o našu verejnú identitu. Vzniká vtedy, keď si uvedomujeme, že sme porušili pravidlá alebo normy spoločnosti. Našou predispozíciou je skryť sa pred tou spoločnosťou. Nemusí to znamenať, že to, čo sme urobili, je eticky alebo morálne chybné, ale je to chybné podľa spoločnosti, ktorej sme súčasťou. To je obzvlášť dôležité, keď uvažujeme o organizáciách, kultúrach alebo národoch. Ak je v organizácii alebo podniku normou, že si treba „zobrať všetko, čo sa dá, bez ohľadu na to, či to potrebujeme, alebo nie, a bez ohľadu na dôsledky" (čo opisuje emóciu *nenásytnosti*), tak takéto konanie v tej spoločnosti nebude vyvolávať hanbu. V skutočnosti je opak pravda. Ak sa nespráváte *nenásytne*, konáte v protiklade s normou a pravdepodobne to vo vás bude vyvolávať pocit hanby, alebo si aspoň ostatní budú myslieť, že by malo. Teda hanba má silnú úlohu pri udržiavaní kultúry skupiny a správania v súlade s ňou.

■ **Hnev:** Keď stúpne *hnev*, signalizuje, že sa stretávame so situáciou, o ktorej sme presvedčení, že je nespravodlivá. To neznamená, že situácia *je* nespravodlivá, ale taká je naša interpretácia. Keby sme to tak neinterpretovali, neprežívali by sme *hnev*. Hnev je jednou z emócií, ktorej sa najviac obávame, pretože predispozíciou *hnevu* je potrestať človeka, o ktorom sme presvedčení, že je za to zodpovedný. Keď je to silná reakcia, môže spôsobiť zranenie tomu človeku alebo vzťahu. Niekedy sa preto snažíme svoj *hnev* poprieť alebo skryť a nehľadáme spôsob, ako ho ventilovať alebo usmerniť. Mnoho ľudí verí, že emócia *hnevu* je synonymum drámy, ktorá sa niekedy využíva na jeho vyjadrenie, ale nemusí to tak byť. *Hnev* možno vyjadriť veľmi pokojne, pretože príbeh „vnímanej neprávosti" je vlastne jeho najdôležitejšou časťou. Pri *hneve* je jasné, aké cenné je naučiť sa *odpovedať*, a nie *reagovať* na základe emócií. Jednoduché potrestanie zdroja nespravodlivosti ešte nemusí nespravodlivosť odstrániť. Môže posilniť naše vnímanie *spravodlivosti*, ale nebude to najúčinnejší spôsob, ako naložiť s tou situáciou. Ku krokom, ktoré naozaj povedú k zmene, je potrebné uvažovať o tom, čo by bolo potrebné na odstránenie zdroja nespravodlivosti.

Predstavte si život bez hnevu. Nedostatok hnevu by znamenal, že nebudeme vedieť, kedy sme presvedčení, že niečo je nesprávne, a teda nebudeme ani vedieť, čo považujeme za oprávnené. Neboli by sme schopní brániť sa pred tým, čo považujeme za neférové. Robili by sme veci, pretože nám prinášajú osobný prospech alebo zábavu, nie preto, že by sme boli hlboko presvedčení, že sú „správne". Nepravdepodobné je, že by sme mali systémy, ktorých cieľom je chrániť deti alebo zvieratá, ľudské práva by nemali hnev ako emocionálny základ a skutočne by sme žili vo svete, kde „moc diktuje právu". Taký scenár je hrozná vyhliadka. Prv než označíme *hnev* za „zlú" emóciu, mali by sme sa zastaviť a pouvažovať, aký by bol život bez neho.

■ **Hojnosť:** Príbeh *hojnosti* je, že sme presvedčení, že svet prekypuje nad-bytkom. Kým *nádej* znamená, že veríme, že život ponúka možnosti, *hojnosť* znamená, že sme presvedčení, že život je plodný. Keď tomu veríme, máme sklon dožičiť si, oceňovať a deliť sa s ostatnými o všetko, čo je k dispozícii.

■ **Hrôza:** Pamätáte sa, že ste sa niekedy v živote niečoho tak báli, že ste znehybneli? Nemohli ste vstať z postele kvôli situácii, ktorá mohla nastať v práci, alebo ste nemohli začať rozhovor, ktorý ste chceli a museli absolvovať. Pravdepodobné je, že v tých momentoch ste prežívali *hrôzu.* *Hrôza* je varovanie, že niečo v budúcnosti nás môže nielen zraniť, ale veríme, že to má potenciál nás zničiť. Podobá sa *strachu* a *úzkosti* z hľadiska presvedčenia o možnej budúcnosti; má niektoré vlastnosti obidvoch, ale je silnejšia.

Autorov príbeh (Dan): Pamätám sa na obdobie niekoľkých mesia-cov, keď sa v práci objavil problém, ktorý sa primárne riešil emailami. Vyskytovali sa obvinenia a vážne hrozby, niektoré z nich ohrozovali moju kariéru a niektoré ohrozovali budúcnosť organizácie, s ktorou som bol veľmi previazaný. Za *strachom* a *úzkosťou* bola aj *hrôza,* ktorú som začal cítiť zakaždým, keď som otvoril počítač a pozrel si emaily, pretože vždy, keď som to urobil, vyzeralo to tak, že kríza nabrala nové obrátky a zhoršila sa. *Hrôza*, ktorú som cítil, ma niekedy paralyzovala a ja som nebol schopný urobiť takú jednoduchú vec, ako otvoriť počítač (lebo by som čelil ďalšiemu šoku). Moje prežívanie *hrôzy* sa nevyparilo, keď kríza skončila, ale trvalo ešte niekoľko mesiacov, kým ustúpila.

■ **Chamtivosť:** Byť *chamtivý* znamená mať vášnivú túžbu niečo mať. Zdrojom tohto slova (angl. *covet*, pozn. prekl.) je to isté ako Cupid, rímsky boh lásky. Predisponuje nás k tomu, aby sme hľadali spôsob, ako vec získať. Význam slova *chamtivosť* často rozširujeme na to, že chceme zobrať vec, po ktorej prahneme, jej majiteľovi. To by bola pravda, keby existovala z niečoho len jediná vec na svete, ale inak je určená na to, aby nás upozornila, po čom vášnivo túžime a čo chceme v živote mať. Ak vášnivo chcem mať diamant Hope[3], jediný spôsob, ako svoju chamtivosť uspokojiť, bude, samozrejme, získať tento diamant do vlastníctva. Hlbšia správa však je, že na tom diamante, po ktorom túžim, je niečo osobité. To isté platí o ľuďoch. *Chamtivosť* podobne ako *závisť* dostala v tradičnej interpretácii nálepku „zlej" emócie, ale dá sa brať aj ako sprievodca po našich *vášňach* a *túžbach* v živote. Všetko závisí od toho, ako jej budeme načúvať.

■ **Láska:** O tejto emócii existuje azda viac napísaných slov ako o hociktorej inej a má tisícky interpretácií a variácií. Vzhľadom na účel tejto knihy používame interpretáciu, že *láska* existuje vtedy, keď „akceptujeme druhého človeka ako úplne legitímnu ľudskú bytosť". Silne sa viaže s *dôstojnosťou, rešpektom* a *vďačnosťou*. Romantická *láska* by teda bol vzťah, kde nemáme žiadnu chuť zmeniť toho druhého, ale ho akceptujeme takého, aký je. Stojí za zmienku, že je rozdiel medzi

---

3 Hope Diamond patrí k najslávnejším diamantom na svete.

tým, že sa nám niekto páči, čo znamená, že s ním radi trávime čas, a láskou. Sme presvedčení, že niekoho môžeme *milovať* aj vtedy, ak sa nám *nepáči* alebo sa nám nepáči to, čo robí, alebo neschvaľujeme jeho rozhodnutia. To umožňuje rodičovi starať sa o svoje deti aj vtedy, keď sa dieťa búri, neposlúcha alebo je jednoducho nezávislé.

■ **Ľahkosť:** Emóciu *ľahkosti* podporuje pokoj mysle a nerušené telo. To celkom dobre vystihuje našu predispozíciu v *ľahkosti*, čo je byť v mieri, tichu a absencii starostí. Toto je emócia, ktorá nám umožňuje odpočívať a oddýchnuť si od svetských starostí.

■ **Ľahostajnosť:** Emócia *ľahostajnosti* je presne to, ako to znie. Je to stav, v ktorom sa nestaráme, či sa stane to alebo ono. Nie je v tom pre nás rozdiel. Je to emócia, ktorá nám umožňuje sledovať ostatných bez odporu alebo podrobiť sa autorite. Od *rezignácie* sa líši v tom, že vieme, že sa môžeme pre niečo rozhodnúť, ale neveríme, že výsledok bude významne lepší alebo horší. *Ľahostajnosť* má protipól v *starostlivosti*, pri ktorej nám záleží na tom, ako sa rozhodneme.

■ **Ľútosť:** *Ľútosť* je emócia, pri ktorej sa zdá, že je o minulosti, ale dá sa chápať aj ako sprievodca budúcnosťou. Príbeh, ktorý prežívame v *ľútosti*, je ten, že „život by bol lepší, keby som bol alebo nebol urobil x". Ten príbeh predpokladá niečo, čo nemôžeme vedieť. Mohla by to byť pravda, ale život by sa mohol vyvíjať aj horšie. Niekedy zvykneme hovoriť, že „sme sa mali ináč rozhodnúť", ale po preskúmaní vidíme, že pri možnostiach a poznatkoch, ktoré sme vtedy mali, sme sa nemohli rozhodnúť ináč, čo znamená, že naša ľútosť zvyčajne nemá opodstatnenie. To neznamená, že nemá cenu; len sa jednoducho musíme pozrieť hlbšie na to, o čo sa *ľútosť* snaží postarať. Aký účel to pre nás spĺňa? Jednou z možností je, že *ľútosť* sa snaží sprevádzať nás budúcimi rozhodnutiami. Ak cítime *ľútosť*, že sme nezavolali priateľovi, keď prežíval ťažké obdobie, možno nás to vyzýva k tomu, aby sme boli v podobnej situácii pozornejší v budúcnosti. Ak *ľutujeme*, že sme určitým spôsobom minuli peniaze, vyzýva nás to k tomu, aby sme sa pozreli na to, ako robíme tieto rozhodnutia. Účelom *ľutovania* teda nie je, aby sme sa „cítili zle", ale aby sme si veci lepšie uvedomovali a boli múdrejší.

■ **Mier:** Pôvod slova je latinský a znamená „neprítomnosť vojny, dohoda alebo pokoj". Znamená to, že sme emocionálne v pokoji a nezápasíme s *pochybnosťami*, *strachom* ani *úzkosťou*. To nám umožňuje odpočívať bez napätia. Z koreňa môžeme usudzovať, že to je niečo, čo by sme mohli vyhlásiť, keď potrebujeme odpočinok. Môžeme sa dohodnúť s ostatnými ľuďmi alebo sa môžeme rozhodnúť pre chvíle *mieru* sami pre seba.

■ **Nadšenie:** *Nadšenie* (entuziazmus) pochádza z gréčtiny a znamená byť „s bohmi" alebo „s božským". Ak vychádzame z tohto koreňa, môžeme brať *nadšenie* ako spojené s príčinou väčšou, ako sme my. To ho jasne odlišuje od emócie *vzrušenia*, čo je zvýšená úroveň energie, ale nemá víziu vydržať a možno ju udržiavať len pri čoraz väčšej úrovni energie. Vďaka svojmu spojeniu s „niečím väčším" má nadšenie schopnosť pretrvávať, čo *vzrušenie* nemá. Možno ho tiež odlíšiť od *ambície*, čo je emócia, ktorú prežívame, keď vidíme možnosti v živote a sme rozhodnutí využiť ich. *Ambícia* sa viac zameriava na „získanie alebo dosiahnutie niečoho" a *nadšenie* na „byť v službe niečoho".

V organizáciách sa tento vyšší záujem obyčajne reprezentuje v znení vízie a/alebo misie. Sila *nadšenia spočíva* pre vedúcich v tom, že im dáva sústavnú energiu a smerovanie, najmä keď sú časy ťažké. Môže im pomôcť rozprávať o svojej vízii, aby aj ostatní videli nové možnosti v budúcnosti, a to udáva smer ich práci. Pre zamestnancov znamená toto napojenie sa na niečo väčšie to, že sa nemusia pri hľadaní inšpirácie spoliehať iba na svojho lídra. Ak aj líder opustí organizáciu alebo začne konať v rozpore s víziou, pre pracovníkov ona zostáva hlavným usmernením. Každý líder, ktorý chce efektívne viesť svoj tím, by mal dobre rozumieť tomu, aký je rozdiel medzi *vzrušením*, *ambicióznym* konaním a navodením *nadšenia*.

■ **Naivita:** *Naivita* je emócia spojená s nevinnosťou a znamená „prirodzený" alebo „vrodený" a možno ju chápať ako našu úroveň emocionálnej kompetencie, keď sme boli mladí. Ontologicky žijeme v príbehu, že „svet by mal byť taký, ako by som chcel ja". Ak sa nám nepáči, že sme boli vyhodení z firmy, hoci poznáme jej hospodárenie a firma bola vo vážnych ťažkostiach, môžeme to *popierať,* ale môžeme byť tiež zaslepení *naivitou.* Na základe tejto emócie sa často sťažujeme na to, aké sú veci v živote, no nie preto, že by sme na to mali nejaké opodstatnenie, že „by mali" byť iné, ale len preto, že veríme, že život by mal byť taký, aký my chceme. *Naivita* nám napokon môže odobrať veľa energie, pretože sa stále stretávame s takým životom, aký je, hoci sme presvedčení, že by mal byť inakší. Na rozdiel od iných emócií výhodou *naivity* je, že nám umožňuje byť veľmi otvorení voči možnosti dobra, jednoduchosti alebo spravodlivosti.

■ **Nádej:** „Pozerať sa dopredu", „želať si" alebo „očakávať", to sú spôsoby, ako vyjadriť emóciu *nádeje.* Z toho je zrejmé, že časová orientácia *nádeje* sa zameriava na budúcnosť, a to budúcnosť takú, akú si želáme. *Nádej* vo všeobecnosti znamená, že vidíme možnosť v budúcnosti, ktorá je dobrá alebo lepšia než prítomnosť. Predispozíciou *nádeje* je plánovať a zvažovať možnosti, ktoré nás dovedú do budúcnosti, po akej túžime. *Nádej* ako emócia nám poskytuje energiu, aby sme sa hýbali dopredu, dokonca aj vtedy, ak sa nachádzame v ťažkých okolnostiach. *Nádej* a *očakávanie* majú niečo spoločné, hoci pri *očakávaní* sme viac napojení na víziu budúcnosti. Oboje môžu byť koreňom *sklamania*, čo je uvedomenie si, že naša vízia sa neuskutoční.

- **Nárok:** *Nárok* doslova znamená „mať titul na" alebo „vlastniť". Spája sa s príbehom, že si niečo zaslúžim. To sa dá manifestovať mnohorakými spôsobmi. Jeden z nich sa ukazuje v myšlienke, že „svet mi to dlhuje", a toto je *nárok*, ktorý často vídavame u adolescentov, alebo keď si myslíme, že niekto je „rozmaznaný". Druhý spôsob je v jeho podobnosti s *dôstojnosťou* v tom, že „ako ľudská bytosť mám právo na určité veci podľa svojho rozhodnutia". Nárok znamenajúci „som presvedčený, že mi to svet dlhuje" často býva zdrojom utrpenia a zapríčiňuje utrpenie. Je tiež súčasťou *nevôle* a môže byť za *rezignáciou*. Stojí tiež v protiklade k *vďačnosti*, pri ktorej človek verí, že všetko, čím je a čo má, je dar. Na rozlíšenie toho, o ktorý *nárok* ide, je potrebné starostlivo počúvať.

- **Nedôverčivosť:** Niečo „nehodné viery" alebo „príliš dobré na to, aby to bola pravda". Keby bola *nedôverčivosť* čistá, zastali by sme tam a neverili, ale v niektorých situáciách sa snažíme sami seba presvedčiť, že „by to mohla" byť pravda, čo by mohlo znamenať, že do hry vstúpila *eufória*. Príkladom by mohla byť účasť v lotérii alebo riskantné investovanie s prísľubom vysokých ziskov. Hodnota *nedôverčivosti* je v tom, že nás núti hľadať dôkazy, že niečo je naozaj pravda, a nebyť *naivní* a veriť tomu len preto, že chceme, aby bol život taký.

Neha: Anglické slovo *tenderness* pochádza z latinčiny, kde znamená „mäkký alebo jemný", a je to emócia, pri ktorej sa staráme o druhých. Príbeh *nehy* je, že „v prítomnosti a opatere tejto osoby som v bezpečí a bude sa so mnou zaobchádzať jemne". Keďže *neha* sa často týka telesného zaobchádzania a podporuje intimitu, možno si ju zameniť s *erotikou* alebo so *sexualitou*. V dôsledku toho, ak má spoločnosť strach pred týmito dvomi emóciami, môže to viesť k tomu, že *neha* bude podozrivá. Deliaca čiara medzi týmito emóciami bude v príbehu (alebo úmysle) človeka, ktorý ju ponúka. A táto čiara môže byť niekedy nejasná a občas aj prekročená.

Nenásytnosť: *Nenásytnosť*, po anglicky *greed*, pochádza zo starej angličtiny, kde znamená byť „hladný" alebo „pažravý". Túto emóciu možno chápať ako trvalý stav hladu, a tak budeme stále brať bez ohľadu na to, či to potrebujeme, alebo nie. Predispozícia *nenásytnosti* je teda jednoducho vziať si všetko, čo sa dá. Emóciu *nenásytnosti* vyvažuje *spokojnosť*, čo je poznanie, že „mám dosť". Jeden zo spôsobov, ako nasmerovať *nenásytnosť*, je vyhlásiť „podmienky spokojnosti". To jest: „Aké podmienky by mali existovať, aby mi umožnili povedať, že mám dosť?" Nenásytnosť je jedna z emócií, ktoré nám umožňujú zbierať úrodu a skladovať ju, aj keď v súčasnosti nepotrebujeme potravu (hoci *opatrnosť* by nás tiež mohla motivovať, aby sme to robili). Umožňuje nám konzervovať potravu alebo budovať finančnú istotu na čas dôchodku; jej tienistou stránkou však je, že nemá nijakú hranicu, pokiaľ sme si nevybudovali komplementárne emócie. Jedna z nich je *spokojnosť*.

86

Naša súčasná ekonomická situácia, v ktorej sú ľudia, čo majú oveľa viac, ako treba na *spokojnosť*, a predsa ďalej zhromažďujú, je výsledkom *nenásytnosti*. Spoločensky sme to zavrhli ako morálny problém a *nenásytnosť* často tak aj klasifikujeme. Ontologicky by sme však povedali, že sme sa emóciu *nenásytnosti* naučili a teraz je obvyklá, čo znamená, že neprestaneme rozmýšľať, čo znamená a aký je náš vzťah ku nej. Ak má byť ľudský svet rovnostárskejší, stane sa takým len vtedy, keď sa dozvieme viac o tom, ako žije emócia *nenásytnosti* v každom z nás.

■ **Nenávisť:** Koreň anglického slova hat*e* je veľmi starý a spája sa so „žiaľom". Okrem toho o jeho pôvode veľa nevieme. Často ho chápeme ako protiklad *lásky*, ale etymologicky súvisí viac so *smútkom*, čo znamená „vyčerpať sa" alebo „mať toho dosť". Keď povieme, že niečo alebo niekoho *nenávidíme*, možno príhodný význam toho je, že máme toho po krk a skončili sme s tým alebo s ním. Už sa nechceme s tým alebo s ním stretávať alebo zaoberať. To vysvetľuje, prečo túžime odísť od ľudí alebo zo situácií, ktoré *nenávidíme*. V ontologickej interpretácii *nenávisti* nie je nič, čo by spôsobovalo, že by sme tomu druhému chceli ublížiť. V *hneve* sme predisponovaní potrestať a v *besnení* zničiť a tieto emócie v spojitosti s nenávisťou jej dávajú občas interpretáciu násilia. Predispozícia *nenávisti* je jednoducho „byť preč" od veci alebo osoby a nemať s nimi nijaké spojenie alebo súvislosť.

■ **Netrpezlivosť:** *Netrpezlivosť (angl. impatience)* doslova znamená „odmietnutie podrobiť sa alebo byť zhovievavý". Inými slovami, keď sme *netrpezliví*, zakotvujeme svoje stanovisko vo svojich normách. To neznamená automaticky, že naše normy sú logické alebo užitočné, ale ak budeme počúvať svoju *netrpezlivosť*, budeme vedieť, čo si myslíme o tom, ako „by mal" život vyzerať. Podľa tejto interpretácie je *netrpezlivosť* bližšie k *rozhorčenosti* ako k *hnevu*. *Netrpezlivosť* nesvedčí o tom, že je tu niečo neférové, len to, že je tu niečo, čo na základe svojich noriem neakceptujeme. Z toho vidíme, že je užitočné trvať na normách, v ktoré veríme.

■ **Neúctivosť:** *Neúctivosť (irreverence)* nám dáva schopnosť konfrontovať alebo spochybňovať to, čo je posvätné. Znamená to, že necítime *bázeň* ani *strach* z niečoho, z čoho iní ľudia áno. Dovoľuje nám to myslieť mimo tradičných hraníc. Politická satira alebo výsmech autority prostredníctvom irónie spadá do tejto kategórie *neúctivosti*. Mohla by to byť aj emócia, ktorá niekomu umožní prekročiť tradíciu v umení a začať nový umelecký smer. *Neúctivosť* sa potom stáva emóciou, ktorá poháňa kreativitu a inovácie, pretože predošlé hranice už nemôžu limitovať nové myšlienky. Nie je to to isté ako *dešpekt,* pretože nie je v protiklade s tradičným presvedčením, len si ho jednoducho neváži, aby mohlo nasledovať niečo nové.

■ **Nevôľa:** *Nevôľa* znamená, že som presvedčený, že to, čo sa udialo, nebolo voči mne spravodlivé. Napríklad „už by som nemal pracovať po 60-ke", „nemali ma vyhodiť z práce" alebo „celý týždeň usilovne pracujem, tak si zaslúžim dobré počasie cez víkend". Alebo to znamená, že život by mal byť viac podľa mojej chuti: „mal by som mať väčší dom" alebo „mali by ma viac chváliť". Primárnym ohniskom je nespravodlivosť. Som presvedčený, že niečo v živote nie je tak, ako by to malo byť, a to je voči mne nespravodlivé. Anglické slovo *resent (mať za zlé)* doslova znamená „cítiť znovu" a taký je náš zážitok, pretože nám stále prichádzajú na um tie isté myšlienky o nespravodlivosti. Hoci sa v nich môžeme zaseknúť, hlavným účelom nevôle je pomôcť nám rozlíšiť, čo je podľa nás spravodlivé, od toho, čo je podľa nás nespravodlivé. Odtiaľ môžeme podnikať kroky buď k inému chápaniu, alebo oprave toho, čo si myslíme, že treba opraviť. Bez *nevôle* by sme nevedeli, odkiaľ začať. Všetci sociálni reformátori konajú vďaka *nevôli,* pretože v danom stave vecí vnímajú niečo ako nespravodlivé a nie sú ochotní to akceptovať.

Nezbednosť: Po anglicky *mischievous* doslova znamená „vyhrotiť" a naznačuje ťažkosti, poškodenie a nešťastie. Časom sa význam zľahčil a opisuje skôr rušenie poriadku než problém. Predispozíciou *nezbednosti* je oklamať alebo podviesť ľudí, aby si mysleli, že niečo je zle, hoci nie je. Je to emócia, ktorá nám umožňuje byť hraví a narúšať náladu veľmi vážnej situácie.

Nostalgia: Keď ľudia rozprávajú o „starých dobrých časoch", vo všeobecnosti hovoria z *nostalgie.* V *nostalgii* si myslíme, že „minulosť bola lepšia ako prítomnosť a ja by som sa rád vrátil". Je to emócia, ktorej časová orientácia určite smeruje do minulosti. Účelom *nostalgie* nie je vrátiť sa späť v čase, ale spomínať na tie veci, ktoré boli v minulosti zmysluplné, a uvažovať, ako by sme mohli vytvoriť niečo podobné v súčasnosti alebo budúcnosti. Keď je *nostalgia* náladou, nemôžeme byť v prítomnosti a máme aj ťažkosti pri tvorbe budúcnosti, pretože sa stále snažíme oživiť minulosť.

Nuda: *Nudiť sa* znamená, že „tu nie je nič, z čoho by som mal úžitok". To neznamená, že je niečo zlé na knihe, prednáške alebo vo vzťahu, ktorý ma *nudí,* ako si často myslíme. V tomto zmysle je *nuda* veľmi užitočná emócia ako sprievodca k tým veciam v živote, čo sú zaujímavé, pútavé a pravdepodobne užitočné, a k tým, ktoré také nie sú. Myslíme si o veciach, situáciách alebo ľuďoch, že sú *nudní,* ale nuda je vlastne v nás a snaží sa nám povedať niečo o nás. Máme silnú morálnu interpretáciu, podľa ktorej si myslíme, že niekto, kto dáva najavo *nudu,* je zlý človek a niekto, kto sa stále zapája, je dobrý človek. Ak nie ste si istí, či to je pravda, spomeňte si, že obvykle dávame študentom horšie známky, ak ich vnímame ako *unudených* a neaktívnych, namiesto toho, aby sme ich naučili počúvať *nudu,* porozumieť jej a ísť za niečím zaujímavejším. Užitočný spôsob, ako počúvať *nudu,* je vyjadriť ju pomocou otázky. Napríklad ak zistím, že sa pri knihe, ktorú čítam, *nudím,* užitočná otázka je, či plynie nejaký úžitok z toho, že ju dočítam. Ak ide o film: „Mal by som zvážiť, či neodídem v polovičke, aby som robil niečo užitočnejšie?"

■ **Obdiv:** Naše slovo obdiv (čiže anglické slovo *admiration,* pozn. prekl.) pochádza z latinského *admiror, „čudovať sa niečomu".* Keď prežívame *obdiv,* znamená to, že by sme chceli robiť veci tak, ako to robia iní. Napríklad keď som začínal v oblasti tréningu, zúčastnil som sa na workshope a mal som úžasného kouča. Pomyslel som si: „Keď budem kouč, chcel by som koučovať tak ako on." Niektorí ľudia interpretujú *obdiv* ako kladenie druhej osoby na piedestál, ale túto emóciu by sme ontologicky nazvali *uctievanie. Obdiv* nekladie druhého človeka nado mňa, skôr mi hovorí, že ma priťahuje niečo na tom, ako žije alebo čo robí, a ja by som rád napodobnil ten spôsob bytia. *Obdiv* je emócia, ktorá nám hovorí, na čo ašpirujeme a čo nás motivuje snažiť sa o to.

■ **Obeta:** Čo vidíme, keď sa niekto obetuje pre iného človeka? Najčastejšie vidíme jedného človeka pomáhať druhému alebo mu prichádzať na pomoc. To by mohlo ukazovať na mnoho emócií – *starostlivosť, služba,* *súcit –*, tak ako vieme, kedy je to *obeta* a nie niečo iné? Kľúčom je vypočuť si príbeh pomáhajúceho o tom, ako na neho vplýva to, čo robí. *Obetu* činí *obetou* to, že akt pomoci druhému nás ochudobní. V protiklade so *službou*, ktorá nás nabije energiou, obeta redukuje našu energiu a odolnosť. To však v žiadnom prípade nerobí z *obety* „zlú" emóciu, len to znamená, že ak žijeme v obetovaní sa ako nálade, nie je to dlhodobo udržateľné. *Obeta* sa často chápe ako ušľachtilá, hrdinská alebo ako znak lásky, čo môže byť, ale to nemení nič na jej neudržateľnosti. Ak si vezmeme extrémny prípad rodiča, ktorý zachráni dieťa pred utopením a pritom sa sám utopí, máme taký príklad. Bolo to slobodné rozhodnutie a väčšina z nás by to považovala za najvyšší akt lásky. A je aj neudržateľný alebo je to, ako občas hovorievame, „najvyššia obeta".

Ľudia v situáciách, kde je ich úlohou pomáhať druhým – rodičia, zdravotnícki pracovníci, sociálni pracovníci, učitelia –, veľa ráz nevedia, prečo sú vyčerpaní zo svojej práce, na ktorej im veľmi záleží. Môže byť, že odpoveďou je nedostatok chápania jasného rozdielu medzi *službou* a *obetou*. Jediný ontologický rozdiel je v tom, že to prvé nás podporuje a to druhé vyčerpáva. Ich vonkajší zjav a dokonca aj spôsob, ako o nich rozmýšľame, sú zväčša rovnaké, ale vplyv na nás je odlišný.

Autorov (Dan) príbeh to ilustruje: „Keď som vyrastal, moja mama bola učiteľka a otec kňaz, starali sa o päť detí. Neustále som pozoroval svojich rodičov, ako sa starajú o iných. Keď sme sa rozprávali o ich práci, vždy ju nazývali *služba* a nikdy som doma nepočul o *obete*. Takže som vyrastal bez toho, aby som ich rozlišoval. Keď som videl *obetu*, myslel som si, že je to *služba*. Keď som sám začal pracovať, pokračoval som v tomto vzorci, a nenaučil som sa ich rozlišovať, kým som sa úplne nevyčerpal . Keď som zistil, že mám voľbu a že obidve sú to hodnotné emócie, na základe ktorých sa dá konať, viedlo to k ohromnej zmene v starostlivosti o seba a v mojej nálade. Predtým som sa nachádzal v *nevôli,* čo znamená, že som si myslel, že nemám na výber, len musím vykonávať prácu, ktorá ma vyčerpáva. Zistenie, že sa môžem slobodne rozhodnúť, kedy sa *obetujem* a kedy budem *slúžiť* iným ľuďom, hlboko zmenilo spôsob, ako žijem svoj život."

■ **Obozretnosť:** Byť *obozretní* znamená „byť na stráži", čo naznačuje, že sme presvedčení, že je tu možné nebezpečenstvo. *Obozretnosť* sa obvykle spája s predošlou nepríjemnou skúsenosťou. Ide o to, že musíme robiť malé kroky a vybudovať si dôveru, kým neurobíme ďalší krok, aby sme ostali v bezpečí, pretože v minulosti to nebolo bezpečné. *Obozretnosť* a *opatrnosť* sú si v činoch celkom podobné, rozdiel je v tom, že *obozretnosť* má tendenciu súvisieť s konaním, kým *opatrnosť* sa viac zameriava na rozhodovanie. Účelom oboch je udržať sa v bezpečí tým, že vezmeme do úvahy možné nebezpečenstvo.

■ **Ocenenie:** „Veľmi si vážiť alebo ceniť", z latinského *appretiatus:* „stanoviť cenu". Emócia *ocenenia* nám umožňuje *tešiť sa* z hodnoty človeka alebo veci. Nemusí s ňou byť spojená telesná činnosť, hoci sa často uchýlime k jazyku, aby sme vyjadrili túto emóciu. Podobne ako pri *obdive, smútku* a iných emóciách nám *ocenenie* hovorí, čo je v živote cenné. Ocenenie si vyžaduje, aby sme sa pozreli ďalej ako na seba a videli aj druhých. Vyžaduje si aj uznanie hodnoty iných ľudí. Aby sa to stalo, musíme vedieť, ako hodnota v našom kontexte alebo vzťahu vyzerá. Najdôležitejším aspektom tejto emócie je, že dáva druhým vedieť, že si ich uvedomujeme, ceníme si ich a veríme, že robia niečo hodnotné. To samo osebe je pre mnohých ľudí veľkou motiváciou.

■ **Očarenie:** Naša emócia *očarenia* (angl. *enchantment*, pozn. prekl.) pochádza z latinského koreňa *incantare,* čo znamenalo „očarovať". Keď sa teda cítime *očarení*, sme unesení udalosťou alebo osobou spôsobom, ktorý vyzerá magický.

■ **Odpustenie:** *Odpustenie* je emócia, s ktorou zápasí mnoho ľudí, pretože tradične sme ju chápali ako niečo, čo robíme pre druhého človeka, a tiež preto, že veríme, že musí zahrnovať aj zabudnutie. *Odpustiť* znamená, že „ja si pamätám zranenie, čo si mi spôsobil, ale nebudem ho využívať na to, aby som ťa v našich budúcich interakciách trestal". Ak zabudneme na nespravodlivosť, *odpustenie* nie je potrebné, takže pamätať si na to, čo sa stalo, je podstatné. Neznamená to ani, že som zmenil názor na presvedčenie, že si ma zranil. Jednoducho to znamená, že v budúcnosti to nebudem používať proti tebe. Účelom *odpustenia* je oslobodiť sa, aby sme mohli pokračovať vo vzťahu a nenechali toho druhého človeka v štichu. *Odpustenie* sa ako emócia musí cvičiť, aby sme ju dobre zvládli. Môžem povedať, že *odpúšťam* nejaký čin, ale keď si v budúcnosti spomeniem na to, čo sa stalo, budem takmer naisto potrebovať obnovenie záväzku *odpustiť.* Keď to budem opakovať, zvyknem si na to, ale stále budem potrebovať obnovenie. *Odpustenie* môže ponúknuť osoba, ktorej sa ublížilo, alebo si ho môže žiadať previnilec, ale v každom prípade môže byť výsledkom oslobodenie obidvoch.

■ **Odvaha:** Naše slovo odvaha (guráž) pochádza z *coeur,* teda „srdce" po francúzsky. Doslova to znamená, že „máme srdce konať aj zoči--voči strachu". To neznamená nutne, že aj konáme, ale mohli by sme, keby sme chceli. *Statočnosť* sa môže považovať za emóciu, ktorá nám umožňuje konať na základe *odvahy.* V súvislosti so *strachom* je *odvaha* veľmi individualizovaná emócia. Ak sa *nebojíte* verejne vystúpiť, nepotrebujete *odvahu* na to, aby ste vystúpili na konferencii. Ak sa *nebojíte,* že sa utopíte, nepotrebujete *odvahu* na to, aby ste plávali v oceáne. Ak pozorne počúvame ľudí, zistíme, čoho sa boja, keď rozprávajú o *odvahe* iných ľudí.

■ **Opatrnosť:** Keď vojdete do tmavej miestnosti, ktorú nepoznáte, ako budete postupovať? Nepravdepodobné je, že sa rozbehnete plnou rýchlosťou. Oveľa pravdepodobnejšie sa budete pohybovať krok za krokom a zarovno s chôdzou budete preciťovať cestu. To je *opatrnosť* v akcii. V myslení a rozhodovaní to znamená „myslieť dopredu", „predvídať dôsledky" a „rozhodovať sa múdro". Práve tak ako pri vstupe do tmavej miestnosti nám *opatrnosť* umožňuje pohybovať sa krok za krokom a s predvídavosťou, aby sme sa nezranili alebo nevytvorili neželané situácie.

■ **Správnosť:** Keď si myslíme, že máme pravdu a sme jediní, kto ju má, toto presvedčenie vytvára emóciu *správnosti.* Táto emócia nám umožňuje byť si úplne istí svojimi presvedčeniami. Nemusíme spochybňovať to, v čo veríme, keď vieme, že je to pravda. Na druhej strane, keď „vieme", že máme pravdu, tak každý, kto má iný názor alebo presvedčenie, sa musí mýliť. Môže to mať aj morálnu kvalitu v tom, že kladie znamienko rovnosti medzi „mýli sa" a „je zlý". Ľahko vidieť, že táto emócia býva koreňom mnohých konfliktov, najmä ak sú obe strany o svojej pravde presvedčené. Podobná, ale menej extrémna emócia je *istota,* pri ktorej som si istý, že mám pravdu, ale táto nemá taký silný morálny náboj ako *správnosť.*

■ **Optimizmus:** *Optimizmus* znamená: „ja viem, že sa stávajú aj dobré veci, aj zlé, ale mne sa väčšinou stávajú dobré". V tom sa líši od *naivity*, ktorá nás zaslepuje voči zlým veciam v živote. Účelom *optimizmu* je umožniť nám posúvať sa v živote slobodne vpred, pretože veríme, že priazeň je na našej strane. Môže sa stať niečo zlé, ale nie je to pravdepodobné.

■ **Osamelosť:** Táto emócia a *samota* sa veľmi často zamieňajú, ale je nesmierne cenné chápať rozdiel medzi nimi. Obe súvisia s tým, že sme sami, ale v jednej sa necítime kompletní a v druhej našu kompletnosť neurčuje spoločnosť iných ľudí. *Osamelosť* znamená, že sme sami, a sme presvedčení, že to znamená, že sme neúplní. Predispozíciou teda bude vyhľadať niekoho, aby nás doplnil. Pravdepodobné je, že aj keď nájdeme niekoho, s kým budeme prežívať svoj život, naďalej sa budeme cítiť neúplní, ak ostaneme v tejto emócii.

■ **Oslava:** Z latinského *celebrare*, „zhromaždiť sa na vzdanie úcty", tiež „zverejniť; spievať chvály; často praktizovať". V emócii *oslavy* máme sklon zhromaždiť skupinu, aby sme niečo alebo niekoho pochválili. Môžeme *oslavovať* atléta, úrodu alebo nový vynález. *Oslavujeme* narodeniny, výročia a svadby. Obvykle *neoslavujeme* také niečo ako rozvod, pretože to nepovažujeme za ctihodné. Keby sme to za také považovali, oslavovali by sme ho. Keď je pohreb, *neoslavujeme* smrť, ale sa schádzame, aby sme si uctili osobu, ktorá sa pominula.

■ **Ospravedlnenie:** *Ospravedlnenie* je veľmi nepochopené. Väčšina z nás sa naučila, že *ospravedlniť sa* znamená povedať: „Mýlil som sa." Povedať mýlil som sa je však poháňané emóciou *zodpovednosti* a je to niečo iné ako *ospravedlňovať sa*. Ponúknuť *ospravedlnenie* znamená, že „som si vedomý, že niečo, čo som urobil (alebo neurobil), ťa mohlo zraniť". Nie je to priznanie si nesprávneho konania. *Ospravedlnenie* je vhodné vtedy, keď *veríme*, že sme mohli spôsobiť zranenie, aj keď si druhá osoba nie je vedomá incidentu. Takže *ospravedlniť sa* je niečo, čo robíme vtedy, keď preberáme zodpovednosť za svoje činy a chceme, aby to ten druhý vedel. Zranenie, o ktorom si myslíme, že sme ho spôsobili, môže a nemusí byť zjavné tomu druhému, ale ak sme presvedčení, že sme urobili, čo mohlo spôsobiť zranenie, vhodným krokom je ospravedlniť sa. Ak oddelíme „neúmyselne spôsobené zranenie" od „mýliť sa", ľahšie sa dokážeme ospravedlniť. Najúprimnejšie ospravedlnenie je, keď ho ponúkneme, pretože sme presvedčení, že sme spôsobili zranenie. Môžeme sa, samozrejme, *ospravedlniť*, keď to žiada ten druhý človek, ale ani tak nie je obsiahnuté v *ospravedlnení*, že sme urobili niečo zlé.

■ **Pesimizmus:** „Ja viem, že v živote sa stávajú dobré veci aj zlé, ale mne sa väčšinou stávajú zlé." *Pesimizmus* pochádza z koreňa, ktorý znamená „najspodnejší", čiže to celkom objasňuje. Hodnota *pesimizmu* je v tom, že nám umožňuje uvažovať, čo sa môže pokaziť alebo čo zlé sa môže stať. Obracia našu pozornosť na túto oblasť a skôr ignoruje možnosť, že sa stane niečo dobré, ako by to bolo v *optimizme*. Ako nálada nám to bráni v činnosti, pretože má niektoré charakteristiky *rezignácie,* ale ako emócia nám to môže pomôcť robiť *opatrné* rozhodnutia, ktoré berú do úvahy široké spektrum možných výsledkov.

■ **Podozrenie:** *Podozrenie* je emócia, ktorá spochybňuje našu *dôveru.* Vedie nás k možnosti, že naša dôvera je neoprávnená alebo potrebuje prehodnotenie. To je predispozícia *podozrenia. Podozrievať* však neznamená, že druhý človek sa mýli alebo že my máme pravdu, len to, že je tu pochybnosť o doterajšom poznaní, a to volá po preskúmaní. *Podozrenie* nám nedáva právo obviniť druhého človeka, ale jeho posolstvom je, že možno existujú otázky, ktoré by stálo za to položiť.

■ **Podráždenie:** *Podráždenie* má korene v latinskom „urobiť ohavným" alebo „učiniť nenávideným". Inými slovami mi hovorí, na čom sa nechcem zúčastňovať alebo to mať v živote. Je to emócia, ktorá využíva nepohodu na pritiahnutie našej pozornosti a odovzdanie správy. Ak je slabá, dokážeme uniesť situáciu a dúfame, že sa to zmení, ale keď *podráždenie* prekročí našu schopnosť ignorovať ho, budeme hľadať spôsob, ako situáciu zmeniť. Je to jedna z mnohých emócií, ktorá nás orientuje k tomu, čo chceme a nechceme v živote mať. Príklady môžu byť rôzne, od tesných topánok cez muchu, ktorá krúži okolo nášho jedla, po hluk z ulice, keď sa snažíme zaspať. Ak úroveň podráždenia prekročí našu toleranciu, podnikneme nejaké kroky na nápravu.

■ **Podriadenie sa:** *Podriadiť sa* znamená: „Urobím to, čo žiadaš, pretože neverím, že mám na výber." Keď sa podriaďujeme, konáme, ale bez vnútorného presvedčenia. Keď trváte na tom, aby sa jedno vaše dieťa ospravedlnilo druhému, často to dosiahnete. Povie: „prepáč", ale z neverbálnej komunikácie je jasné, že v skutočnosti to neľutuje. Keď dospejeme, tak sa v tom dokážeme zlepšiť a *podriaďujeme sa* pravidlám v práci alebo spoločenským normám bez ozajstného záväzku. Hoci je úplný záväzok niekedy potrebný, veľa ráz stačí *podriadiť sa.* Napríklad keď šoférujeme na verejných cestách, stačí *podriadiť sa* pravidlám premávky. Hodnota *podriadenia sa* ako emócie spočíva v tom, že vedie ľudí ku konzistentnému konaniu aj vtedy, keď nechápu prečo, alebo si myslia, že to nie je potrebné. V podstate sa dá chápať ako zjednodušená cesta k usporiadanému konaniu.

■ **Pochybnosť:** *Pochybnosť* ako vnem v tele môže byť trochu podobná úzkosti alebo strachu. Môžeme sa cítiť stratení, a preto váhame, máme spomalené pohyby a nepostupujeme vpred. Pochybnosť však znamená niečo celkom iné než *strach* alebo *úzkosť. Pochybnosť* mi dáva vedieť, že som na novom území, a jej správa je, aby som nepovažoval za samozrejmé, že som pripravený. Pre *pochybnosť* je teda logické, že sa ukáže v nejakej novej činnosti alebo pri učení sa, pretože sme na novom území. Pochybnosť je volanie o pozornosť, nie varovanie pred problémami. Možno ju očakávať kedykoľvek, keď robíme niečo nové, učíme sa niečo nové alebo robíme niečo v novej oblasti života.

■ **Pokoj:** *Cauma* po latinsky, označuje horúčavu poludňajšieho slnka, keď je všetko pokojné. To veľmi dobre vystihuje, čo znamená *pokoj* pre nás dnes, hoci, samozrejme, je to emócia, ktorá sa môže prejaviť aj inokedy a v iných situáciách. Pôvod jasne ukazuje, že keď sme v momente *pokoja,* najprirodzenejšia vec je oddychovať. A ak vezmeme do úvahy, že príbehy a emócie sa vzájomne vytvárajú, človek si môže vybrať túto emóciu, keď potrebuje ticho a odpočinok.

■ **Poníženie:** *Poníženie* znamená „byť *ponížený*", čo je pripomienka, kto sme. *Rozpaky* alebo *hanba*, ktorú pociťujeme pri *ponížení*, sa týkajú faktu, že sme predstierali, že sme viac, ako naozaj sme, a teraz si uvedomujeme, že nie sme. Často hovorievame, že nás niekto *ponížil,* ale to my sme predpokladali, že sme viac, ako sme, a tým sme vytvorili túto situáciu. Druhý človek jednoducho odhalil pravdu. *Poníženie* je emócia, ktorá nás drží pri vedomí svojich schopností a hraníc.

■ **Pokora:** Toto je emócia s veľmi silnou tradičnou interpretáciou, ktorú autori nepovažujú za užitočnú. Často si myslíme, že „byť *pokorný"* znamená dať sa nižšie alebo si myslieť o sebe, že sme menej ako ostatní ľudia. To je však príbeh, ktorý by sme priradili k emócii *poníženosti.* Užitočnejšia interpretácia *pokory* je „tvrdenie, čo všetko sme, a nič také, čo nie sme". Inými slovami *pokora* je ukotvený vnem seba. Latinský koreň slova *humility* znamená „zo zeme", čo je v súlade s touto interpretáciou. Tento spôsob myslenia činí z *pokory* mocnú emóciu, ktorá pomáha ľuďom rozvíjať si povedomie o vlastnej hodnote a dôstojnosti. Znamená to tiež, že človek sa stále snaží byť v súlade so svojimi ozajstnými schopnosťami, zručnosťami a charakteristikami. To vedie k mienke u iných ľudí, že sme úprimní a nič neskrývame, ani nepredstierame, že sme niečo, čo nie sme. *Pokora* sa dá chápať ako neprítomnosť predstierania. Jedna možnosť, ktorú táto interpretácia otvára, je to, že *hrdosť* už nie je v nesúlade s *pokorou.* Keď robíme niečo, o čom sme presvedčení, že je to dobré, a chceme sa o to podeliť, môžeme pokojne cítiť *hrdosť,* lebo vieme, že sa nevystatujeme alebo nepredstierame, že sme viac, ako sme, ani netvrdíme, že sme urobili viac, ako sme urobili.

■ **Popretie:** *Popretie* sa všeobecne považuje za negatívnu emóciu, ale má svoju hodnotu. Keď sa nachádzame v povážlivej alebo neúnosnej situácii, ktorú potrebujeme prežiť, umožňuje nám to pokračovať. Naša predispozícia v *popretí* je vidieť len to, čo chceme vidieť, a rozumieť len tomu, čomu chceme porozumieť. Všetko ostatné prestáva existovať. Umožňuje nám veľmi sa sústrediť a rozhodovať sa. A, samozrejme, tie isté atribúty nás môžu zaslepiť voči tomu, čo všetci ostatní vidia. V *popretí* obyčajne ostávame dovtedy, kým sa kríza neprehĺbi natoľko, že nemáme inú možnosť, len to vzdať. Závislí ľudia a tí, čo prežili traumu, môžu využiť *popretie*, aby prežili. *Popretie* sa podobá emócii *naivity* – aj keď sa prejavujú rôzne – v tom, že nám umožňuje vidieť svet taký, ako si želáme, a nie taký, aký je, a tak ho môžeme chápať ako opak *akceptácie*.

■ **Potešenie:** „Zvábiť, páčiť sa alebo lákať" podľa latinských koreňov. Je to emócia, ktorá nás upozorňuje na radostné prekvapenie. Naša reakcia v *potešení* je pocit ľahkosti a veselia, často sa pritom usmievame a tlieskame rukami. *Potešenie* nás môže vytiahnuť z *nudy* alebo *vážnosti* a prináša nám neočakávané momenty *radosti*. Hovorí nám niečo o tom, čo v živote očakávame a čo neočakávame, a tiež o tom, čo nás činí *šťastnými*.

■ **Povinnosť:** Cítiť *povinnosť* znamená „byť si vedomý tých vecí, čo musím urobiť". Zoznam takých vecí môžu tvoriť naše sľuby a záväzky, spoločenské očakávania, naše vlastné hodnoty. *Povinnosť* ako emócia udržuje ohnisko našej pozornosti na činnosť, hoci nemusíme mať chuť na to, aby sme to v tomto momente urobili. Často hovorievame „musím x", čo je jasný indikátor tejto emócie. Hoci sme sa slobodne zaviazali k niečomu, čo neskôr vidíme ako *povinné*, vo všeobecnosti necítime *slobodu* spolu s *povinnosťou*.

■ **Povznesenie:** Doslova „zdvihnutie hore", čo cítime aj telesne. Podobné *potešeniu,* ale silnejšie a má iný príbeh. *Potešenie* je odpoveď na prekvapenie, ktoré považujeme za dobré, ale *povznesenie* má do činenia s uspokojením z výkonu. Rozpoznávame a chceme oslavovať naše šťastie a možno si ani nevieme predstaviť lepší výsledok. *Potešenie* môže vzbudiť dosiahnutie náročného osobného cieľa alebo chvála od iných osôb. Podobá sa *hrdosti,* ale má väčšiu energiu a spája s túžbou oslavovať, nielen povedať iným ľuďom o našom úspechu.

■ **Pôžitok:** Emócia *pôžitku* nám hovorí, že prežívame niečo, čo je nám príjemné. Našou predispozíciou preto je pokračovať a robiť to znova. Podobne ako *znechutenie* aj *pôžitok* je veľmi individuálny. Niektorí ľudia majú *pôžitok* z poľovania, iní radi pletú. Môžeme mať *pôžitok* z toho, že sme v dave ľudí, že sme sami, alebo z oboch. *Pôžitok* má tendenciu zameriavať sa na prítomnosť, hoci si môžeme spomínať aj na veci, ktoré nás tešili v minulosti, alebo *anticipovať pôžitok* z niečoho v budúcnosti. *Pôžitok* vyplýva zo súčasného momentu a nevyžaduje si žiadny výsledok.

■ **Prekvapenie:** Latinský koreň slova *surprise* znamená „predbehnúť", čo sa nám presne deje, keď prekvapenie prežívame. Niečo, čo sme neočakávali, predbehlo naše vedomie. Predispozíciou *prekvapenia* je overiť si fakty alebo poznatky. Podobne ako niektoré iné emócie ani *prekvapenie* nemusí byť jednoznačne pozitívne alebo negatívne, len opisuje zážitok, že nás svet v niečom predbehol.

■ **Pýcha:** *Pýcha* je ďalší z hlavných hriechov, ale podrobné štúdium lingvistického prekladu odhalí, že toto slovo bolo vo svojom pôvodnom jazyku bližšie k tomu, čo teraz definujeme ako *aroganciu*. *Pýcha* ontologicky znamená, že „som urobil niečo, o čom som presvedčený, že je dobré, a chcem o tom povedať iným ľuďom". Ak mi zvýšia plat, urobím skúšku, dám gól alebo uvarím obed, o ktorom si budem myslieť, že je dobrý, a chcem o tom povedať iným, cítim *pýchu*. Môžem byť *pyšný* aj na iných, napríklad keď moje deti urobia niečo dobre. *Pýcha* nám umožňuje podeliť sa o svoje úspechy, aby aj ostatní vedeli, čo si v živote ceníme. Ak sme presvedčení, že sme vďaka tomu nadradení ostatným, prepadáme sa do *arogancie*, ale pýcha je jednoducho určená na to, aby povedala ostatným, čo si myslíme, že je dobré na nás, alebo čo dobré robíme.

Autorov príbeh (Dan): Raz som pacoval s mladou ženou, ktorá sa mi javila ako celkom úspešná vo väčšine vecí, ktoré robila, a bola veľmi sympatická. Sťažovala sa na to, že vo vzťahoch nepociťuje blízkosť, a myslela si, že s ňou niečo nie je v poriadku, keď ju iní ľudia nemajú radi. V koučovaní vyšlo najavo, že nerozoznáva *pýchu* od *arogancie*. Naučila sa, že je nesprávne rozprávať o svojich úspechoch, pretože to je *arogantné*. V dôsledku toho nerozprávala o veciach, na ktoré bola pyšná, a tak následne vznikala bariéra vo všetkých jej vzťahoch. Istým spôsobom to ostatným bránilo, aby ju spoznali. Keď si osvojila rozdiel a inak sa začala s ľuďmi rozprávať, zistila, že môže hovoriť o tom, na čo je *pyšná*, čo malo hlboký vplyv na hĺbku jej vzťahov.

■ **Radosť:** *Radosť* nastáva, keď prežívame niečo, čo je príjemné alebo čo nás obšťastňuje. Má príchuť vyrovnanej a jasnej pohody, predispozíciou *radosti* je zachovať a oceňovať tento zážitok, pokiaľ trvá.

■ **Rešpekt:** *Rešpekt* znamená mať o niekom alebo niečom vysokú mienku a považovať to za legitímne. Veríme, že tento človek alebo vec si zaslúži česť za to, čím je a čo robí. Pri *rešpekte* počúvame a vážne uvažujeme o tom, čo druhý človek hovorí alebo robí. Hoci nie je povinné, aby sme ho *oceňovali*, tieto dve emócie sa obvykle vyskytujú spolu. Keď sa to týka nás, tak ide o *sebaúctu*.

■ **Rezignácia:** *Rezignovať* na pracovisku znamená, že „to vzdávame". *Rezignácia* je v zásade emócia, v ktorej sa vzdávame nádeje a moci. Je to živý príbeh: „Nech urobím čokoľvek, aj tak to na veci nič nezmení, tak načo sa snažiť?" Hoci sa často chápe ako veľmi negatívna emócia, spĺňa svoj užitočný účel. Ak sa vzdávame pracovného miesta, dôvodom je, že je vyčerpávajúce a potrebujeme si oddýchnuť. *Rezignácia* je emócia, ktorá nám umožňuje urobiť to, pretože jej predispozíciou je prestať sa snažiť. Ako nálada bude znamenať, že žijeme život bez snahy tvarovať ho tak, ako by sme chceli, a nemáme na výber v tom, čo sa stane.

■ **Rozhorčenie:** Vo svete emócií vyvoláva *rozhorčenie* to, keď niekto so mnou zaobchádza, ako keby som nebol hodnotný, hoci ja verím, že som. Byť *rozhorčený* znamená „brániť svoje hranice a nedovoliť ostatným ľuďom, aby so mnou zaobchádzali spôsobom, o ktorom som presvedčený, že ich prekračuje". *Rozhorčenie* si možno pomýliť s *hnevom*, pretože je to podobný pocit. Energia rastie a rozhľad sa zužuje. Niekedy zvýšime hlas, ale príbeh týchto dvoch emócií je veľmi odlišný. *Hnev* nesie predispozíciu potrestať, pretože si myslíme, že ten druhý človek urobil niečo neoprávnené. *Rozhorčenie* je predispozícia postarať sa o seba, pretože sme presvedčení, že ten druhý človek prekročil hranice. *Hnev* sa zameriava na toho druhého, kým *rozhorče-nie* sa zameriava na seba. Keďže *hnev* je veľmi populárna emócia a *rozhorčenie* zväčša neznáme, máme tendenciu si ich zamieňať. Ak sa naučíme, že *hnev* je nebezpečný alebo hanebný a vyhýbame sa mu, tak nebudeme mať prístup ani k emócii, ktorá nás volá k tomu, aby sme sa postarali o seba, k *rozhorčeniu*.

■ **Rozpaky:** Po anglicky *embarrassment* doslova znamená „blokovať". Predispozíciou v *rozpakoch* je skryť sa pred ostatnými ľuďmi kvôli niečomu, čo cítime, že sme nespravili dobre alebo sme to nemali robiť vôbec. V tomto zmysle sa rozpaky dajú chápať ako opak *hrdosti*. To neznamená, že sú morálne chybné, ale je to niečo, čo by sme radšej uchovali v tajnosti. *Rozpaky* obsahujú aspekt posudzovania seba v tom zmysle, že veríme, že „sme nemali robiť určitú vec" alebo že „by sme mali" urobiť niečo lepšie. Ak sme v *rozpakoch* hovoriť cudzím jazykom alebo hrať na klavíri pred publikom, je to preto, že máme vyššie očakávania, ako sú naše schopnosti. Môže to mať niečo do činenia s tým, o čom veríme, že očakávajú druhí, ale zväčša to súvisí s nami. Jedna z vecí, ktorú nám *rozpaky* môžu ukázať, je, v ktorých veciach v živote chceme byť lepší.

■ **Rozptýlenie:** *Rozptýlenie* (angl. *amusement*, pozn. prekl.) pochádza z francúzskeho koreňa a má do činenia s odklonom našej pozornosti alebo uvažovaním o niečom inom. Nemusí to byť nevyhnutne niečo, čo nás rozosmeje, ale často sa pritom usmejeme. Účelom *rozptýle-nia* ako emócie je informovať nás, že prežívame niečo neočakávané a radostné. *Rozptýlenie* môže byť protilátkou *ťažoby* alebo *vážnosti*.

■ **Samoľúbosť:** Byť *samoľúby* znamená, že veríme vo svoje schopnosti, a má to nádych nadradenosti. Podobá sa to *arogancii,* ale obvykle je to jemnejšie a menej intenzívne.

■ **Samota:** Keď sme sami, a predsa sa cítime úplní, sme v emócii *samoty.* Príbeh je taký, že sme kompletní, či už sme s inými ľuďmi, alebo si robíme spoločnosť sami. V *samote* nie je ucelenosť funkciou toho, či sú iní ľudia súčasťou nášho života. Jej predispozíciou je kráčať životom tak, ako sa spokojne rozhodneme, a keď stretneme iných ľudí, s ktorými by sme radi boli, bude to príjemné prekvapenie, ale naše šťastie nezávisí od toho. Táto emócia sa dá chápať ako „poloplný pohár", kým *osamelosť* je „poloprázdny pohár".

■ **Sebaistota:** Keď som presvedčený, že existuje veľká pravdepodobnosť, že niečo sa stane alebo urobí, prežívam emóciu *sebaistoty.* Znamená to „s istotou". Umožňuje mi to posúvať sa vpred bez váhania. Táto emócia je podobná *dôvere,* ale odvodzuje sa z latinského koreňa, nie severoeurópskeho. Ako aj pri *dôvere* ide o odhad a vždy obsahuje riziko. Zakladá sa na presvedčení, že druhý človek je pri plnení úlohy úprimný, schopný a spoľahlivý. Ak som *sebaistý*, demonštruje to presvedčenie, že budem mať úspech v tom, do čoho som sa rozhodol pustiť.

■ **Sentimentálny:** V stredovekej latinčine to znamenalo „pocit alebo cit". Byť *sentimentálny* znamená mať nežný alebo citový prístup a takto premýšľať aj o svete a vzťahoch.

■ **Skepsa:** Táto emócia je podobne ako *cynizmus* odvodená z gréckej histórie a súvisí s filozofom. Slovo pochádza z gréckeho *skeptikos,* množné číslo *skeptikoi*, čiže skeptici, čo boli Pyrrhonovi nasledovníci (Pyrrhon z Elidy, grécky filozof, ktorý žil približne v rokoch 360 – 270 pred n. l.). Znamenalo to, že boli „skúmaví a premýšľaví". To je stále aj dnešný význam, hoci skúmavosť často chápeme tak, že sa zameriava na hľadanie chýb a slabín argumentu. Emócia *skepsy* je najužitočnejšia pri rozlišovaní tých vecí, ktorým budeme veriť, od tých, ktorým veriť nebudeme. Ako taká sa stáva dôležitou zručnosťou pri rozmýšľaní a rozhodovaní sa. Možno ju chápať ako protiklad *naivity*.

■ **Sklamanie:** Emócia *sklamania* vzniká, keď si uvedomujeme, že to, čo sme očakávali, že sa stane, a to, čo sa deje, nie je v súlade. Všetci ľudia majú schopnosť, ba dokonca potrebu predstavovať si, aká bude budúcnosť. Neprestajne staviame na očakávaniach, aká bude budúcnosť. Očakávame, že bude slnečno alebo teplo, alebo že dostaneme projekt, alebo nám zvýšia plat. Možno nám niečo z toho sľúbili, ale aj keď nie, proste si vymyslíme, ako bude budúcnosť vyzerať. Keď sa život vyvíja tak, že je to v *protiklade* s našimi očakávaniami, prežívame emóciu *sklamania*. Obyčajne si myslíme, že toto *sklamanie* znamená, že niečo je „zlé", ale užitočnejšia interpretácia by mohla byť, že naše očakávanie a realita sa jednoducho nestretávajú. Život sa nespráva tak, ako som ja očakával. Jedna vec, kvôli ktorej môže byť *sklamanie* hlbšie, je, keď sa pripútame k našej interpretácii alebo očakávaniu. Puto obvykle vyústi do toho, že kladieme odpor alebo *popierame* to, čo je zrejmé.

Nesúlad sa ukáže, keď povieme niečo ako: „Nechcem povedať nie, lebo ju nechcem *sklamať*." Za tým je presvedčenie, že *sklamanie* vytvára moje konanie, a nie očakávanie toho druhého. V prípade, že som dal sľub, ľahko sa môže stať súčasťou očakávania toho druhého človeka. Ak sľúbim dcére, že ju vezmem do obchodného centra, tak si predstavu mňa, ako ju tam beriem, sama nevymyslela. Ak verí môjmu sľubu a chcela ísť do obchodného centra, tak zrušenie nákupu pravdepodobne vyvolá *sklamanie.* No v iných prípadoch, keď niekto niečo sľúbi a nedodrží to, môžem cítiť *úľavu* namiesto *sklamania.* Ak mi švagor sľúbi, že sa v nedeľu zastaví, ale ja by som bol radšej sám, budem cítiť *úľavu,* keď to zruší.

■ **Služba:** Aj keď *služba* pochádza z latinského slova „otrok", dnes už nemá tento význam. *Službu* chápeme ako „starostlivosť o druhých ľudí". Dôležitý aspekt je, že v akte *služby* sme vyživovaní. To je v protiklade k *obete,* keď sa tiež staráme o druhých, ale nás to vyčerpáva a odoberá nám to energiu. Zmätok nastáva preto, že tieto činy sú podobné a líši sa len príbeh alebo výsledok pre nás osobne.

■ **Smútok:** *Smútok* je emócia, ktorú obvykle veľmi nevítame. Keď ho prežívame, často sa snažíme od neho odvrátiť pozornosť a naši priatelia sa snažia tiež odvrátiť našu pozornosť od neho. Ak si vezmeme interpretáciu, že *smútok* nás informuje, že „som stratil niečo, na čom mi záleží", tak by sme chápali, že *smútok* nám pomáha pochopiť, čo je pre nás dôležité. Ak som smutný, lebo sa mi poškodilo auto pri nehode, hovorí mi to, že som stratil niečo, na čom mi záleží. Možno je to krása, ktorú som predtým oceňoval, alebo azda si cením užitočnosť auta a dočasne som o to prišiel. Alebo je to v tom, že musím zaplatiť spoluúčasť na poistke, a tie peniaze som chcel použiť na niečo iné. Ak sa priateľka, s ktorou som chodila každý mesiac na kávu, odsťahuje do iného mesta, môžem byť *smutná* zo straty možnosti ísť spolu na kávu. Nestratila som priateľku, ani možnosť piť kávu, len ten spôsob, ktorý bol pre mňa dôležitý. So *smútkom* sa spája veľa *strachu* kvôli presvedčeniu, že ak v ňom ostaneme príliš dlho, môže prerásť do depresie. Ontologicky to obvykle nie je starosť, pretože vieme, že depresia je bližšia emócii *beznádeje*. Toto je príklad, prečo je dôležité jasne rozlišovať emócie.

■ **Spokojnosť:** Podobá sa pocitu *uspokojenia*. Túžby *spokojného* človeka sú „naplnené tým, čo už má", čo znamená, že už neinklinuje k tomu, aby hľadal viac, čo by bol účinok *nespokojnosti*. *Spokojnosť* môže súvisieť s materiálnymi alebo vzťahovými aspektmi života, ale aj duchovnejšími, ako napríklad *mier* a *pokoj*.

■ **Starostlivosť:** Lingvistický koreň emócie *starostlivosti* (angl. *care*, pozn. prekl.) v starej angličtine znamenal „byť úzkostlivý, žialiť; cítiť starosť alebo záujem". Inými slovami, záleží nám na niekom alebo na niečom a je pre nás dôležité, čo sa s ním stane. Tento záujem vyplýva z nášho spojenia, čo môže byť rodinné puto, alebo spoločné prostredie či skúsenosť, ktorá na nás urobila v minulosti dojem. Celkom bežné je, že počujeme príbeh niekoho, kto sa stal povedzme detským lekárom, pretože mal súrodenca, čo potreboval súrnu lekársku starostlivosť, keď bol malý. Či už súrodenec dostal lekársku pomoc, alebo nie, tento zážitok mal taký dosah, že lekár si zvolil odbor detskej medicíny za svoje povolanie. Podobné príbehy existujú vo väčšine povolaní a odborov, ako napríklad chlapec, ktorý vyrastal v bázni pred lesom, sa stal lesníkom alebo pracovníkom v odbore životného prostredia.

Užitočným rozlíšením vzhľadom na emóciu *starostlivosti* je, že nám môže na veciach a ľuďoch „záležať" alebo sa môžeme o nich „starať". Rozdiel je ten, že ak nám na niekom či na niečom záleží, nevyžaduje si to čas ani energiu. *Starať sa* o niekoho alebo o niečo však čas a energiu vyžaduje. Môže nám *záležať* na takmer nekonečnom počte vecí alebo ľudí, ale keďže ľudia majú obmedzený čas a energiu, môžeme sa *starať* len o malý počet vecí. Mnoho ľudí verí, že ak sa *nestarajú* o niečo alebo o niekoho, tak im *na nich nezáleží*. *Záležať na niečom* môžeme vnímať ako hodnotu samu osebe, bez toho, aby to bolo spojené so *starostlivosťou* o danú vec či človeka.

■ **Statočnosť:** *Statočnosť* nám umožňuje konať tak, aby sme sa konfrontovali so situáciou, ktorej sa bojíme alebo obávame. Tak ako v úvode seriálu *Star Trek*, keď rozprávač hovorí: „Vesmír, konečná hranica. Toto sú cesty vesmírnej lode Enterprise. Jej päťročná misia: skúmať cudzie nové svety, hľadať nový život a nové civilizácie, smelo ísť tam, kam ešte žiadny človek nevstúpil." Človek môže byť *odvážny*, ale ešte nemusí podniknúť kroky, ktoré mu umožňuje *statočnosť*. Kým slovo *odvaha* (angl. *courage*) pochádza z latinského „srdce", stará angličtina má ekvivalent *statočnosť*. Sú trochu rozdielne v tom, že *odvaha* je „mať srdce" alebo silu čeliť tomu, čoho sa obávame, a *statočnosť* nám umožňuje použiť tú silu na vykonanie činov.

■ **Tieseň:** Názov tejto emócie pochádza priamo z jej telesného prežívania. *Tieseň* (angl. *anguish*, pozn. prekl.) pochádza z latinčiny a znamená „stiahnuť" alebo „škrtiť". Keď ju prežívame, sotva dokážeme dýchať. Keď zomiera dieťa alebo je človek premiestnený mimo svojej domoviny, môže sa objaviť *tieseň*. Predispozíciou *tiesne* je snaha pochopiť a informuje nás, že svet, ako ho poznáme, sa rúca. Tieseň existuje preto, aby nám pomohla pohnúť sa dopredu k zmene v živote.

■ **Strach:** *Strach* je varovanie pred možným poškodením a presne nám hovorí, čo by mohlo byť jeho zdrojom. Ak sa bojíme, že stratíme prácu alebo zlyháme v očiach tímu, poznáme zdroj *strachu*. Zdrojom *strachu* môže byť zranenie pri autohavárii, zrada priateľa alebo strata peňaženky. Tradične sme verili, že *strach* znamená, že „sa stane niečo" zlé, kým vlastne nám len hovorí, aby sme dávali pozor na to, čo by nám mohlo poškodiť, a tak sme mali možnosť hrozbu odstrániť. *Strach* sa teda dá chápať aj ako veľmi užitočná a dokonca priateľská emócia, ktorá nám pomáha postarať sa o seba anticipovaním potenciálneho nebezpečenstva a vyhnúť sa mu.

■ **Súcit:** Emócia *súcitu* sa často zamieňa s *empatiou, sympatiou* alebo *zľutovaním*. Na súcite je jedinečné to, ak vezmeme význam doslova, že to je akt „bytia s druhým človekom v jeho bolesti". Je to schopnosť byť úplne s niekým, kto zápasí. V tejto interpretácii si to nevyžaduje žiadne činy. Nemusíme niekomu pomáhať, ako to je, keď cítime *zľutovanie*, alebo nemusíme ani byť schopní cítiť to, čo cíti ten druhý, ako je to pri *empatii* alebo *sympatii*. Impulzom *súcitu* je byť prítomný. To sa môže zdať pasívne, ale v skutočnosti ľudia, ktorí zažili hlboké *súcítenie* od inej ľudskej bytosti, zistili, že im takéto stretnutie zmenilo pohľad na vlastnú bolesť.

Súcit je emócia, ktorá nás spája s inými ľuďmi a osvetľuje našu zraniteľnosť a závislosť od iných ľudí. *Súcit* nám pripomína, že to, čo sa deje iným, sa v budúcnosti môže stať aj nám. *Súcit* je emócia, ktorá jednoznačne ukazuje, že sme „závislí jeden od druhého", hoci by sme to radšej nevideli.

■ **Súdiaci:** *Súdiaco* rozmýšľame preto, že sme presvedčení, že naša mienka má určitú autoritu povedať, čo je správne a čo je nesprávne. Ak sme dostali právomoc *súdiť* situáciu alebo človeka, môže to byť pravda, ale veľa ráz si zamieňame *odhadovanie* so *súdením*. Pri *odhadovaní* ide o interpretáciu hodnoty niečoho a je to pravdivé pre nás, ale nie pravdivé univerzálne. *Súd*, keď máme právomoc ho vyjadriť, definuje univerzálnu pravdu. Napríklad ak je našou úlohou ako sudcu vyhlásiť niekoho nevinu alebo vinu, náš *rozsudok* určí budúcnosť všetkých zainteresovaných. Ak sa používa účelne a starostlivo, stáva sa *súdenie* kľúčovou emóciou.

■ **Sympatia:** *Sympatia* je emócia, ktorá nám umožňuje rozumieť emóciám druhých ľudí, pretože sme prežili niečo podobné. Doslova znamená „spolucítenie" alebo „spoločné cítenie". V *sympatii* rezonujeme s emóciou druhého človeka bez toho, aby sme „prevzali" jeho emóciu, čo sa deje v *empatii*. Je to, ako byť v tesnej blízkosti emócie toho druhého. Rozumiete jeho prežívaniu, ale nemáte ten istý zážitok. Nie ste od druhého človeka odpojení, ale ste s ním ani nesplynuli. Hodnota *sympatie* je v tom, že môžeme byť s druhým človekom a on cíti, že mu rozumieme, stále si však udržujeme emocionálnu nezávislosť. To umožňuje taký rozhovor, aký neumožňuje *empatia, ľutovanie* či *súcit*.

■ **Štedrosť:** V angličtine *generosity* znamená „veľkodušnosť" alebo „ušľachtilého rodu". Hoci veľkodušnosť nie je slovo, ktoré by sme často používali, doslova znamená, že má niekto „veľkého ducha", takže je v ňom obsiahnuté, že keď je niekto v *štedrej* nálade, bude mať sklon rozdávať ostatným a neočakávať za to nič naspäť. *Štedrosť* je teda emócia, z ktorej rozdávame dary, ale ak je tu očakávanie niečoho na odplatu, nie je čistá. Hodnota tejto emócie je v tom, že nám umožňuje dávať iným bez pripútanosti. To nemusí nutne znamenať, že máme viac ako iní alebo že ich *ľutujeme*, len toľko, že sa chceme podeliť o to, čo máme.

■ **Šťastie:** Slovo (angl. *happiness*, pozn. prekl.) z konca 14. storočia znamená „šťastný, má šťastie, úspešný"; o udalostiach „vyvíja sa dobre", z *hap* „šanca, šťastná náhoda" + *-y. Šťastie* je teda emócia, ktorá spolupracuje s príbehom, že „veci sa vyvíjajú dobre" pre mňa alebo že mám „šťastie". Vyplýva z toho, že *šťastie* nevyvoláva pevná konštelácia okolností, lež závisí od mojej interpretácie. Môžem byť *šťastný,* keď nájdem peniaze na ulici, pretože to pre mňa znamená, že mám šťastie. Za rovnakých okolností však iný človek nemusí prežívať *šťastie.* „*Šťastným* ma môže urobiť" určité zamestnanie, vzťah alebo majetok na základe môjho názoru, či pokladám za šťastie, že mám to zamestnanie, ten vzťah alebo ten majetok. Americká Deklarácia nezávislosti hovorí, že „úsilie o *šťastie*" je jedným z neodcudziteľných práv všetkých ľudských bytostí. Nepíše sa tam, že máme právo byť *šťastní,* ale iba právo usilovať sa o život, o ktorom sme presvedčení, že „veci sa vyvíjajú dobre a my máme šťastie".

■ **Teror:** Doslova „byť naplnený strachom". Kým *úzkosť* je presvedčenie, že sa môže stať niečo, čo mi ublíži, ale zdroj nebezpečia nie je jasný, *teror* je presvedčenie, že sa môže stať niečo, čo mi ublíži, a zdroj nebezpečia môže byť všade. Inými slovami, žiadne miesto nie je bezpečné. Jeho hodnota pre anarchistov alebo, ako ich dnes voláme, teroristov je zrejmá. V *terore* máme sklon zastaviť činnosti, ktoré nás spájajú so svetom, ako sú spoločenské stretnutia, oslavy a cestovanie, aby sme sa cítili bezpečnejšie.

■ **Tolerancia:** Keď sme *tolerantní,* uvedomujeme si, že nesúhlasíme s druhým človekom, ale „budeme ho podporovať, pokiaľ si neuvedomí, že máme pravdu". Niekedy si zamieňame *toleranciu* a *akceptáciu,* ale ony sú veľmi rozdielne. Kým *akceptácia* je uznanie toho, čo je, a nemáme potrebu to zmeniť, *tolerancia* je, keď chceme druhého človeka zmeniť a vyčkávame, kým sa to stane. Oboje súvisí s našou schopnosťou vychádzať s ľuďmi, ale *tolerancia* je omnoho nižšie nasadená latka. Doslova znamená „vydržať" alebo „uniesť".

■ **Triviálnosť:** *Triviálnosť* pochádza z latinského *trivialis,* čo znamená „bežný, obyčajný alebo zvyčajný". Keď niečo považujeme za *triviálne,* uberáme tomu na dôležitosti alebo kráse. Nie sme schopní zobrať to vážne. Je to spôsob, ako sa vyhnúť niečomu dôležitému, čomu nechceme čeliť priamo. V tomto zmysle je to podobné ako *popretie,* ale je to aktívne. Môže mať hodnotu v tom, že to využijeme na zamietnutie dôležitosti niečoho, a to nám umožní pokračovať, ale na druhej strane nám to môže brániť v učení sa a vo vytváraní vzťahov. Naša predispozícia v *triviálnosti* je vysmiať sa alebo si uťahovať z druhých ľudí a ich myšlienok.

■ **Trúfalosť:** *Trúfalosť (hubris)* má pôvod v gréčtine a znamená „domýšľavosť smerom k bohom". Inými slovami ten, kto koná *bohorovne,* si

113

predstavuje, že je niečo viac ako iní ľudia a je ako boh. Z tohto presvedčenia vznikajú činy, ktoré sú neprozreteľné a vedú k pádu, keď sa ukáže, že dotyčný je napokon tiež len človek. *Trúfalosť* prekonáva *aroganciu,* ktorá znamená len to, že si myslíme, že sme lepší alebo morálne nadradení ostatným ľuďom. Hodnota *trúfalosti* spočíva v tom, že nám pomáha poznať hranice našej ľudskosti, vďaka čomu sa stáva atraktívnym zdrojom ponaučenia v mnohých klasických príbehoch.

■ **Túžba:** Keď uvážime, že zdroj nášho slova *túžba* (angl. *desire*, pozn. prekl.) znamená „túžiť po niečom, čo prichádza z hviezd", pocítime jeho hĺbku. Túžba je *prianie* alebo *želanie.* Ak mu načúvame, budeme vedieť, čo je pre nás najdrahšie a najdôležitejšie. Ak myslíme na partnera alebo partnerku a cítime *túžbu,* hovorí nám to niečo o tom, akí dôležití pre nás sú. Hoci to často môže mať a často aj máva sexuálnu interpretáciu, dá sa to aplikovať na hociktorú časť života, dokonca aj na tú najduchovnejšiu. Naša predispozícia v *túžbe* je priblížiť sa k osobe alebo objektu, po ktorom prahneme.

■ **Tvrdohlavosť:** Koreň slova *tvrdohlavosť* (angl. *stubborn*, pozn. prekl.) nie je známy, hoci určite nie je z latinčiny. Znamená, že mám presvedčenie, ktoré nie som ochotný zmeniť. Mojou predispozíciou bude ostať pevne na svojom mieste alebo pri svojej myšlienke. *Tvrdohlavosť* slúži na to, aby sme trvali na tom, o čom sme presvedčení, alebo aby sme ostali *verní.* Na druhej strane môže brániť novým poznatkom alebo zmenám a udržuje nás v tme. Súvisí s *vytrvalosťou*, ale je to viac o tom, že ostávam tam, kde som, než že sa neprestajne tlačím dopredu.

■ **Úcta:** „Stáť v bázni" a „ctiť" sú aspekty *úcty*. Príbeh niečoho, čo si ctíme, hovorí, že to je významné, vyvoláva to strach a je to väčšie ako my. *Uctievanie* prírody alebo božstiev ukazuje náš vzťah k nim. *Úcta* podobne ako *úžas* nám ukazuje tie veci, o ktorých sme presvedčení, že presahujú človeka a ktorých sme často súčasťou.

■ **Úprimnosť:** „Celý", „čistý" a „nepomiešaný" sú niektoré z latinských významov tohto slova (angl. *sincerity*, pozn. prekl.). Ontologicky byť *úprimný* znamená, že to, čo si myslíte súkromne, je to isté ako to, čo hovoríte verejne. Ste transparentní a nemáte žiadny skrytý úmysel. Je to podstatná emócia pri budovaní *dôvery*. Keďže môžeme mať aj emócie zo svojich emócií, sú ľudia, ktorí sú *úprimní* k svojej *úprimnosti*, ale nie sú schopní byť *úprimní*. Úprimnosti, podobne ako iným emóciám, sa možno naučiť a cvikom sa posilňuje.

■ **Uspokojenie (a neuspokojenie):** Ak vieme, že každá emócia nám poskytuje informáciu, mohli by sme sa pýtať, čo nám hovorí uspokojenie. *Satis* v anglickom slove *satisfaction* doslova znamená „dostatok" a *dis-* + *satis* by znamenalo „nedostatok". Ontologicky ich možno chápať tak, že nám hovoria, o čom veríme, že toho máme dostatok v živote, a o čom veríme, že toho máme nedostatok. Takže uspokojenie nám nehovorí, že „máme všetko, čo chceme" alebo „všetko, čo by sme chceli mať", ale že „máme dostatok". Ľudia si často zamieňajú neuspokojenie s bedákaním alebo sťažovaním sa, ale to je niečo celkom iné. *Neuspokojenie* znamená „nemám dostatok" niečoho, *sťažovanie* je na mieste iba vtedy, keď sa týka nesplneného sľubu, a *bedákanie* jednoducho vyjadruje „nepáči sa mi to, ako to je".

Tak teda aký účel plní *uspokojenie* a *neuspokojenie?* Na bazálnej úrovni nám hovoria, či veríme, že máme dostatok potravy alebo nie, dostatok tepla alebo nie, dostatok peňazí alebo nie. Okrem toho súvisia s naším zmyslom ako ľudských bytostí. Ľudia, ktorí sa cítia v živote *uspokojení,* sa zapájajú do činností, ktoré im umožňujú deliť sa o svoje dary a talenty. Keď sa ľudia sťažujú, že sú *neuspokojení* v práci, často je to preto, že nemajú takú možnosť. Takže *uspokojenie* je určitý emocionálny kompas, ktorý ukazuje na dôvod, prečo sme tu.

■ **Úzkosť:** Naša emócia „úzkosti" pochádza z latinského *anxius,* „ustarostený, nepokojný, utrápený" a z *angere, anguerre,* „dusiť, stláčať", obrazne „muky, príčina distresu". Väčšina z nás by sa našla v tomto opise telesných vnemov, ktoré prežívame v *úzkosti.* Keď prežívame *úzkosť,* súvisí to s príbehom, že nám môže niečo teraz alebo v budúcnosti ublížiť, ale nie je jasné, odkiaľ hrozba príde. Toto „nevedenie" môže byť vo forme múk alebo distresu a „utrápená myseľ" je výstižným opisom takejto starosti. V tomto sa to líši od *strachu,* pri ktorom vieme určiť zdroj poškodenia. Nepohoda, ktorú prežívame v *úzkosti,* má pritiahnuť našu pozornosť k možnému nebezpečenstvu a primäť nás k hľadaniu konkrétneho zdroja. To sa deje prostredníctvom starostí, čo je predispozícia *úzkosti,* a ktoré signalizujú jej prítomnosť. Jeden zo spôsobov, ako navigovať starosti a *úzkosť,* je snažiť sa premeniť ju na *strach.* Ak dokážeme pomenovať zdroj možnej hrozby, tak často podnikáme kroky na jej zmenšenie alebo odstránenie, ale najprv musíme vedieť, čo máme zmeniť. Ďalšou možnosťou je zvýrazniť emócie *odvahy* a/alebo *statočnosti,* čo nám umožní posunúť sa vpred napriek úzkosti a v podstate stretnúť sa s ňou zoči-voči. *Úzkosť* môže byť výsledkom chemickej alebo biologickej nerovnováhy a v takom prípade je potrebná pomoc zo strany lekára alebo terapeuta.

Úžas: Keď prežívame emóciu *úžasu,* stretávame sa s niečím podivuhodným, nádherným alebo ohromujúcim a často to býva niečo, čomu nerozumieme. Ak je zážitok hrozivý, vyvoláva *bázeň,* ale ak je to niečo, čo považujeme za pozitívne alebo priaznivé, prežívame *úžas.* Našou predispozíciou bude pokračovať v tom zážitku. *Úžas* je jednou z emócií, ktoré nás spájajú s niečím väčším, než sme my sami. Otvára nám celý vesmír a pomáha nám rozpoznať, že to, čo prežívame, je nejakým spôsobom výnimočné.

Vášeň: Neskoro latinské *passionem,* „utrpenie, znášanie". Z koreňa je jasné, že to je hlboko zážitková emócia. Starodávne použitie slova *passion* stelesňuje pojem „Kristove pašie" alebo iné náboženské kontexty. Niekedy hovoríme, že niekto „trpí pre svoje umenie". Podobne ako pri *erotike* sa naša moderná interpretácia vášne spája so sexom, hoci širšie to znamená „hlboká túžba byť tak blízko k niekomu alebo niečomu, po čom túžime, ako sa len dá". Je to jedna z emócií, ktoré nám umožňujú realizovať činnosti alebo udržiavať vzťahy s hlbokým nasadením a odložiť nabok *pochybnosti,* vyčerpanosť alebo únavu. Ak si predstavíte *vášeň* ako palivo pre horolezca, môžete si predstaviť, ako prekonáva každú prekážku. Podobne je to pri budovaní vzťahu, v maľbe, hudbe alebo pri iných činnostiach.

Vážnosť: Emócia *vážnosti* nám umožňuje posudzovať veci s plnou vážnosťou. V určitých kontextoch považujeme túto emóciu za *dôveryhodnejšiu* ako iné emócie. Napríklad bankár, ktorý nie je schopný vniesť do interakcií určitú *vážnosť*, pravdepodobne nebude mať takú dôveru ako ten, čo to dokáže. Vo vedeckom výskume je to emócia, ktorá nám umožňuje sústrediť sa na premyslené a dôkladné skúmanie.

■ **Vďačnosť:** Koreň slova *vďačnosť* (angl. *gratitude*, pozn. prekl.) súvisí s latinským *gratis*, „zadarmo". *Vďačnosť* je emócia, ktorú cítime, keď sme dostali niečo zadarmo, do daru. V najširšom význame slova je *vďačnosť* presvedčenie, že všetko, čím sme, a všetko, čo sa deje v našom živote, je dar. Inými slovami nezaslúžili sme si tento život, dal nám ho stvoriteľ, vesmír, evolúcia. To hovoríme, keď pred obedom rituálnym spôsobom poďakujeme. Spomedzi všetkých emócií sa pre *vďačnosť* môžeme najľahšie rozhodnúť a osvojiť si ju. Ak si povieme, že sa naučíme tejto emócii, môžeme posunúť svoj život z nálady *nároku* do života *vďačnosti*.

■ **Nezaujatosť:** *Nezaujatosť* nám viac ako akákoľvek iná emócia umožňuje priblížiť sa k „objektívnosti". Keď hovoríme, že musíme byť objektívni, nehovoríme, že musíme vymazať emócie alebo byť bez emócií, ale skôr, že naše „emócie musia byť neutrálne", aby sme mohli čo najviac využiť rozum. Nezaujatosť (angl. *dispassion*, pozn. prekl.) z gréčtiny doslova znamená „oddeliť sa od vášne alebo od emócií". Môžeme to brať ako druhú stranu mince *súcitu* (angl. *compassion*, pozn. prekl.), keď sme „s emóciou alebo bolesťou". Vďaka *nezaujatosti* robíme to najlepšie, čo vieme, aby sme konali z emocionálne neutrálneho miesta, aj keď to nie je absolútne.

■ **Vernosť:** *Vernosť* je emócia, ktorá nám umožňuje rozpoznať a starať sa o skupinu, ku ktorej patríme. Jej predispozíciou je brániť tú skupinu a jej hranice. *Vernosť* možno spájať s mnohými rozličnými entitami. Môžeme byť *verní* presvedčeniu, partnerovi, politickej strane, vodcovi, národu, organizácii alebo sebe samým, čo tvorí potenciál konfliktných záujmov. Pri *vernosti* nie je neobvyklé, že je príčinou, pre ktorú ľudia bránia veci, ktoré nám, pozorovateľom zvonka, nedávajú zmysel.

Veselosť: Naše slovo veselý sa odvodzuje z toho istého koreňa a naznačuje predispozíciu – živo sa smiať, byť radostný, veselý. Byť *rozveselený* znamená byť veľmi šťastný až do bodu, keď nie sme schopní skrotiť emocionálnu energiu, teda smiech.

Viera: Zatiaľ čo rozum možno definovať ako „presvedčenie založené na dôkaze", *vieru* možno chápať ako „presvedčenie bez potreby dôkazu". Koreňom slova *viera* (angl. *faith,* pozn. prekl.) je latinské *fidere*, čo znamená „dôverovať". Ontologicky by sme povedali, že rozum je to, čo nám umožňuje mať presvedčenia v hmotnom svete, kde je možné vytvárať viditeľné dôkazy, a že *viera* je jeho protipól v nehmotnom svete, a to je jej účel.

Vina: Pocity *viny* sú zlé. Cítime sa maličkí alebo menej hodnotní ako ostatní ľudia. Tomuto pocitu ide o to získať našu pozornosť, pretože *vina* hrá podstatnú úlohu v tom, aby sme videli svoje osobné hodnoty. *Vina* sa objavuje vtedy, keď sme niektorú z nich porušili. Keby sme sa necítili *vinní,* neuvedomovali by sme si, že sme prekročili svoje normy a neboli by sme schopní vidieť hranice svojich presvedčení. *Vina* je v tomto zmysle podstatná pri porozumení samým sebe. Ak sa cítime *vinní,* keď nedodržíme sľub, dokonca aj drobný, povie nám to, že svoje sľuby považujeme za dôležité. Ak sa cítime *vinní,* keď minieme žobráka na ulici a nič mu nedáme, znamená to, že sme presvedčení, že je našou povinnosťou pomáhať ľuďom v núdzi. Ak cítime *vinu,* keď nepovieme celú pravdu, dáva nám to vedieť, že sme presvedčení, že to je nesprávne. *Vina* je ďalší prípad, keď sme označili emóciu ako „zlú“, hoci nám vlastne poskytuje dôležité informácie a je to základ našej identity.

Dôležitým vnútorným prvkom *viny* je, že niekedy má neviditeľné normy, ktoré sme sa naučili. Často ich vyjadrujeme ako „mal by“ alebo „nemal by“. Tieto normy často považujeme za etické ako „mal by = správne správanie“ a „nemal by = nesprávne správanie“, ale keďže *vina* odhaľuje osobné presvedčenie, tieto „mal by“ a „nemal by“ sú veľmi individuálne. Vyzerajú ako univerzálne hodnoty, ale často sú prevzaté z rodiny alebo zo spoločnosti s cieľom riadiť naše osobné správanie. Univerzálnejšie „mal by“ a „nemal by“ sa spájajú s emóciou *hanby.*

■ **Vyváženosť:** *Vyváženosť* znamená uvažovať o veciach pokojne a rovnomerne a na všetko klásť rovnakú váhu. Jej predispozícia je uvažovať bez predsudkov a je to emócia, ktorá nám umožňuje najviac sa priblížiť tomu, čomu hovoríme objektívnosť. Znamená to „s rozvahou“.

■ **Výčitky:** Príbeh, ktorý vytvára emóciu *výčitiek,* je „to, čo som spravil, bolo zlé“. Nemusí to nutne obsahovať dôvod, prečo tomu verím, len toľko, že teraz verím, že to bolo nesprávne. Obvykle si myslíme, že to bolo nesprávne, pretože to narušilo naše osobné hodnoty alebo hodnoty spoločnosti, ktorej sme súčasťou. Preto sa *výčitky* často objavujú spolu s pocitmi *viny* (narušenie našich noriem) alebo *hanby* (narušenie noriem spoločnosti). Primárnym účelom *výčitiek* je upozorniť nás, ako sme vo svojom správaní neboli v zhode sami so sebou alebo spoločensky, a umožniť nám, aby sme to komunikovali ostatným ľuďom.

■ **Vytrvalosť:** „Neochvejne pokračovať." Ak sme v emócii *vytrvalosti*, budeme sa ďalej snažiť, kým neuspejeme. V situácii, keď robíme správnu vec, to môže byť neoceniteľné, najmä ak sme doteraz neuspeli. V tomto zmysle je to niečo opačné ako *frustrácia*. Tienistou stránkou *vytrvalosti* je, že môžeme, ako sa hovorí, „ísť stále hlavou proti múru" bez toho, aby sme dosiahli nejaký výsledok. Je rozdiel medzi *vytrvalosťou* („stále sa snažiť") a *prísnosťou*, čo znamená vybrať si formu a ostať v nej. V prvom prípade sa naša energia stále obracia k výsledku toho, čo robíme, v druhom prípade sa zameriavame vnútorne na spôsob, ako to robíme.

■ **Vzrušenie:** Z latinského *exciere*, „vyvolávať, podnecovať" (ex – „z" + *ciere* – „dať do pohybu, volať"). *Vzrušenie* je emócia, ktorá nás uvádza do pohybu alebo do činnosti. Zaujímavé je, že *vzrušenie* nemá vlastný smer, čo môže byť niekedy problematické. Veľmi *vzrušené* dieťa na omši alebo vzrušený zamestnanec na sústredenej plánovacej porade nemusí byť užitočný alebo nápomocný, pretože *vzrušenie* nie je v súlade s obsahom.

■ **Záväzok:** *Záväzok* je emócia, ktorá nás vedie k tomu, aby sme konali v súlade s našimi sľubmi a vložili celé svoje bytie – telo, jazyk a emócie – do úlohy. *Záväzok* sa prejavuje skôr činmi, než slovami. No *záväzok* i tak iniciujeme sľubom. Mnoho ľudí predpokladá, že každý už od narodenia vie, ako „plniť záväzok" v činnosti alebo vo vzťahu, ale *záväzok* je zručnosť, ktorej sa treba naučiť, ktorú treba precvičovať a rozvíjať. Učeniu tejto zručnosti sa venuje veľká časť adolescencie. Mladík si chce napríklad zaslúžiť dobré známky a je na to dostatočne inteligentný, ale ak nedokáže zotrvať v záväzku študovať, dobré známky neprídu. Podobne sa to deje aj na pracoviskách, keď zamestnanci túžia po dobrej práci, ale nemajú emocionálnu kapacitu, ktorá ich zaväzuje, aby urobili potrebné činy. Osobným príkladom je niekto, kto povie: „Prestanem fajčiť." Po čase sa ho spýtame, čo urobil v tejto veci, a on odpovie: „Nič. Stále fajčím." Obvykle povieme, že tento človek „neprijal hzáväzok", no ontologicky by sme jednoducho povedali, že silnejší záväzok urobil voči fajčeniu ako nefajčeniu. Tu je dôležité pochopiť, že hlboké, trvalé učenie sa deje kognitívne, emocionálne a somaticky. Ak bola zmena iba slovná – vezmite si novoročné predsavzatia –, v skutočnosti nenastane, pretože nedošlo k posunu v emocionálnej alebo somatickej rovine. Ľudia sú voči tomu obyčajne slepí a často zabúdajú na to, aký prijatý záväzok im bráni v zmene. Kedykoľvek sa niečomu zaviažeme, slobodne sa rozhodujeme sústrediť sa na danú vec a nie na inú. Vždy sme niečomu zaviazaní, pretože naše činy nie sú mechanické, takže dôležitá otázka znie, kde je náš najväčší záväzok. Záväzok je pozornosť + energia.

Závisť: *Závisť* je ďalšia emócia, ktorú obvykle označujeme ako zlú. Patrí medzi hlavné hriechy a často sa definuje nielen ako *žiarlivosť* na to, čo druhý človek je alebo má, ale aj ako túžba vziať mu to. Tomuto sa niekedy hovorí *chorobná závisť.* Ak sa pozrieme na jednoduchú *závisť,* interpretovali by sme ju ako „túžbu mať to, čo má druhý človek". V tomto zmysle môže byť užitočné počúvať ju, lebo nám môže pomôcť porozumieť, čo nám podľa nás v živote chýba. Ak závidíme druhému človeku jeho zamestnanie alebo dom, hovorí nám to, že niečo, čo sa týka jeho práce či domu, by sme chceli mať tiež. *Závisť* nemusí nutne obsahovať túžbu vziať „to" tomu druhému, čo by bola *nevôľa* („nemalo by to byť takto") alebo *pomsta* („túžba odplatiť sa"). *Závisť* je jedna zo silných emócií, ktoré si len ťažko dovolíme prežívať. Mnoho ľudí cíti *hanbu* alebo *rozpaky* za to, že *závidia*. V dôsledku toho nemajú možnosť reflektovať, čo sa *závisť* snaží komunikovať, pretože sa ju okamžite snažia skryť. Počúvanie *závisti* nám môže pomôcť nastaviť sa na tvorbu takého života, aký nás uspokojí. V tejto interpretácii je závisť ďaleko od „zlej" emócie.

■ **Zdesenie:** „Ježiť sa strachom alebo hrôzou." *Zdesenie* prežívame, keď je to, s čím sa stretávame, také zlé, ako si len vieme predstaviť. Telesne prežívame „trasenie, chvenie, triašku alebo zimomriavky" a túžime sa dostať preč alebo sa vyhnúť tomuto zážitku. Keď vieme, aké môžu byť veci zlé, umožňuje nám to oceniť bezpečie a istotu. *Zdesenie* nás môže chrániť aj pred naozaj deštruktívnymi činnosťami.

■ **Zľutovanie:** *Zľutovanie* znamená, že „rozpoznávam utrpenie iných ľudí, ale pozerám sa na nich zvrchu, pretože ja som nejakým spôsobom nadradený". Inými slovami verím, že potrebujú moju pomoc. *Zľutovanie* môže byť vhodné v prípade, keď skutočne mám lepšie schopnosti alebo zdroje. Keď vidím zviera zrazené autom a cítim *zľutovanie*, je to preto, že správne rozpoznávam jeho utrpenie, mám lepšie schopnosti a ono potrebuje moju pomoc. No *zľutovanie* môže znamenať aj to, že trpiaci je menej dôležitý ako ja, čo ústi do blahosklonnosti. Keď *ľutujeme* iné ľudské bytosti, môže to byť niekedy z týchto dôvodov.

Autorov príbeh (Dan): Keď som mal asi 30 rokov, viedol som ešte s ďalším človekom spevácky zbor žien s mentálnym postihnutím. Po čase som si uvedomil, že jedna z emócií, pre ktoré som to robil, bolo *zľutovanie*. Bol som presvedčený, že ja mám lepšie schopnosti a ony potrebujú moju pomoc. Na jednej úrovni to bola pravda. Poznal som hudbu a vedel som, ako organizovať spevákov. Časom som si však uvedomil, že v oblasti prežívania a prejavovania *radosti* ma v mnohom prekonávajú. Spievali *radostne*, či už vedeli slová, ladili, chytali rytmus alebo nie. Vždy. Bolo to *ponižujúce* uvedomiť si, že ja sa nad nimi zľutúvam pre ich obmedzenia, pričom ony by sa mohli *zľutovať* nado mnou pre moje obmedzené schopnosti prežívať *radosť*. V tom som potreboval ich pomoc ja.

Zmätok: Americký spisovateľ Henry Miller definoval *zmätok* takto: „Zmätok je slovo, ktoré sme vynašli pre poriadok, ktorému nerozumieme." Jeho koreň (*confusion*) doslova znamená „zliať dokopy", čo je dobrý opis toho, ako to cítime. Účelom zmätku je poukázať na to, že niečo, čo prežívame, nepasuje do nášho chápania sveta. Napríklad jazda v noci po diaľnici, pri ktorej zbadáte prichádzajúce svetlá, ktoré vyzerajú, ako by boli v našom pruhu. Naša reakcia by pravdepodobne bola: „Čo sa deje?" alebo niečo také. Keď nám pokladníčka vydá drobné z nákupu a nie je ich dosť do správnej sumy, najprv prežívame *zmätok*. Teda *zmätok* je to štádium, keď veci „nepasujú do toho, ako rozumieme svetu". V týchto dvoch scenároch vidíme, ako nás chráni. Napriek tejto hodnote sa často označuje ako „zlá" emócia. Keď sa učíme, začíname chápať, ako svet funguje, učiteľ nám ukazuje novú myšlienku alebo model, ktorý nesúhlasí s naším chápaním, a keď sa snažíme jedno s druhým integrovať, vynára sa *zmätok*. Tradičné vzdelávanie nepovažuje tento moment zmätku za dôležitý a v škole sme boli často napomínaní za to, že to „nevieme pochopiť" alebo sa rýchlo dostať zo *zmätku*. Na základe takýchto skúseností berieme *zmätok* ako niečo, čomu sa treba vyhnúť, a nie ako prirodzený a predvídateľný krok v učení.

■ **Zmyslový/zmyselný:** Toto sú síce odlišné emócie, ale ich história je prepojená. Slovo *zmyselný* (angl. *sensual*, pozn. prekl.) pochádza z latinčiny a znamená „zo zmyslov" alebo niečo, čo prežívame zmyslami. Po čase získalo viac než len čistú konotáciu a začalo znamenať aj telesné činnosti, ktoré považujeme za neslušné. Inými slovami objavila sa väčšia súvislosť so sexuálnymi aktivitami. Slovo *zmyslový* (angl. *sensuous*, pozn. prekl.) sa objavilo v roku 1640 u Johna Miltona, ktorý sa ním pokúsil podchytiť pôvodný význam niečoho, čo prežívame zmyslami. Dnes nemáme sklon ich rozlišovať alebo si uvedomovať rozdiel medzi nimi. Obe emócie nám umožňujú venovať pozornosť zmyslom a oceniť telesné zážitky života.

■ **Znechutenie:** Doslova „nechuť". Keď povieme, že zážitok „zanechal pachuť v ústach", tak nahlas vyjadrujeme *znechutenie*. Keď ochutnáme niečo, čo sa nám nepáči, naša reakcia je vypľuť to, čo je predispozícia *znechutenia*. Chceme sa toho zbaviť alebo prestať interagovať s tým človekom alebo situáciou. Ak nás *znechucuje* film, chceme ho zastaviť alebo sa budeme snažiť odtiaľ dostať. *Znechutenie* nám vraví, o čom veríme, že je „vkusné" alebo správne správanie a čo nie. Hoci je to emócia, ktorú majú všetci ľudia, to, čo považujeme za *nechutné*, veľmi závisí od individuálnej a spoločenskej povahy. Jedlo, ktoré sa v jednej spoločnosti oceňuje, sa v inej považuje za *nechutné*. Verejné prejavy citov podobne. V niektorých kultúrach sa rodinkárstvo akceptuje a považuje za normu a v iných sa berie ako *nechutné*. Individuálne sme si vypracovali vlastný lexikón toho, čo v nás vyvoláva *znechutenie*. Ak sme napríklad prísni vegáni, môže sa nám zdať jedenie mäsa ako *nechutné*. Ak veríme v sebakontrolu, niekto, kto sa na večierku opije, môže vyvolávať *znechutenie*. Cítiť *znechutenie* neznamená, že daná vec či človek je zlý, skôr nás to informuje o našich vlastných presvedčeniach a štandardoch správania sa. Veľmi užitočné je rozumieť tomuto odlíšeniu, pretože nás informuje o sebe, aj keď si často myslíme, že nám hovorí niečo o tom druhom človeku.

■ **Zodpovednosť:** *Zodpovednosť* možno chápať aj ako emóciu, aj ako správanie. Doslova znamená „odpovedať naspäť". Žiť s emóciou *zodpovednosti* znamená, že „zodpovedáme za svoje činy", a je to podobné, ako byť *spoľahlivý*. Sú také emócie a ich následné správanie, o ktorých predpokladáme, že ich všetci ľudia poznajú a vedia, ako ich prejavovať. *Zodpovednosť* je jedna z nich, hoci z ontologického chápania emócií by sme povedali, že táto schopnosť je naučená a že môžeme o nej dokonca uvažovať ako o zručnosti.

■ **Zrada:** Cítiť sa *zradený* pochádza z presvedčenia, že nás niekto úmyselne a tajne „odovzdal nepriateľom". Keď objavíte podvod, spustí to emóciu. Účelom tejto emócie je pomôcť nám rozlíšiť tých, čo sú nám verní, od neverných. Je to indikátor toho, komu môžeme dôverovať a komu nie.

■ **Zúfalstvo:** *Zúfalstvo* je „strata všetkej nádeje". To znamená, že nevidíme budúce možnosti alebo možno nevidíme žiadnu budúcnosť. Naša predispozícia v *zúfalstve* je vzdať sa snahy. Od *rezignácie* sa líši v tom, že tam sa tiež vzdávame snahy, ale preto, že sme presvedčení, že „nech urobím čokoľvek, aj tak to na veci nič nezmení, tak načo sa snažiť?" V *zúfalstve* sme presvedčení, že možnosť akejkoľvek zmeny ani nejestvuje. Osobná skúsenosť autorov so *zúfalstvom* je taká, že je to emócia, ktorá sa ešte viac ako *smútok* spája najviac s depresiou. Je to neschopnosť vidieť akékoľvek budúce možnosti, čo nás paralyzuje. Účel *zúfalstva* u ľudských bytostí je trochu záhadný, ale možno nám má pomôcť vyjsť zo seba a hľadať oporu vo vyššej mocnosti. Môžeme sa obrátiť na prírodu alebo na vesmír, či nejaké božstvo. Keď sme však stratili všetku nádej, že to zvládneme sami, núti nás to hľadať pomoc mimo nás.

■ **Zúrivosť:** (angl. *fury*, pozn. prekl.) znamená „násilnú vášeň, šialenstvo alebo zúrivý hnev" – latinsky *furia*. *Zúrivosť* je emócia, ktorá nám umožňuje útočiť alebo sa brániť bez ohľadu na dôsledky. V momentoch zúfalstva nám to môže pomôcť prežiť. Svojou energiou sa podobá na *besnenie*, ale ohnisko pozornosti je iné. *Zúrivosť* sa spustí ako dôsledok starostlivosti o seba alebo z nejakej inej príčiny. *Besnenie* je impulz zničiť, pretože už nám je to jedno, alebo sme presvedčení, že v tom, na čo útočíme, už niet nič dobré. Keby ste pozorovali rodiča, ktorý sa snaží ochrániť svoje dieťa pred divým zverom, videli by ste emóciu *zúrivosti*. Útok rodiča nesmeruje k zničeniu zvieraťa (*besnenie*), nevychádza z *hnevu* (zviera neoprávnene zaútočilo na dieťa), ale *zúrivo* bráni to, na čom mu záleží, a nestará sa o svoje pohodlie.

■ **Zvedavosť:** „Som presvedčený, že tu je niečo hodnotné pre mňa a chcem to nájsť." *Zvedavosť* je emócia, ktorá nás vedie k skúmaniu a otázkam, aby sme pochopili, v čom má táto vec pre nás hodnotu. Ak zostaneme *zvedaví* dosť dlho a nenachádzame nič hodnotné, môžeme sa posunúť do *nudy*, čo je opačný príbeh: „Som presvedčený, že tu nie je nič, z čoho by som mal úžitok, tak venujem pozornosť niečomu inému." Jednou z hlavných hodnôt *zvedavosti* je, že nás svojou povahou angažuje a ponára do sveta okolo nás. Bez nej by sme žili veľmi statický život.

■ **Žiadostivosť:** Zo starej angličtiny *lust:* „túžba, chuť, rozkoš; zmyselný apetít". Táto interpretácia sa veľmi nezmenila, hoci žiadostivosť sa viac asociuje so sexom než s potravou. Predispozíciou *žiadostivosti* je vziať si a užívať si bez obáv o následky. Prežívanie *žiadostivosti* nás informuje o tom, na čo „máme chuť" alebo po čom túžime. Podobne ako ostatné emócie ani *žiadostivosť* nám nediktuje, že si budeme užívať, ale je to ukazovateľ toho, čo by sme radi robili.

■ **Žiaľ:** *Žiaľ* (anglicky *grief*, pozn. prekl.) pochádza z latinského *gravare*, čo znamenalo „sťažiť, urobiť náročným". To je dobrý opis pocitov, ktoré v tejto emócii máme. *Žiaľ* sa často spája s emóciou *smútku*, pretože v tej emócii cítime, že život je ťažký a namáhavý, ale *žiaľ* je samostatný. *Žiaľ* nám dáva možnosť oceniť, keď život ide ľahšie, niekedy spomaliť na tempo krok za krokom a tiež žiadať si podporu od ostatných. Nemusíme byť kvôli nemu menej nezávislí, ale môže nás povzbudiť, aby sme boli trochu od seba navzájom závislí.

■ **Žiarlivosť:** *Žiarlivosť* by sa dala chápať ako strach zo straty niečoho, na čom nám záleží, hoci veľa ráz to nie je „niečo", ale „niekto". Keďže vždy môžeme stratiť iba niečo, čo máme, za väčšinou *žiarlivosti* je ilúzia, že „niekto" mi patrí. V tom prípade bude mojou reakciou snaha „udržať si" to, o čo sa bojím, že to stratím. Výsledkov tejto interpretácie je hromada a v najintenzívnejšej podobe vedie k tomu, že „ak to/ho/ju nemôžem mať ja, tak potom nikto".

Žiarlivosť sa však dá počúvať aj ináč. Môžeme počuť jej správu, že je tu niečo alebo niekto, na kom nám veľmi záleží, a môže to byť pripomienka, aby sme pouvažovali, či dávame dostatočný pozor na vzťah. Vie tá osoba, aká je pre nás dôležitá? Vynakladáme toľko snahy na vzťah, ako naozaj chceme? Ak chápeme, že v skutočnosti nám nič a nikto nemôže patriť, budeme vedieť, že sme vlastne bezmocní a nikoho nemôžeme do vzťahu nútiť. Jedinou možnosťou človeka je byť taký príťažlivý, ako len vie. *Žiarlivosť* je jednou z emócií, v ktorej býva často efektívnejšie *odpovedať* ako *reagovať*.

Nový pohľad na úzkosť

Emocionálny poznatok, ktorý je pre mňa najužitočnejší, sa týka úzkosti a rozlišovania medzi úzkosťou, strachom a pochybnosťou. Žil som so značnou úzkosťou kvôli svojmu zdraviu a v dôsledku toho aj budúcnosti. Úzkosť možno ontologicky definovať ako „strach z nejakého neznámeho ohrozenia". Od Dana som sa naučil reflektovať a skúmať, či môžem posunúť úzkosť do strachu alebo pochybnosti. Keď posuniem úzkosť do strachu z konkrétnej hrozby, môžem niečo urobiť a hrozbu vyriešiť či odstrániť. Keď úzkosť transformujem na pochybnosť, môžem ju vidieť ako niečo, čo som nikdy nerobil, a preto pochybnosť nie je neoprávnená. Potom môžem zavolať odvahu, aby som postúpil do tohto nového územia. Teraz chápem úzkosť skôr ako počiatočný bod než miesto na hovenie si, skôr ako prieskum, uvažovanie a hľadanie toho, čo presne mi spôsobuje obavu.

— C. R.

Vnášanie emócií do môjho koučovania

Som výkonná koučka a mám tradičný výcvik, v rámci ktorého je rozhovor môj hlavný nástroj. Neverila som, že do koučovania možno zaviesť emócie, najmä keď sa konalo v zasadačke so sklenými stenami, kde koučovaného videli ostatní zamestnanci. Nevedela som, čo mám robiť, keby sa môj koučovaný nahneval alebo začal plakať. Na výcviku s Danom a Lucy som sa začala učiť, že práca s emóciami je niečo oveľa subtílnejšie, ako len niekoho rozplakať.

Naučila som sa, že počuť konkrétne emócie, ktoré koučovaný vyjadruje, mi umožňuje dať si odstup a spytovať sa na jeho interpretáciu udalostí. Potom môžeme spolu určiť, či je jeho interpretácia správna, alebo len niečo, o čom si myslel, že je to tak. Takto dokáže posunúť emócie a pristúpiť k svojim problémom novým spôsobom. Pre mňa to bola veľká pridaná hodnota k metódam a nástrojom, ktoré som už mala. Dovolilo mi to koučovať omnoho efektívnejšie a podľa mojich koučovaných im to pomohlo emocionálne sa spoznať. Poznamenávam, že teraz mám koučovaných, ktorí ma žiadajú, aby som s nimi pracovala v oblasti emocionálneho poznania, pretože si prostredníctvom 360° hodnotenia alebo inej interakcie uvedomili, že to je oblasť, kde majú rezervy. V tejto oblasti znamenajú aj malé kroky veľký pokrok.

— M. O.

Kapitola 4

TRSY EMÓCIÍ

Niektoré emócie sa tak podobajú, že je ľahko možné si ich pomýliť alebo ťažké jasne rozoznať. Autori ich nazývajú *trsy emócií* a možno si ich predstaviť aj ako strapce hrozna. Tieto emócie sú odlišné, ale nie je neobvyklé nájsť ich spolu. Keďže pocit z nich je podobný, rozlíšiť ich možno pomocou príbehu alebo informácie, ktorú nám poskytujú. Inokedy sa dá nájsť rozdiel v predispozíciách.

V tejto kapitole stručne opíšeme, ako tieto emócie navzájom súvisia, ale aj ako sa stávajú základom pre omnoho hlbšiu prácu s klientmi, keď ich použijeme v koučovaní. Jeden súbor rozdielov môže byť témou niekoľkých sedení, počas ktorých im klient porozumie a začne ich aplikovať vo svojom živote.

V našej práci sú bežné nasledujúce trsy:

- **Radosť a vzrušenie:** Primárny rozdiel medzi týmito dvomi emóciami spočíva v úrovni energie a jej udržateľnosti. Radosť možno chápať ako „hlboký pocit pohody", kým vzrušenie je „aktivita so zvýšenou energiou". Obidve sa považujú za „dobré" emócie, o ktoré sa snažíme, hoci v moderných časoch máme tendenciu voliť si radšej *vzrušenie* ako *radosť*. Ontologicky *radosť* je udržateľná neobmedzene, kým *vzrušenie* potrebuje

131

čoraz viac energie, aby sa udržalo. *Radosť* je bežnejšia emócia u introvertov. To je logické, keďže introverti hľadajú uspokojenie v zážitkoch, ktoré majú vnútorný význam, kým extroverti hľadajú uspokojenie vo vonkajšej stimulácii. Za týchto okolností nie je neobvyklé, že introverti túžia po trochu väčšom *vzrušení* a extroverti sa snažia prísť na to, ako by mohli zažívať viac *radosti*.

■ **Neha, erotika a vášeň:** Tieto tri emócie sa často zamieňajú, keď súvisia so sexualitou. Neha je túžba vytvoriť bezpečie, erotika stať sa „jedno" s niekým a vášeň byť intenzívne spojený s druhým človekom. Spomedzi nich sa erotika najviac približuje k náznaku sexu, lebo to je túžba spojiť sa s druhým človekom. Ak však chceme tejto emócii porozumieť úplne, musíme vziať do úvahy, že erotika je aj to, čo ľudí viaže k meditácii alebo splynutiu s prírodou. A môže to byť tiež emócia, ktorá umožňuje ponoriť sa do umeleckých činností; jej jadrom je túžba „stať sa jedno s druhým človekom". Neha sa ukáže, keď za nami príde dieťa, ktoré spadlo, a bez rozmýšľania otvoríme náruč, aby sme ho objali. Samotný tento akt mu vytvorí bezpečné prostredie vo svete, ktorý sa mu odrazu javí ako nebezpečný. Vášeň doslova znamená „trpieť" alebo veľmi túžiť byť blízko. Vášeň môže byť náboženská, umelecká, romantická alebo erotická. Zažiť tieto tri emócie v najplnšej intenzite môže byť bohatým zdrojom angažovanosti v živote.

■ **Úzkosť, strach a pochybnosť:** Tieto tri emócie sú v tele pociťované celkom podobne, a tak sa často zamieňajú. Pri všetkých troch je tu telesné napätie, plytké dýchanie a váhanie, ale líšia sa svojím príbehom. Úzkosť znamená: „niečo ma môže zraniť, ale nie som si istý zdrojom", strach znamená: „niečo ma môže zraniť a som si istý zdrojom" a pochybnosť znamená: „nie som si istý, či uspejem, lebo som to ešte nikdy nerobil".

Keď máme predniesť prednášku pred skupinou sto ľudí, ktorá z týchto troch emócií nám napadne? Ak sme nikdy nehovorili pred takou veľkou skupinou alebo o tejto téme, možno to budú *pochybnosti*. Ak sme v minulosti zažili výsmech pri verejnom vystúpení, možno to bude *strach*. Ak máme jednoducho nepokojný pocit, ktorý vyvolávajú naše vlastné myšlienky, tak trápenie, ktoré prežívame, voláme *úzkosť*. Väčšina ľudí ani jednu z nich neprežíva nejako príjemne, tak načo sa trápiť s rozlišovaním a radšej sa im nevyhnúť? Problém so snahou jednoducho ich odmietnuť je v tom, že sú našou súčasťou, takže sa ich nedá zbaviť. Ak však rozumieme tomu, čo sa nám snažia komunikovať, môžeme ich navigovať, ba dokonca ich zmeniť na podporu.

Pochybnosť mi hovorí, „som na novom území, tak nepredpokladaj, že ho poznáš alebo že si pripravený". Ak si vezmeme ten príklad s prednáškou, len čo počujem posolstvo pochybnosti a uznám, že toto je naozaj nové územie a ja som v príprave „nenechal kameň na kameni", môžem pochybnosti poďakovať za jej podporu a venovať pozornosť zážitku, ktorý chcem vytvoriť svojim poslucháčom. *Strach* ma upozorňuje na konkrétnu vec, ktorá sa môže stať, alebo si na základe minulých skúseností myslím, že sa môže stať. Tieto dve emócie môžeme rozlíšiť tak, že si budeme klásť otázky, ako napríklad: „Je situácia taká istá? Som ja taký istý? Naozaj je možné, že ,tá vec' sa stane tu? Čo môžem urobiť, aby som sa ubezpečil, že nie? Ako sa môžem na to pripraviť?" *Úzkosť* mi hovorí, aby som zvážil, že sú veci, ktoré nedokážem identifikovať a mohli by ma vykoľajiť. Existuje niekto, koho by som sa mohol opýtať, na čo som zabudol pri príprave? Ako by som sa mohol pozrieť na to, voči čomu som zaslepený? Každá z týchto emócií existuje pre svoju príčinu a svojím spôsobom sa mi snaží pomôcť alebo sa o mňa postarať. Dôvod, prečo sú spomenuté emócie nepríjemné, je, aby upútali moju pozornosť. Keby boli príjemné alebo dokonca neutrálne, nevenoval by som im pozornosť takým spôsobom, ako to robím, keď sú nepríjemné. Pocit nepohodlia má svoj účel a tento účel ma v konečnom dôsledku podporuje.

■ **Odvaha a statočnosť:** *Odvaha* je schopnosť konať aj za prítomnosti *strachu*; *statočnosť* znamená ísť do akcie, aj keď vnímame nebezpečenstvo. V istom zmysle môžeme brať *odvahu* ako emóciu, ktorú potrebujeme, keď čelíme strachu a potrebujeme naň odpovedať, a *statočnosť* ako emóciu, ktorá nám dovoľuje ísť vpred aj v situáciách, ktoré môžu obsahovať nebezpečenstvo. Koreň každej z nich nám umožňuje rozlíšiť rozdiel. *Odvaha (guráž)* pochádza z francúzskeho slova pre „srdce", *statočnosť* pochádza z anglosaského slova pre „silu" alebo „sebaistotu".

■ **Služba a obeta:** Služba a obeta sa zameriavajú na starostlivosť o druhých ľudí. Jeden z problémov pri ich rozlišovaní je, že v akcii sa veľmi podobajú. Kľúčový ontologický rozdiel je v účinku na osobu, ktorá starostlivosť poskytuje. Užitočná interpretácia je, že sme v *službe*, keď robíme niečo pre iných a posilňuje nás to. Môže to byť únavné, ale napĺňa nás to a obnovuje to našu energiu. *Obeta* je, keď robíme niečo pre iných a vyčerpáva nás to. Aj tak sa môžeme rozhodnúť robiť to, ale takáto starostlivosť nie je udržateľná dlhodobo.

Extrémny príklad *obety* je, keď sa niekto vzdá svojho života, aby zachránil iného; napríklad pri požiari alebo vo vojne. Mohli by sme to nazvať najvyššou *obetou*. Deje sa to, že *obetujúci sa* človek sa stará o druhého spôsobom, ktorý nie je trvalo udržateľný. Rozdiel je teda v udržateľnosti. Niekedy je záhada, že ľudia v práci, ktorú majú radi a ktorej náplňou je starostlivosť o druhých, sú po určitom čase vyčerpaní, ba dokonca roztrpčení. Prečo sa to deje, keď robia to, čo si zvolili, a sú presvedčení, že je to dobrá vec? Odpoveď je, že nevidia tento rozdiel. V skutočnosti zrejme nazývajú *obetu službou.* Je to bežné u rodičov, učiteľov, lekárov a sociálnych pracovníkov. Keďže sme sa nenaučili, aký je rozdiel medzi *službou* a *obetou,* nevidíme rozdiel, a tak nemáme na výber.

■ **Pýcha a arogancia:** *Pýcha* je emócia, kvôli ktorej sa mnohí ľudia dostávajú do konfliktu. Na jednej strane chceme byť pyšní na svoje deti alebo na prácu, ktorú sme urobili, ale veríme, že „pýcha predchádza pád" a mali by sme sa jej vyhýbať. Súčasťou tohto zmätku môže byť, že bez toho, aby sme si to uvedomovali, hovoríme o dvoch rozličných emóciách. *Pýcha* ontologicky znamená vieru, že „sa považujem za cenného alebo som urobil niečo cenné a chcem to povedať iným ľuďom". *Arogancia* je viera, že som dobrý alebo som urobil niečo dobré a chcem, aby to ostatní vedeli, ale obsahuje aj presvedčenie, že kvôli tomu som lepší ako ostatní. *Arogancia* teda nesie v sebe aj ďalší element.

Pýcha na rozdiel od arogancie nie je emócia, ktorá by súvisela s vyvyšovaním sa nad ostatných, iba vyjadruje presvedčenie o našej vlastnej dobrote. V protestantskom i katolíckom náboženstve sa pýcha tradične interpretuje ako emócia, ktorej by sme sa mali vyhýbať, lebo je to hriech. Slovom „pýcha" (angl. *pride,* pozn. prekl.) sa prekladalo slovo z gréckeho textu zo štvrtého storočia, ktoré má dnes význam „chvastanie", a tak je bližšie k slovu *arogancia.* Silný vplyv tejto historickej interpretácie a nedostatok rozlíšenia medzi pýchou a aroganciou privádza mnohých ľudí do pomykova, ako povedať iným, čo na sebe pokladajú za dobré, lebo nemajú emóciu, ktorá by im to umožňovala. Môže im pomôcť nová interpretácia týchto dvoch emócií.

■ **Vina a hanba:** *Vina* a *hanba* sú emócie, ktorým sa snažíme vyhnúť, pretože sú nepríjemné. Ak vieme prijať túto nepríjemnosť ako spôsob, ktorým získavajú našu pozornosť, môžeme zistiť, že pocity *viny* nám hovoria, kedy sme prekročili naše osobné hodnoty, a *hanba* hovorí to isté, len sme prekročili hodnoty našej komunity. Dôležitou informáciou, o ktorú prichádzame, keď si hovieme v „zlom pocite", je vlastne dobrá správa, že máme silné hodnoty a je nám jasné, ktoré to sú. *Vina* a *hanba* nám ukazujú, že si uvedomujeme svoje hodnoty alebo hodnoty našej komunity a kedy sme ich podľa nás porušili.

Vina a *hanba* sú dobrým príkladom emócií, z ktorých máme ďalšie emócie. Nerozprávame o našom pocite *viny*, pretože sme presvedčení, že to je proti pravidlám nášho spoločenstva, a tak pocítime *hanbu*. Dôležité je poznať tento vzorec, keď jedna emócia zatieňuje inú, pretože primárna emócia môže byť maskovaná druhou a nevidíme jej posolstvo. Ak napríklad prežívame nespravodlivosť, našou reakciou bude *hnev,* ale ak sme v *rozpakoch* za to, že sa hneváme, budeme konať na základe týchto *rozpakov* a nezachytíme to, čo sa nám *hnev* pokúša povedať.

■ **Podriadenie sa a záväzok:** *Podriadenie sa* a *záväzok* sú emócie, ktoré sa často zamieňajú. *Podriadiť sa* znamená: „urobím to, pretože neverím, že mám na výber". *Záväzok* znamená: „využijem všetky zdroje na to, aby som to urobil, pretože som sa tak rozhodol". To je veľmi dôležitý rozdiel, najmä čo sa týka sľubov. Môže byť, že na splnenie požiadavky stačí *podriadiť sa* – napríklad keď žiadame čašníka, aby nám priniesol soľ –, ale v dôležitejších alebo ťažších situáciách bude lepšie, keď sa vykonávateľ *zaviaže*. Najväčší *záväzok* je vtedy, keď vykonávateľovi záleží na splnení sľubu tak isto ako žiadateľovi. A dôležité je mať na pamäti, že ani sľub daný s najväčším možným *záväzkom* nezaručí jeho splnenie alebo úspech. *Záväzok* je okrem emócie aj zručnosť. Všeobecne predpokladáme, že každý vie, čo je to „zaviazať sa", ale v skutočnosti je to niečo, čo sme sa museli naučiť. Ak nedokážeme vidieť *záväzok* ako emóciu a zároveň zručnosť, budeme si túto stránku života osvojovať iba ťažko a s malým úspechom.

■ **Rozhorčenie a hnev:** Toto sú dve ďalšie emócie, ktoré sa často zamieňajú. *Hnev* je mnohým z nás, samozrejme, dobre známy, ale *rozhorčenie* obvykle poznáme menej. *Hnev* je jedna z emócií, ktoré sa väčšina z nás snaží ovládať, pretože máme tendenciu vnímať ho ako veľmi nebezpečný. Prejavuje sa vtedy, keď prežívame niečo, o čom sme presvedčení, že to je nespravodlivé, a našou predispozíciou je potrestať zdroj tejto nespravodlivosti. Dieťa, ktoré udrie svojho otca za to, že mu nekúpil zmrzlinu, robí práve to. Jeden partner, ktorý sa nerozpráva s druhým, to možno robí preto, aby potrestal to, čo vníma ako nespravodlivé. Hoci sa môžeme hnevať aj na seba, *hnev* býva často navonok nasmerovaná energia. Je o „nich", ale keď je to o nás, potrestáme sa. *Dôstojnosť* je emócia vytvorená vtedy, keď sme presvedčení, že „ja som legitímna ľudská bytosť s právami a povinnosťami ako každá iná ľudská bytosť". *Rozhorčenie* je emócia, ktorá nám umožňuje rozpoznať prekročenie našich hraníc a brániť ich. V *rozhorčení* niet túžby potrestať toho druhého človeka, len sa postarať o seba.

Ani jedna emócia si nevyžaduje veľké gestá alebo drámy, hoci *hnev* sa často vyjadruje práve takto. To je rozdiel medzi emóciou (energia vytvorená spolu s príbehom) a drámou (úroveň energie a spôsob, ako vyjadrujeme emóciu). *Hnev* možno prežívať aj veľmi potichu – „tlejúci" je prídavné meno, ktoré sa niekedy na to používa – alebo môže byť hlasný a živý. *Rozhorčenie* nás vlastne vyzýva, aby sme sa bránili spôsobom, ktorý je *dôstojný*. Nemali by sme veriť, že dramatický prejav hociktorej emócie je dôkazom jej hĺbky. Keď nepoznáme rozdiel medzi týmito dvomi emóciami, môže sa nám vzhľadom na *dôstojnosť* stať, že „s vodou vylejeme z vaničky aj dieťa". Ak veríme, že hnev je nebezpečný alebo zlý a vyhýbame sa mu, môžeme stratiť prístup k *rozhorčeniu,* ktoré nás chráni. To sa často stáva ľuďom, ktorí vyrástli v prostredí, kde bol *hnev* tabu.

■ **Súcit, empatia, sympatia a zľutovanie:** Tieto štyri emócie sa pravidelne zamieňajú alebo sa chápu ako to isté, ale nie sú. *Empatia* je schopnosť vžiť sa do emócie druhého človeka alebo sa s ňou zhodovať, *sympatia* je schopnosť rezonovať alebo si zo skúsenosti pripomínať tú istú emóciu, akú prežíva druhý človek, *súcit* znamená byť prítomný s druhým človekom bez osvojovania alebo posudzovania jeho emócie a *ľútosť* je schopnosť uvedomovať si emócie alebo potreby toho druhého a byť presvedčený, že potrebuje našu pomoc, lebo máme niečo, čo on nemá. Vo vzťahoch sa aplikujú rôzne. *Empatia* nám poslúži, keď je priateľ veľmi smutný a my jednoducho chceme byť spolu s ním emocionálne prepojení. *Sympatia* nám umožňuje porozumieť emócii druhého človeka, čo nám pomôže určiť, aké činy by boli pre neho vhodné, ako napríklad poslať mu pohľadnicu alebo nejaké poďakovanie. *Súcit* nám umožňuje uznať emóciu druhého za oprávnenú bez toho, aby sme „spadli do nej" alebo „ju prevzali", a je teda nesmierne užitočný pri koučovaní alebo riadení. *Zľutovanie* signalizuje, že iní potrebujú našu pomoc – napríklad keď vidíme, že psa zrazilo auto, a uvedomíme si, že bez našich lepších vedomostí, čo treba robiť, by mohol trpieť alebo aj zahynúť. Najmä *zľutovanie* a *súcit* môžeme cítiť aj voči sebe. *Sebaľútosť* je presvedčenie, že nemôžeme ísť ďalej bez podpory alebo pozornosti druhého človeka, a *súcit so sebou* znamená byť so svojimi emóciami bez odsudzovania alebo snahy zmeniť ich. V tomto prípade majú k sebe *sebaľútosť* a *súcit so sebou* veľmi blízko.

Každá z týchto štyroch emócií má aj svoje limity. *Empatia* nám nemusí byť vo všetkých situáciách dostupná. Muž pravdepodobne nedokáže byť naozaj *empatický* voči matke, ktorej zomrelo dieťa. Ako rodič môže s ňou spolucítiť, ak prežil podobnú stratu, ale keďže nemá skúsenosť s vynosením a porodením dieťaťa, ozajstná *empatia* mu nebude dostupná. Preto bude menej rozumieť, ale to znamená len toľko, že mu budú dostupné iné emócie. V niektorých prípadoch nedokážeme cítiť *sympatiu,* pretože nemáme podobnú súvisiacu skúsenosť. Ak napríklad mám domov, kam môžem každý deň ísť, možno nebudem vedieť *súcitiť* s bezdomovcom. Mohol by som cítiť *súcit, záujem, obavu* alebo *zľutovanie,* ale nie *sympatiu. Súcit* si vyžaduje, aby som vedel udržať svoje emocionálne centrum a zároveň akceptovať a uznávať emóciu toho druhého. To je zručnosť, ktorú nemá každý.

■ **Hnev, frustrácia a nevôľa:** *Hnev* nás informuje, že prežívame niečo, čo je podľa nášho názoru neoprávnené. *Frustrácia* je príbeh o tom, že „už sa to malo stať". *Nevôľa* je presvedčenie, že „by to nemalo byť takto" alebo „nemal som to urobiť". *Hnev* nás predisponuje k trestu, *frustrácia* k hľadaniu spôsobu, ako sa pohnúť, a *nevôľa* vyrovnať sa alebo pomstiť sa. Prvý krok pri navigovaní ktorejkoľvek z týchto emócií je odstrániť morálnu interpretáciu a vnímať ich iba ako normálne emócie. Len čo to urobíme, môžeme odstrániť svoje predsudky a jednoducho ich uvidíme ako emócie. Ak prežívame *hnev*, tak bude efektívnou odpoveďou navrhnúť konkrétne činy, ktoré napravia neprávosť, ktorú vnímame. Ak je to *frustrácia*, môže byť na mieste otázka, aké normy používame pri stanovení, že veci „by sa mali" hýbať rýchlejšie. Pochopiť, že naša norma môže byť nepodložená alebo naivná, môže niekedy navodiť *akceptáciu*. Iná cesta je zistiť, ako by sa veci dali urýchliť. Riešením *nevôle* tiež môže byť cesta *akceptácie* toho, že čo je dané, je dané. Alebo je možná cesta spochybňovania „nemalo by sa". Prečo „by to nemalo" byť takto? Odpoveď je obyčajne jednoducho taká, že to sme neočakávali, a nie, že to je správne alebo nesprávne.

■ **Smútok, ľutovanie a sklamanie:** *Smútok* je strata niečoho, na čom nám záleží, takže to nie je „prekážka", ale priamo ukazuje na to, na čom nám záleží. Cenné je dívať sa na smútok ako na „stratu prístupu" k niečomu, na čom nám záleží, pretože niekedy odmietame význam zmien, ktoré vedú k tomu, že sme o „niečo" prišli. Príkladom je, že keď sa priateľka, s ktorou rada chodím na kávu, presťahuje do ďalekého mesta, môžem byť *smutná* nie preto, že som prišla o priateľku, ale preto, že už sa nemôžem tešiť z našich stretnutí. To je vec, nad ktorou mnohí z nás pokrčia plecami a bagatelizujú ju, hoci môže byť príčinou *smútku*.

Ľutovanie znamená, že si myslím, že som sa mal v minulosti ináč rozhodnúť, pretože som presvedčený, že keby som sa rozhodol ináč, môj život by bol lepší. Ten príbeh predpokladá, že „život by bol lepší, keby...", ale to nemôžeme vedieť. Mohlo by to tak byť, ale život sa často môže zvrtnúť aj k horšiemu. Ak to akceptujeme, môžeme si dať pohov a prestať *ľutovať*. Zaujímavé je, že niekedy síce hovoríme, že sme sa mali inak rozhodnúť, ale keď to preskúmame, zistíme, že za daných okolností sme sa nemohli ináč rozhodnúť, teda *ľutovanie* nemá opodstatnenie. Sme presvedčení, že sme sa mohli rozhodnúť ináč, pretože to rozhodnutie nás priviedlo k tomu, čo vieme teraz, takže logiku to nemá.

„Appoint" pochádza zo starého francúzskeho „pripraviť alebo zariadiť" a *dis*, samozrejme, znamená „ne". Ontologicky teda *sklamanie* (angl. *disappointment*) znamená, že život, ako ho prežívame, a život, ako sme očakávali, nie sú v súlade. Život sa neodohráva tak, ako sme si mysleli. To sa deje preto, že si neprestajne vytvárame príbeh o tom, aká bude budúcnosť. Naša verzia, *aký život bude,* má dva zdroje. Jeden, keď nám niekto niečo sľúbi, a druhý je výtvor na základe možností, ktoré si vieme predstaviť. Tieto možnosti pochádzajú z našej skúsenosti a minulosti a tak isto aj zo skúseností a minulosti iných ľudí. Keď sa sľub alebo očakávanie nesplní, objaví sa emócia *sklamania.* Posolstvo, ktoré si mnoho ľudí berie zo sklamania, je to, že „niečo je v neporiadku", ale ontologicky to znamená, že „život sa neodohráva tak, ako som si myslel". Ak očakávanie pochádza od sľubu, ktorý nebol splnený, mojím útočiskom bude sťažnosť na toho, čo to sľúbil. No ak moje očakávanie prišlo z mojej predstavivosti, tak musím prevziať zodpovednosť zaň a uvedomiť si, že nie realita sa mýli, ale môj príbeh nie je v súlade so životom.

Páčiť sa a láska: Keď sa nám niekto *páči*, ontologicky to znamená, že sme radi v jeho spoločnosti a radi by sme v tom pokračovali alebo to obnovili. Môžeme sa z toho tešiť, pretože je to zábava alebo vzrušenie, alebo dokonca výzva, ale niečo sa nám na tých interakciách páči. *Láska* má veľmi veľa interpretácií, ale ontologicky sa zdá najvhodnejšia tá, že „*láska* je schopnosť akceptovať niekoho takého, aký je, a ako legitímnu ľudskú bytosť". Dá sa chápať ako kombinácia *akceptácie, dôstojnosti* a *rešpektu,* v ktorej *akceptácia* znamená, že uznávame druhého „takého, aký je", *dôstojnosť* znamená, že „si ceníme druhého človeka takého, aký je". Vidíte, že *milovať* niekoho ešte neznamená, že sa budeme tešiť s ním, ale že ho rešpektujeme a ctíme ako rovnocenného človeka, ktorý si zaslúži našu úctu. Pri tomto chápaní je možné milovať ktoréhokoľvek človeka, aj keď sa nám nepáči alebo nie sme radi v jeho spoločnosti. Môžeme mať vzťah, v ktorom bude jedno, druhé, oboje alebo ani jedno.

Dôvera a páčiť sa: Vedúci často hovoria, že potrebujú mať v tíme ľudí, ktorí sa budú mať radi, aby mohli spolupracovať. S týmto cieľom organizujú pikniky alebo iné akcie, ktoré majú podporiť sympatie medzi zamestnancami. Zaujímavé je, že sa ukáže, že *dôvera* nemá nič spoločné s tým, či sa nám druhá osoba *páči,* takže môžeme mať jedno bez druhého. *Páčiť sa* znamená tešiť sa z jeho spoločnosti. *Dôverovať* niekomu znamená, že sme ochotní s ním interagovať. Ak si vezmeme napríklad taxikára, vidíme, že mu musíme dôverovať, že nás zavezie na letisko – *dôvera* znamená, že sme presvedčení, že je úprimný, kompetentný a spoľahlivý – ale nemusí sa nám páčiť. Keďže je nepravdepodobné, že sme sa už stretli, emócia *páčiť sa ani veľmi neprichádza do úvahy.* Ak ho poznáme a aj sa nám *páči,* je to pekné, ale nie je to potrebné na to, aby nás odviezol na letisko. Niekedy máme priateľov, ktorých máme *radi,* ale nemusíme im *dôverovať* napríklad v tom, že prídu načas. Stále nás teší ich prítomnosť, ale vieme, že v oblasti času nie sú spoľahliví.

Rozdiel medzi páčením sa a dôverovaním je dôležitý vo všetkých vzťahoch a je užitočné porozmýšľať, ktorá emócia nám v konkrétnych vzťahoch a okolnostiach slúži najlepšie. Dôležité je *dôverovať* svojmu šéfovi a aby šéf *dôveroval* nám, ale ľudia často venujú viac pozornosti tomu, či sa nám šéf *páči*, alebo či sa my *páčime* jemu, v mylnej viere, že to uľahčí našu spoluprácu (koordináciu aktivít). Pravda je, že šéf vám môže zvýšiť plat na základe toho, že sa mu *páčite*, a v tom prípade môže byť dôležité, aby ste sa rozvíjali. Čo je dôležitejšie vo vzťahu so synom alebo dcérou, *dôvera* alebo *sympatie?* Niekedy sa snažíme o to, aby sme sa mali *radi,* lebo to vnímame ako formu *lásky* (o ktorej bola reč vyššie), ale to samo osebe nevytvorí *dôveru* a tú potrebujeme, aby sme mohli interagovať spolu s istotou.

■ **Ambícia a nadšenie:** Energia *ambícií* a *nadšenia* môže vyzerať somaticky ako veľmi podobná a dokonca môže aj znieť podobne, takže je možné si ich pomýliť. *Ambícia* znamená, že budem podnikať kroky, aby som niečo pre seba získal. *Nadšenie (entuziazmus)* pochádza z gréckeho *en theos,* čo znamená „spojený s bohmi". *Ambícia* ako emócia je viac o mne alebo o nás ako ľudských bytostiach, kým *nadšenie* súvisí s príčinou, ktorá je väčšia ako ja alebo my. Preto je rozdiel, do akej miery sa udrží naša energia a sústredenie. *Ambícia* môže niekedy vyhorieť, keďže energia prichádza z našej ľudskosti. Naša *ambícia* nás môže zničiť, ak stratíme zo zreteľa vyššiu príčinu alebo cieľ, ktorý nám poskytuje *nadšenie.*

■ **Údiv a bázeň:** *Údiv* a *bázeň* sú emócie, ktoré väčšina z nás v dospelosti stratila. Deti prežívajú *údiv* ako prirodzenú súčasť svojich interakcií so svetom, ktorý nepoznajú. Bázeň aj údiv prežívame, keď sa stretneme s niečím mocným a neznámym. Oboje súvisí s vecami mimo našej každodennej skúsenosti, hoci *údivu* chýba hrôza alebo strach, ktoré *bázeň* obsahuje. Máme tendenciu ísť za niečím, čo nás *udivuje*, ale dávame si odstup od udalosti, ktorá vytvára *bázeň* vďaka elementu strachu.

Dacher Keltner, profesor psychológie na univerzite v Berkeley, v roku 2015 publikoval článok o výskume, ktorý ukázal, že prežívanie *bázne* niekoľkokrát za týždeň malo „hlboký vplyv na úroveň zápalových markerov" a tak zlepšovalo telesné zdravie. Ťažko povedať, či to, čo Keltner skúmal, bol podľa našej interpretácie *údiv*, ale jeho výskum prepája emócie a zdravie, na čo často zabúdame[4].

Okrem možných zdravotných účinkov nás môže *údiv* a *bázeň* vytiahnuť z takých emócií, ako sú *nuda* a *otrávenosť*, kde skončíme, keď sme presvedčení, že rozumieme všetkému vo vesmíre okolo nás a sme prepracovaní.

■ **Žiarlivosť a závisť:** Tu sú ďalšie dve emócie, ktoré súvisia, mýlime si ich a spája sa s nimi silný príbeh. *Žiarlivosť* a *závisť* spadajú do kategórie, ktorú považujeme za „zlé emócie", a tak si ich neradi priznávame. *Žiarlivosť* znamená: „mám strach, že stratím niečo alebo niekoho, na kom mi záleží". *Závisť* znamená: „ty máš niečo, čo chcem mať aj ja vo svojom živote". Hlboká závisť môže obsahovať myšlienku, že ja si to zaslúžim viac a chcem ti to vziať, hoci tým sa to už posúva k *pomste*. Podobne ako pocity *viny* a *hanby* aj tieto dve emócie nesú posolstvo, ktoré často prehliadame. Ak ti *závidím* niečo, čo máš alebo čím si, posolstvo je také, že by som to chcel mať aj ja vo svojom živote. Keď poviem, že niečo je „objektom mojej túžby", vyjadrujem *závisť*. Ak počúvam posolstvo *závisti*, môžem si buď hovieť v tejto túžbe, alebo môžem začať vymýšľať stratégiu, ako si vytvoriť niečo podobné aj pre

4 Gretchen Reynolds, „An Upbeat Emotion That´s Surprisingly Good for You", *New York Times Magazine*, March 29, 2015 http://mobile.nytimes.com/blogs/well/2015/03/26/an-upbeat-emotion-thats-surprisingly-good-for-you/?)

seba. V skutočnosti nič z toho, čo si alebo čo máš, nebude pasovať do môjho života, takže nestačí len ti to vziať; to nevyrieši *závisť*, hoci som o tom často presvedčený. Na druhej strane *žiarlivosť* mi hovorí, aby som „zvážil, či naozaj vlastním to, o čo sa bojím, že to stratím, a porozmýšľal, ako si vytvoriť silnejšie puto namiesto vlastníctva" (ako napríklad vo vzťahoch). Snaží sa mi povedať, že niečo alebo niekto je pre mňa veľmi dôležitý a nemám tento fakt prehliadať. Často hovoríme nesprávne, že „*žiarlime*" na niekoho, keď v skutočnosti prežívame *strach,* že niekto iný bude príťažlivejší než my, a tak stratíme osobu, na ktorej nám záleží.

■ **Akceptácia, ľahostajnosť, ambivalencia a rezignácia:** Keby existovala cena za „najviac nepochopenú" emóciu, hlasovali by sme za *akceptáciu*. Predovšetkým si *akceptáciu* mýlime s podvolením sa alebo kapituláciou. Po druhé, chápeme ju ako pasívnu emóciu, hoci nás môže významne posunúť z jednej emócie či nálady do druhej. *Akceptácia* znamená: „uznávam, že je to tak, ako to je". Neznamená to, že súhlasím. Nekladiem tomu odpor. Nepodporujem to. Proste hovorím, že rozumiem, že to tak je. Medzi emóciou *rezignácie* a *ambície* stojí akceptácia. Nemôžeme prejsť od jednej k druhej bez toho, aby sme neprešli *akceptáciou*. *Akceptácia* je znak na mape emócií, ktorý označuje „tu si". Čo sa týka pasivity, je pravda, že sa s ňou nespájajú žiadne činy, ale chybne si myslíme, že stačí počkať, kým „sa ukáže *akceptácia*", aj keď sme plne schopní deklarovať *akceptáciu* v situácii, do ktorej už nechceme investovať energiu.

Ľahostajnosť znamená: „jedna voľba nie je pre mňa príťažlivejšia než druhá". *Ambivalencia* znamená: „môžem súhlasiť, ak pôjdeme touto cestou alebo aj ak pôjdeme tamtou cestou", alebo „vietor fúka všetkými smermi". *Rezignácia* znamená, že „nič, čo robím, nemá zmysel, tak načo investovať energiu do snahy". *Rezignácia* sa spomedzi týchto troch emócií najčastejšie zamieňa s *akceptáciou,* keďže ani s jednou sa nespája žiadna aktivita okrem nehybnosti. Dokonca aj lingvisticky znejú podobne. Ak niekto povie „no čo už", môže sa nachádzať v *akceptácii* alebo *rezignácii,* či dokonca v *ľahostajnosti* alebo *ambivalencii.* Jediný spôsob, ako ich rozlíšiť, je skúmať hlbší príbeh hovoriaceho.

- **Pokora a poníženosť:** *Pokora* (angl. *humility,* pozn. prekl.) doslova znamená „zo zeme" alebo „dobre podložený", hoci mnoho ľudí to počuje ako „nízky" alebo „ako špina". *Pokora* ontologicky znamená „vyhlasovať o sebe len to, čo je pravda" alebo inými slovami „byť reálny" alebo „byť pri zemi". Nemá to nič spoločné s ponižovaním sa pred druhými, ako to robí *poníženosť.* Nie je to porovnávanie sa s inými. V *pokore* vyhlasujem o sebe všetko, čo som, a nevyhlasujem o sebe nič, čo nie som. Nepredstieram, že som „viac ako" alebo „menej ako". Takže *pokorný* človek neodmieta komplimenty od iných, ale chápe ich ako hodnotenie a názory toho človeka. *Pokora* má dlhú históriu, keď znamenala „považovať sa za niečo menej ako ostatní ľudia", čo je vlastne aj definícia *poníženosti.* Interpretácia, že byť *pokorný* znamená byť menej ako ostatní, má obrovský vplyv na mienku o sebe a na sebaúctu. Posun nášho chápania, čo je *pokora,* je, že tak emócia, ako aj pocit z nej môžu byť nesmierne oslobodzujúce a môžu tvoriť presvedčenie, že „som, kto som, a to stačí".

Dôstojne stojím a som vyššia

Na workshope o emóciách v roku 2015 som si všimla svoj obraz v zrkadle. Moje telo pripomínalo tvar otáznika – zakrivené, vpadnutá hruď; krátke a plytké dýchanie; plecia stiahnuté k sebe, čím chránili srdce. Zohnuté ako kvetina v daždi. Keď som v ten deň počúvala definíciu dôstojnosti, v tej istej chvíli sa moje telo posunulo. Po čase som sa vedome transformovala do priameho postoja a zvliekla bolesť ako spôsob života; znovu som nadobudla vzpriamený postoj z detstva. Tá istá kvetina sa teraz kúpe v slnečných lúčoch. Začala som naozaj veriť, že som hodnotná, či už mám, alebo nemám bolesť. Stojím vzpriamene, som vyššia, ľahšie sa mi dýcha, cítim menej bolesti. A viem, že som dostatočná, niekam patrím, som v bezpečí – taká sa teraz cítim oživená. Do života mi to vnieslo pomenovanie dôstojnosti. Srdce sa mi otvorilo a objavilo toľko miesta! Rozhodla som sa, že som dostatočná, čo mi umožnilo nájsť si hlas a rozprávať jasnejšie. Rozhodla som sa.

— R. L.

Kapitola 5

NIE CELKOM EMÓCIE

Položte si otázku: „Ako rozlíšim, čo je a čo nie je emócia?" Máte jasnú odpoveď? Emócie sú také dôležité v našej ľudskej výbave a teraz sa ukáže, že neexistuje definitívny zoznam. To je pravdepodobne výsledok toho, že emocionálnej oblasti nevenujeme dostatočnú pozornosť, alebo toho, že ju odmietame. Emócie nemajú univerzálnu definíciu. Existuje niekoľko emócií, na ktorých sa všetci zhodneme, ale je veľa takých, čo nie sú úplne jasné. Autori sa pri práci na presnej interpretácii emócií stretli s prejavmi, ktoré sa často považujú za emócie, ale neprešli ontologickým testom, či nám poskytujú nejakú informáciu, poháňajú naše činy a starajú sa o niečo, čo je pre nás dôležité. Keď nie sú jasne rozpoznateľné, voláme ich *stavy*. Podľa nás je stav emocionálny indikátor, ale nie emócia v tom zmysle, že jej chýba jedno alebo viac ontologických kritérií.

Aby bolo jasné, stavy nedevalvujeme, ani netvrdíme, že nie sú také dôležité ako emócie, len že ich nemôžeme tak isto rekonštruovať, takže ich nebudeme ani vedieť navigovať alebo pracovať s nimi, ako sme navrhovali. Celkom iste sú to platné ľudské zážitky, ale spadajú do inej kategórie.

Jedným príkladom je, keď niekto použije somatický zážitok a nazýva ho emóciou. Azda najdôležitejším príkladom je používanie slova „pocit". Toto slovo často používame zameniteľne s „emóciami", ale „pocity" sa tradične týkajú telesných vnemov a len celkom nedávno nahradili slovo „emócie". Slovo „pocit" sa používa tak široko a vágne, že to nie je veľmi presné označenie v rozhovore o emóciách. Ďalší typ stavu možno pochopiť onto- logicky ako odhad. Keď používame slová ako „odmietnutý", „zamietnutý" alebo „nepochopený" a myslíme si, že sú to emócie, vlastne hovoríme iba o odhade správania druhého človeka alebo skupiny a nehovoríme presne o emócii. Inokedy použijeme kompaktnú metaforu, aby sme opísali emóciu, a ani si neuvedomíme, čo to je. Bežný príklad je „zaplavení". „Zaplavení" je doslovný opis skúsenosti, ktorou prešli námorníci, keď ich zaliala veľká vlna a prehnala sa cez palubu ich lode, čím ohrozila ich život. Opisuje to vnemy, ktoré mohli mať v tej situácii, ale nie je to jednoducho emócia.

Význam rozlíšenia, či niečo je naozajstná emócia, alebo nie, spočíva v našej schopnosti navigovať ich. Ak povieme, že sa cítime „zranení" niekoho skut- kami, nie je ľahké pochopiť, čo s tým urobiť, alebo dokonca, čo to znamená. Áno, cítime emocionálnu nepohodu alebo bolesť, ale bez určenia toho, či ten vnem vytvára emócia *rozhorčenia*, *sklamania*, *nedôvery* alebo *neúcty*, nemôžeme navrhnúť efektívnu cestu vpred.

Tu je zoznam najčastejších stavov, ktoré sa používajú namiesto emócií, a môže ich byť viac. Všimnite si, že najlepšie, čo môže tabuľka urobiť, je navrhnúť, ktoré emócie uvedený stav indikuje a že jeho význam ostáva bez ďalšieho prieskumu nejasný.

Stav	Koreň	Povaha	Indikované emócie
Degradovaný	Degraded, st. franc. *degrader* (12. st.), „degradovať, pripraviť o (úrad, hodnosť atď.), z *des-*, „dolu" + latinsky *gradus*, „krok"	**Odhad**, že druhá osoba sa snaží znížiť moje vnímanie dôstojnosti.	*Dôstojnosť, neúctivosť* alebo *rozhorčenie*
Dramatizujúci	Nesk. lat. *drama*, „hra, dráma", z gréckeho drama (genitív *dramatos)*, „hra, čin, skutok", z *dran*, „robiť, konať, vykonávať"	**Telesne zosilniť** úroveň prejavovania emócie – napríklad súrnosti – s cieľom získať pozornosť.	Môže to byť takmer hociktorá, ale často to býva *strach, podráždenosť, nadšenie, hnev, vášeň.*
Emocionálny	Emotional, lat. *emovere*, „hýbať sa von, odstrániť, zmietať sa", z asimilovanej formy *ex-*, „von" + *movere*, „hýbať, pohybovať sa"; význam „charakterizovaný emóciami alebo subjekt emócií" doložený 1857	**Telesný vnem,** že sa moja energia mení a vplýva na moju činnosť alebo rozhodnutia.	Môže sa vzťahovať na mnoho emócií, ale naznačuje, že prežívam zvýšený stav emocionálnej energie

Stav	Koreň	Povaha	Indikované emócie
Energický	Energetic, gr. *energeticos*, „aktívny", z *energein*, „pracovať, konať, byť činný"	**Telesné vnímanie** energie konať	*Nadšenie, ambícia, vzrušenie* alebo mnohé iné v intenzívnom stave
Hladný	Hungry, st. angl. *hungor*, „nepokoj alebo bolesť spôsobená nedostatkom potravy, žiadostivý apetít, ochabnutosť z nedostatku potravy"	**Telesný vnem** prázdnoty a túžba byť naplnený	*Nespokojnosť, baženie, túžba, vášeň, erotika*
Ignorovaný	Ignored, lat. *ignorare*, „nepoznať, nevšímať si"	**Naša interpretácia** správania druhého človeka voči nám	*Podráždenie, hnev, znechutenie*
Chladný	Icy, protoger. *isa-* (príbuzné: stará nórčina *iss*, stará frízština *is*, holandsky *ijs*, nemecky *Eis*), žiadne určité významy mimo germánskych jazykov, ale možná príbuznosť aj s avestanským *aexa-*, „mráz, ľad"	**Interpretácia** správania druhého človeka voči nám	*Nevôľa, žiarlivosť, závisť, znechutenie, hnev*

Stav	Koreň	Povaha	Indikované emócie
Kontrolujúci	Control, lat. *contra*, „proti", *rotulus*, zdrobnenina *rota*, „koleso"	**Odhad** mojej schopnosti udržať alebo zmeniť smer udalostí v živote	*Strach, úzkosť* alebo *žiarlivosť*
Mačo	Macho (1928), „drsný chlapík", špan. *macho*, „samec"	**Interpretácia** činov druhého človeka	*Arogancia, pýcha*
Maniak	Manic, nesk. lat. *mania*, „choroba, šialenstvo", gr. *mania*, „šialenstvo, hystéria; nadšenie, inšpirovaná hystéria; šialená vášeň, zúrivosť", príbuzné *mainesthai*, „zúriť, šalieť"	**Interpretácia** výnimočne veľkej a chaotickej energie	*Vášeň, zmätok, povznesenie, nadšenie*
Možnosť	Possibility, lat. *possibilis*, „to možno spraviť", *posse*, „byť schopný"	**Odhad,** že niektoré veci, čo sa ešte nestali, sa môžu stať.	*Nádej, dôvera, ambícia, nadšenie*

Stav	Koreň	Povaha	Indikované emócie
Napadnutý	Attacked, z florentínskej taliančiny *attacare (battaglia)*, „pripojiť sa (do bitky)"	**Interpretácia** činov druhého človeka, ktoré prekročili našu osobnú hranicu a ohrozili nás.	*Rozhorčenie* kvôli prekročeniu mojich hraníc; *hnev*, ak je útok trestom; *nevôľa* alebo *odplata*, ak je útok vyrovnaním sa.
Napätý	Tense, lat. *tensus*, príč. min. od *tendere*, „napnúť, natiahnuť"	**Telesný vnem** napätia a neschopnosť sa kvôli tomu hýbať	*Úzkosť, hrôza, strach, zmätok*
Negatívny	Negative, priamo z latinského *negativus*, „zákaz, neprítomnosť, neexistencia, opak"	**Odhad,** že niečo odchádza z dobrého života.	*Hnev, frustrácia, podráždenie, nevôľa, cynizmus, skepsa*
Obranný	Defensive, lat. *defendere*, „strážiť, chrániť, uplatňovať obranu", z *de-*, „z, od" + *fendere*, „udrieť, tlačiť"	**Fyzická aktivita** na zablokovanie druhého	*Rozhorčenie, strach* alebo *nevôľa*

Stav	Koreň	Povaha	Indikované emócie
Obvinenie	Blame, nesk. lat. *blasphemare*, „vyhrešiť, vyčítať"	Obviňovanie sa dá chápať ako **predispozícia** *hnevu*. Je to spôsob, ako potrestať niekoho, o kom sme presvedčení, že spravil niečo neoprávnené.	Predispozícia *hnevu*. Môže súvisieť so *zodpovednosťou* a je to mechanizmus, ako „volať ľudí na zodpovednosť".
Odmietnutý	Dismissed (zač. 15. st.), lat. *dismissus*, „poslať preč, poslať inou cestou; rozdeliť, vybiť; zanevrieť, opustiť", z *dis-*, „preč, od" + *mittere*, „poslať, nechať ísť"	**Odhad**, že sme boli poslaní preč alebo úmyselne oddelení od niečoho dôležitého.	*Neúctivosť* alebo *rozhorčenie*
Odpor	Resistance, lat. *resistere*, „zaujať stanovisko proti, oponovať"	**Telesný vnem** odstupu alebo mentálneho odmietania presvedčenia, ktoré je proti môjmu.	*Strach, úzkosť, opatrnosť, obozretnosť*
Odtiahnutý	Detached, st. franc. *destachier*, z *des-*, „od" + *attachier*, „pripútať", v starej francúzštine *atachier* (11. st.), predtým *estachier*, „pripútať, pripevniť; vykolíkovať, podporiť"	**Odhad**, že nie je súčasťou niečoho.	*Malomyseľnosť, smútok* alebo *rezignácia*

Stav	Koreň	Povaha	Indikované emócie
Opustený	Abandoned (koniec 14. st.), „vzdať sa, kapitulovať, celkom sa odovzdať, celkom sa oddávať (náboženstvu, smilstvu atď.)“, zo starej francúzštiny *abandoner* (12. st.)	**Odhad**, ako sa druhí ku nám správali alebo správajú.	*Nevernosť* niekoho, kto je súčasťou našej komunity. *Sklamanie*, ak niekto očakával, že bude zahrnutý alebo bude o neho postarané.
Organizovaný	Organized, lat. *organum*, „inštrument, orgán“	**Interpretácia** usporiadania života niekoho	*Opatrnosť, striedmosť*
Plačlivý	Weepy, staroangl. *wepan*, „prelievať slzy, plakať; nariekať, oplakávať, žalovať sa“	**Telesný vnem**, že moje telo nepojme moje emócie a ony sa objavia ako slzy.	*Tieseň, smútok, strach*
Mdlý	Flat, st. nór. *flatr*, „plochý“, z protoger. *flata-* (príbuzné starému saskému *flat*, „plochý, plytký“), stará vysoká nemčina: *flaz*, „plochý, rovný“; význam „prozaický, tupý“ (1570), „nevýrazný, bez kontrastu“	**Telesný vnem** otupenosť a neschopnosť rozlíšiť emócie	*Nuda, rezignácia, ambivalencia*

Stav	Koreň	Povaha	Indikované emócie
Pocit	Feeling (1400), „týkajúci sa telesných vnemov, zmyslový"	Uvedomovanie si **telesného vnemu**	Nie špecifická emócia – ale dáva nám informáciu, ktorú emóciu prežívame.
Popudlivý	Edgy, *edge*, „hrana" + y. Vo význame „napätý a podráždený" doložené r. 1837, možno z predstavy nachádzať sa *na hrane*, v bode, urobiť niečo iracionálne.	**Telesné vnímanie** priblíženia sa k hranici, o ktorej som presvedčený, že by som ju nemal prekročiť.	*Frustrácia, netrpezlivosť, hnev, jed*
Pozitívny	Positive, priamo z lat. *positivus*, „upravený dohodou"	**Interpretácia**, že dobré veci sa pravdepodobne stanú.	*Nádej, dôvera*
Pragmatický	Pragmatic, lat. *pragmaticus*, „zručný v podnikaní alebo práve", z gréckeho *pragmatikos*, „pripravený na podnikanie, aktívny, podnikavý; systematický", z *pragma*, „skutok, čin, to, čo sa spravilo, vec, záležitosť", obzvlášť dôležitá	**Interpretácia** spôsobu, ako sa niekto pohybuje životom.	*Opatrnosť, obozretnosť*

Stav	Koreň	Povaha	Indikované emócie
Prchký	Short-tempered, lat. *temperare*, „dodržiavať vhodné opatrenie, byť umiernený, krotiť sa", tiež prechodné „zmiešať správne, zmiešať v správnom pomere; regulovať, vládnuť, panovať, riadiť"	**Rýchla zmena** do útočnej emócie pri malom podnete	*Hnev, podráždenie, frustrácia, mrzutosť, jed*
Radostný	Upbeat, „v pozitívnej nálade" (1947), zjavne z *on the upbeat*, „zlepšujúci sa, polepšujúci sa", doložené r. 1934 a obľúbené u tvorcov reklamy začiatkom r. 1940, pochádza z hudobného výrazu *upbeat* (1869), čo označuje dobu v takte, keď je dirigentova palička vo vzpriamenej polohe; *up* + *beat.*, „optimistický" pocit zjavne bez inej príčiny, len tej, že to znie ako šťastné slovo.	**Presvedčenie**, že sa mi budú diať dobré veci.	*Optimizmus, nádej*

Stav	Koreň	Povaha	Indikované emócie
Rozorvaný	Torn, „akt trhania alebo kmásania" (1660), z *tear*, „trhať". Stará angl. poznala *ter*, „trhanie, driapanie, roztrhnutá vec".	**Telesný vnem** alebo duševný zápas	*Ambivalencia, zmätok*
Skľúčený	Blue, ako hudobná forma možno od r. 1895 (oficiálne až r. 1912 v názve skladby W. C. Handyho „Memphis Blues"); znamená „depresívny, zronený", od r. 1741, z adjektíva **blue**, „zronený" (14. st.)	**Metafora** nazývajúca energiu hudby mojou energiou	*Smútok, depresia, malomyseľnosť* alebo *rezignácia*
Spojenie	Connected, lat. *connexionem*, „zviazanie alebo spojenie", z *connexare*, „zviazať spolu, uviazať, spojiť, z *com-*, „spolu" + *nectere*, „zviazať, priviazať"	**Interpretácia** alebo **odhad** relatívnej blízkosti s druhým človekom	*Láska, akceptácia* alebo *túžba*

Stav	Koreň	Povaha	Indikované emócie
Šokovaný	Shock, „násilné stretnutie ozbrojených síl alebo dvojice bojovníkov", vojenský termín, str. franc. *choc*, „násilný útok", zo starej francúzštiny *choquer*, „udrieť proti"	**Telesný vnem,** že nás zasiahlo niečo neočakávané.	*Prekvapenie*
Vyrovnaný	Centered (1590), „koncentrovať sa na stred", z *centra*; príbuzné: *centrovanie*, znamená „tkvieť v strede" (1620)	**Stav bytia** v pokoji tela, mysle a/alebo emócií	*Pokoj, mier* alebo *akceptácia*
Vystresovaný	Z ľudovej latinčiny: *strictiare*, z latinského *stringere*, „utiahnuť pevne"	**Telesný vnem** napätosti	*Úzkosť, strach, vyčerpanie*
Ufňukaný	Whiny, staroangl. *hwiman*, „svišťať, syčať alebo hvízdať vzduchom (len šípy), tiež *hwinsin*, „kňučať" (psi), pôvodne zvukomalebného pôvodu (*pozri* staré nórske *hwina*, „svišťať", nemecké *wiehern*, „erdžať"	**Odhad,** že život nie je taký, ako si myslím, že by mal byť.	*Nespokojnosť, neuspokojenie, nárok, naivita*

Stav	Koreň	Povaha	Indikované emócie
Úľava	Relie,(koniec 14. st.), „odstránenie distresu, hladu, choroby atď.; stav uvoľneného bytia; to, čo utišuje alebo odstraňuje"	**Telesný vnem** redukovaného stresu	*Dôvera, zmätok (strácajúci sa)*
Pohoda	Comfort (stred 14. st.), an-glo-franc. *con-forter*, „utešiť". Vo význame „ponúkať telesnú poho-du je doložené r. 1769; vo význame „v stave tichej radosti" r. 1770.	**Telesný stav bytia,** v ktorom nie je stres.	*Spokojnosť, uspoko-jenie* alebo *potešenie*
Veľkolepý	Great, st. angl. *great*, „veľký, vysoký, hrubý, udatný, hrubý"	**Telesný vnem** veľkosti, sily alebo energie.	*Radosť, potešenie, ambícia, nadšenie, nádej*
Vyčerpaný	Drained, pro-toger. *dreug*, zdroj *sucha*, *suchý*, čo v an-gličtine pôvodne znamenalo „vysušiť".	**Telesný** nedo-statok energie alebo zdrojov iniciatívy.	*Smútok, rezignácia, nevôľa, malomy-seľnosť, zúfalstvo*

Stav	Koreň	Povaha	Indikované emócie
Vylúčený	Discounted, stred. lat. *dis-*, *computare*, *dis-* „ne" + *computare*, „počítať"	**Odhad**, že sa s nami nepočíta alebo že nie sme dôležití.	*Neúcta* alebo *rozhorčenie*
Vyprázdnený	Gutted, „odstrániť vnútornosti" (z ryby atď.; koncom 14. st.), z *gut;* figuratívne použitie „vyplieniť obsah" (1680)	**Telesný vnem** straty možnosti alebo istoty v tom, o čom som si myslel, že viem.	*Nedôverčivosť, zúfalstvo, tieseň*
Vzdialený	Distant, lat. *distantem*, príčastie prítomné od slovesa *distare*, „stáť bokom, byť vzdialený"	**Odhad**, že nie sme k niekomu alebo niečomu blízko, či už fyzicky alebo emocionálne.	*Osamelosť*
Vzrušený	Excite, lat. *excitare*, „vzbudiť, vyvolať, predvolať, vytvárať"	**Telesné vnímanie** zvýšenej energie	*Nadšenie, ambícia,* alebo mnohé iné v intenzívnom stave

Stav	Koreň	Povaha	Indikované emócie
Zaplavený	Overwhelmed, str. angl. *over-*, „nad; najvyšší; cez; príliš; nad normál; vonkajší" + *whelmen*, „obrátiť zhora dolu"; význam „úplne sa ponoriť"	**Interpretácia**, že súčasné podmienky nie sú udržateľné – sú väčšie ako my.	*Panika, strach, vyčerpanie, úzkosť*
Zábava	Fun, pravdep. variant stredoanglického *fonnen*, „blázniť sa", „rozptýlenie, potešenie, radostná zábava"	**Aktivita**, z ktorej máme radosť a potešenie.	*Radosť, potešenie, vzrušenie*
Zármutok	Greif, lat. *gravare*, „sťažiť, spôsobiť zármutok", z *gravis*, „ťažký", závažný	**Telesná ťažoba** alebo nedostatok fyzickej energie, ktorá je predispozíciou **smútku**, ale mohla by byť menovaná aj v snahe vysvetliť iné emócie.	*Smútok, malomyseľnosť, zúfalstvo, tieseň*

Stav	Koreň	Povaha	Indikované emócie
Zranený	Hurt (1200), „rana, zranenie"; tiež „smútok, choroba z lásky"; reflexívny význam „trpí, cíti bolesť" (1944)	**Telesná bolesť**, ktorá naznačuje, že niečo nie je v súlade alebo že sa deje niečo nenormálne.	*Tieseň, smútok, výčitky*
Zraniteľný	Vulnerable, lat. *vulnerare*, „zraniť, poraniť, poškodiť, zmrzačiť", z *vulnus* (genitív *vulneris*), „rana", možno príbuzné s *vellere*, „šklbať, trhať"	**Presvedčenie,** že ma zrania slová alebo činy druhých ľudí, a nemôžem sa brániť.	*Nedostatok dôstojnosti, sebaúcty, sebadôvery*

Objavovanie mojich stavov spokojnosti

Môj príbeh sa začína v situácii, ktorá je pravdepodobne známa mnohým ľuďom bez ohľadu na národnosť, vek, rod atď. Učili nás, že máme mať v živote úspech, nech už to znamená čokoľvek – mať slušný príjem, peknú rodinu s deťmi, dom, auto... ale nikto vás neučí počúvať svoj vnútorný hlas, aby ste vedeli, čo chcete, ako to chcete a či to chcete. Navrhujem osvetlenie a vždy som chcel mať vlastný ateliér. Tak som si našiel partnera a rýchlo sme postupovali vpred. Za pätnásť rokov sme sa rozrástli z dvoch na dvadsať ľudí a z piatich na vyše šesťdesiat rozbehnutých projektov. Snažil som sa pracovať tak, ako keď sme mali menej zamestnancov, keď som mal len ja na starosti návrhy, získavanie projektov, uzatváranie zmlúv, vzťahy s verejnosťou, organizáciu a dokonca aj počítače.

Zbadal som však, že som dosiahol svoj limit, keď sa stres zvýšil na takú úroveň, že mi kazil spánok, mal hrozné následky na mojom zdraví a pohode. To malo vplyv na moju rodinu, priateľov, kolegov a klientov. Nevedel som, čo mám robiť (znie vám to povedome)? Brat mi odporučil, aby som zašiel za ontologickým koučom Danom, aby som našiel nový prístup k práci. Sedenia sa konali cez Skype v angličtine a angličtina nie je jazyk, v ktorom by som vedel vyjadriť svoje emócie tak dobre ako po španielsky alebo po nemecky. No skúsil som to.

Cítil som, že veci sa v mojom živote začínajú meniť (chápem, že sa nemenia navždy; je to priebežná uvedomelá práca a proces). Hovorili sme o vytváraní takých podmienok, aby boli spokojní moji klienti, ja sám a všetci, čo sú zapojení do procesu projektu. Také isté rozhovory som preniesol aj do svojho súkromného života a to sňalo z mojich pliec veľké bremeno a ťažobu. Snažil som sa uspokojiť každého v projekte a každého v osobnom živote a potom som bol nespokojný. A keď som bol zúfalý, cítil som sa podvedený a hneval som sa. Vytváranie podmienok spokojnosti mi veci uľahčuje. Poskytuje mi možnosť vyjadriť svoje potreby, schopnosti a limity a počúvať skutočné potreby klienta – ktoré vo väčšine prípadov nie sú také zložité, ako som predpokladal. Stále je to proces zmeny, ale zváženie, čo vytvorí spokojnosť u mňa, zlepšilo moje osobné vzťahy, ako aj vzťahy s klientmi.

— K. D.

Kapitola 6

NAVIGOVANIE EMÓCIÍ

Váš vzťah k náladám a emóciám

Ľudí bežne počujeme hovoriť, že chcú „manažovať svoje emócie" alebo že sú presvedčení, že určitá osoba potrebuje mať lepšiu „kontrolu nad svojimi emóciami". To sú predstavy, ku ktorým sa autori nehlásia, väčšinou preto, že nie sú účinné. Naším presvedčením je, že nám lepšie poslúži navigovanie emócií. Ono je máločo, ak vôbec niečo, čo v živote naozaj ovládame, tak prečo by sme mali vedieť kontrolovať svoje emócie? Niektoré veci si môžeme vybrať, ale to je niečo iné ako kontrola. Môžeme chcieť ovládať svet okolo seba tak, aby bol taký, ako by sme chceli, ale napokon zistíme, že to zväčša nedokážeme. Nevieme ovládať smäd, ani hlad, spánok, kedy zomrieme, alebo niekedy ani to, či prídeme načas do práce. Môžeme mať na to vplyv, môžeme činiť rozhodnutia, ktoré to ovplyvnia, a môžeme nájsť múdre spôsoby, ako ich navigovať, ale povedať, že ich ovládame, podľa nás znamená, že si pripisujeme priveľké zásluhy.

Idea *ovládania* emócií je prežitok z devätnásteho storočia. Keď sa veda ako nástroj chápania sveta vo veľkom rozvíjala, do našich myslí vstúpilo presvedčenie, že zasiahne do všetkých oblastí života. Základná idea, ktorá poháňala rozvoj vedeckého myslenia, bola tá, že nám umožní predpovedať a ovládať svet okolo nás. To je napríklad základný účel meteorológie. Samotnou podstatou meteorológie je, že nám umožní predpovedať, či bude zajtra pršať, aby sme sa vedeli rozhodnúť, či si vezmeme dáždnik, keď pôjdeme von, aby sme mali pod kontrolou svoju pohodu a nezmokli. Z dlhodobejšieho hľadiska nám umožňuje predpovedať a aspoň sa snažiť ovládať, čo sa stane v nastávajúcej poľnohospodárskej alebo lyžiarskej sezóne. Pomáha nám vedieť, či budú na jazere alebo na pláži nebezpečné vlny, alebo či máme podniknúť kroky na zabezpečenie toho, aby nám na chlad citlivé plodiny v určitú noc nezamrzli. Inými slovami, meteorologická veda existuje na to, aby predpovedala a ovládala. Tú istú koncepciu môžeme uplatniť na ktorúkoľvek vedu. Geológia robí to isté so štruktúrou zeme, predpovedá, kde nájdeme minerály, alebo predpovedá zemetrasenia, aby sme sa mohli pripraviť a evakuovať obyvateľov z blízkeho okolia. Západná medicína aplikuje tie isté princípy na naše zdravie.

Keďže bola táto idea nesmierne úspešná v toľkých oblastiach, predpokladali sme, že platí na všetky oblasti ľudského života. Keď však niekto chcel aplikovať ideu ovládania na emócie, zistil, že to je nemožné. Ľudia hovorievajú veci ako: „Nechcem ostať nahnevaný, chcem sa zastaviť." Inými slovami, chcú ovládať emócie, ktoré prežívajú, ale zisťujú, že to nevedia. Kontrola je fantázia, ktorú sme si vytvorili, aby sme sa cítili bezpečne.

Predstavte si, že sa plavíte na kajaku dolu prúdom riečky. Efektívny vzťah medzi vami, kajakom a prúdom nie je ovládanie, ale navigovanie. Keď vidíte, že sa blížite ku skale uprostred prúdu, tak aby ste sa vyhli kolízii, stačí, aby ste zmenili smer kajaku trochu doľava alebo doprava, tam, kde vás prúd ponesie mimo skál. Navigácia doslova znamená *plaviť sa alebo kormidlovať loď*. To v podstate môžeme robiť aj s emóciami. Všímať si ich, rozumieť im a rozhodovať sa, či bude účinnejšia reakcia alebo odpoveď, to sú všetko časti navigovania prúdu emócií, do ktorých sme ponorení.

Posun emócií

Keď zistíme, že sa nachádzame v emócii alebo sme ovplyvnení takou, v ktorej nechceme byť, často sa jej snažíme vyhnúť alebo ju zmeniť. Obyčajne sa o to snažíme myslením. Ak sme napríklad smutní, môžeme si povedať, „hlavu hore", alebo že vlastne nemáme byť prečo smutní. „Mohlo by to byť horšie," hovoríme si. A ak si také veci nehovoríme my, obyčajne to povedia naši priatelia. Väčšina z nás nemá veľký úspech s touto technikou, ale stále sa snažíme. Iná, trochu užitočnejšia technika je porozmýšľať, ktorá emócia by nám poslúžila lepšie namiesto tej emócie, ktorú by sme chceli zmeniť. Ak si vezmeme ako príklad *strach*, môžeme sa pokúsiť vyhovoriť si ho, ale on obyčajne ostane. Ak vieme, že *odvaha* je tá emócia, ktorá by nám mohla pomôcť konať aj v prítomnosti *strachu*, tak by sme ju mohli využiť ako odrazový mostík. Mohli by sme viac pozornosti venovať tvorbe *odvahy* a menej *strachu*. Stane sa to, že dokážeme konať a riešiť aktuálnu úlohu. Z dlhodobého hľadiska sa deje ešte niečo iné, totiž že si budujeme schopnosť *odvahy* a sile *strachu* umožňujeme vymiznúť. Inými slovami, nielen konáme, ale sa aj v oblasti emócií učíme.

Ďalšia stratégia na posun emócií je vôbec sa nesnažiť. Ak vezmeme vážne myšlienku, že „emócie prichádzajú a emócie odchádzajú", uvedomujeme si, že náš emocionálny stav sa neprestajne posúva, či už to chceme, alebo nie. Jednou z možností je prijať emóciu namiesto toho, aby sme sa ju snažili odtlačiť. Ak zistíme, že sme napríklad *smutní*, môžeme sa rozhodnúť „byť s tým" a jednoducho byť *smutní*. V podstate vravíme, že veríme, že *smútok* tu má urobiť nejakú prácu, a môžeme mu dovoliť, aby urobil to, čo má urobiť. V pokoji môžeme reflektovať, čo nám *smútok* chce povedať a aký má účel. Keď vieme, že *smútok* v zásade znamená „stratil som niečo, na čom mi záleží", môžeme uvažovať, čo sme stratili alebo k čomu sme stratili prístup, a preskúmať, aký to má pre nás význam. V modernej dobe považujeme *smútok* za „zlú" emóciu, a tak sa mu snažíme vyhnúť. Inými slovami, pokrčíme plecami a ignorujeme to, čo by na ňom mohlo byť dôležité. *Smútok* chápeme ako „otravný" a „nepríjemný", ale ontologicky to nie sú dôvody, prečo ho prežívame, a tieto vnemy nie sú náhodné. *Smútok* ku nám prichádza, aby nám niečo povedal, a otázka znie, či sme dosť múdri na to, aby sme ho počúvali.

Zdá sa, že existujú dve príčiny, prečo sa snažíme vyhnúť emóciám. Jedna je, že niektoré emócie sú nepríjemné. *Smútok, hnev, hanba, rozpaky, zúfalstvo* a mnoho ďalších sa telesne prežívajú dosť „zle". Možno sme nepochopili účel nepohody. Tvrdíme, že to je spôsob, ako nás telo upozorňuje na emóciu. Keby to nebol „zlý" (alebo v iných prípadoch „dobrý") pocit, nevšimli by sme si ho alebo by sme mu nevenovali pozornosť. Je to druh signálu, ktorý nám oznamuje, že emócia je prítomná. Ďalšou príčinou je strach, že sa v emócii „zasekneme". Inými slovami, že sa emócia transformuje na náladu a nebudeme sa jej vedieť zbaviť. Pri *smútku* sa môžeme obávať, že upadneme do depresie a nebudeme z nej vedieť vybŕdnuť. Možno sa to stáva, ale podľa našich skúseností je snaha venovať pozornosť emóciám, ktoré prináša život, v reálnom čase účinný spôsob, ako ich navigovať.

Dôverovať emóciám

Dôvera je emócia, ktorá mi pomôže odhadnúť riziko. Keďže sa emócie všeobecne nepovažujú za spoľahlivé, môžem sa pýtať, či neberiem na seba priveľké riziko, keď sa začínam učiť v tejto oblasti. Na akej úrovni dôverujete svojim emóciám, že vám dávajú spoľahlivé informácie? Nevšímate si ich, trochu im dôverujete alebo im po celý čas dôverujete na 100 percent? Niekoľko storočí sme inklinovali k dôvere voči rozumu, a keďže sme emócie chápali ako protiklad rozumu, predpokladali sme, že sa na ne nedá spoliehať. To je zaujímavé, pretože veľa ráz si myslíme alebo hovoríme: „Teraz budem dôverovať svojej intuícii" alebo: „Od začiatku som *vedel,* že to bola chyba." Do určitej miery svojim emóciám dôverujeme všetci, ale pritom vieme, že niektorým aspektom emócií nedôverujeme úplne. Koordinujeme svoju činnosť s druhými ľuďmi, čo ukazuje, že sme v emócii *dôvery.* Manželstvo uzatvárame na základe *lásky* alebo *vášne.* Každé rozhodnutie má emocionálny element. Zároveň sme často *skeptickí,* čo sa týka *dôvery* voči našim emóciám, a väčšina z nás cíti, že nás niekedy uviedli do omylu. Na základe toho prichádzame k záveru, že sú roviny, na ktorých sú emócie pre nás spoľahlivým sprievodcom, ale to neznamená, že by sme mali slepo veriť všetkému, čo nám povedia. To je tiež emócia – *naivita.*

Ak sa pozrieme na iné oblasti, ktoré nás ľudí vytvárajú, mohli by sme prísť k záveru, že to je podobná situácia. Ani naše uvažovanie nie je vždy správne na 100 percent. Ak vložíte ceruzku do poloplného pohára vody, bude sa zdať, že ceruzka je zlomená alebo že sú z nej dva kusy, ktoré nejdú v jednej línii, ale keď ju vytiahnete, uvidíte, že je celá. Často si pomiešame veci, zamieňame si ich, zabúdame na ne alebo im celkom nerozumieme. Keby možno existoval čistý rozum, tak by bol spoľahlivý na 100 percent, ale uvažovanie určite nie je. To isté platí o pocitoch, dojmoch a intuíciách, ktoré naše telo vníma. Keď nám stŕpne noha, máme pocit, ako keby tam nebola, ale ak sa pozrieme, je tam.

Ontologická perspektíva je, že jazyk, emócie a telo prispievajú svojím dielom k porozumeniu samému sebe a svetu okolo nás. Každé jedno z toho je dar, ak sa rozhodneme to tak chápať, a najhlbšie pochopenie nám poskytne spoločný výstup zo všetkých troch.

Navigačné nástroje

Na to, aby sme boli so svojimi emóciami a čerpali z ich múdrosti, existuje množstvo nástrojov, zručností a zvykov.

- **Ticho** v mnohých svojich formách je jedným z nich. Meditácia, sústredenie alebo špecializovaná reflexia nám umožní stíšiť myseľ a všímať si emócie, načúvať im a pomenovávať ich. Aj rôzne rutinné činnosti – beh, ručné umývanie riadu, posedenie v hojdacom kresle na priedomí – môžu utíšiť myseľ a umožniť nám načúvať emóciám, hoci čím menej sme aktívni, tým lepšie.

- **Písanie denníka.** Ak si vediete denník, aby ste sa rozprávali so sebou a počúvali sa, uvidíte vzorce, ktoré nevidno, keď o svojej situácii iba rozmýšľate. Súčasťou písania vždy budú aj emócie, hoci ich možno treba pohľadať pod slovami.

- **Čas.** Už sme spomínali rozdiel medzi *reagovaním* a *odpovedaním*. Primárne ich oddeľuje čas. Ak sa „zhlboka nadýchneme" alebo „počítame do desať", vytvoríme prestávku a v tomto čase sa môžeme posunúť od *reakcie* k *odpovedi*. Niekedy budeme musieť napočítať do desať viac ako raz, ale ten priestor nám napokon dovolí odstúpiť od reakcie, aby sme si premysleli odpoveď. V tom prípade býva užitočné „vyspať sa na to" alebo „nechať kašu, aby vychladla". Spoločným faktorom v tomto všetkom je čas.

- **Rozhovor.** V spoločenských rozhovoroch je naším cieľom, aby druhý človek pochopil, čo v živote prežívame. Ak rozprávam o tom, že mi zalialo pivnicu, snažím sa komunikovať fakty o záplave a tiež vyvolať *empatiu* u toho druhého. Dúfam, že bude „cítiť to, čo cítim ja". Alebo je mojím cieľom *sympatia,* čo znamená, že aspoň „pochopí, ako sa cítim". V takýchto rozhovoroch môžu nastať dve veci. Prvá je, že môj priateľ v snahe porozumieť môjmu zážitku sa bude vypytovať alebo niečo poznamená, čo spôsobí, že pouvažujem o svojich emóciách. Druhá je, že keď počujem sám seba vyjadrovať emócie, umožní mi to uvažovať o nich inak, ako keď o nich len rozmýšľam. Ďalšie rozhovory môžu tiež napomôcť navigačnému procesu. Poradenské alebo terapeutické rozhovory sú, samozrejme, presne na to určené. Autori si ako prostriedok zvolili koučovanie a väčšina najefektívnejších koučovacích rozhovorov podľa našich skúseností obsahuje aj skúmanie emócií na určitej úrovni.

Počúvanie emócií

Počúvanie je veľkou časťou porozumenia a navigovania emócií. Existujú aspoň tri odlišné spôsoby, ako sa zamerať na počúvanie tak, aby sme naozaj počuli. Prvé a najbežnejšie je počúvať *informácie.* Pritom zisťujeme, „čo" sa deje. V tom, čo rozprávame, čo učíme, sa zameriavame a aj väčšina masmédií sa zameriava predovšetkým na „čo". Druhá úroveň je počúvať *význam.* Inými slovami, zameriavame sa na to, čo ten druhý človek chce, aby sme pochopili, nielen presne na to, čo hovorí. To je analýza správ v masmédiách. Počúvanie významu je obzvlášť dôležité, keď sa rozprávame s niekým z iného spoločenského alebo pracovného prostredia. Význam je koreňom toho, prečo sa snažíme predovšetkým komunikovať. Tretí spôsob počúvania je počúvať *pozorovateľa,* ktorého ten druhý človek odhaľuje. A tu práve počúvame, ktoré emócie obsahuje ním používaný jazyk.

Ak nám napríklad niekto hovorí, že je nahnevaný na svojho šéfa, takto ho môžeme počúvať na každej z troch úrovní:

- ■ Informácie – Zamerali by sme sa na to, prečo je náš priateľ nahnevaný. Čo jeho šéf spravil alebo nespravil? Čo ho „nahnevalo"?

- ■ Význam – Mohli by sme sa pýtať alebo počúvať, čo pre tohto človeka znamená, že jeho šéf niečo spravil, či nespravil? Ak šéf neprišiel na stretnutie, kde sa hodnotil jeho výkon, mohol by povedať, že to znamená, že šéfovi na ňom nezáleží, že u neho vždy hrá druhé husle alebo že sa šéf bojí komunikovať jeho hodnotenie priamo s ním.

- ■ Pozorovateľ – Keď počúvame pozorovateľa, ktorým ten druhý človek je, z príbehu by sme sa dozvedeli, že ten človek je presvedčený, že pre svojho šéfa nie je dôležitý, a dôkazom je absencia pozornosti zo strany šéfa. To by mohlo znamenať, že tento človek nemá silné spojenie s *dôstojnosťou,* čo je príbeh, že „som dostatočný". Vieme to, pretože človek v emócii *dôstojnosti* nepotrebuje uznanie od druhých, aj keby ho rád mal. Na tejto úrovni počúvania si nemôžeme byť absolútne istí, čo vidíme, ale môžeme si to u hovoriaceho overiť.

Schopnosť navigovať emócie, ktoré vznikajú v bežnom živote, si žiada, aby sme rozumeli základnej koncepcii emócií ako predispozícii konať a aby sme rozumeli príbehom, ktoré sa spájajú s konkrétnymi otázkami. Niečo sa dá jednoducho namemorovať, tak ako sme sa naučili násobilku. Za tým je hlboké načúvanie a reflektovanie prežívania vlastných emócií. Nasleduje niekoľko príkladov emocionálneho navigovania:

Príklady

Príbeh č. 1. Hnev: Nedávno som išiel po meste, kde bývam. Neuvedomoval som si, na čo myslím, ale po chvíli som si uvedomil, že cítim *hnev*. Mohol som cítiť, ako vo mne stúpa energia, rozhorúčili sa mi líca, dych sa mi skrátil a cítil som sa ako zbitý. Keď som si všimol tieto vnemy a uvedomil som si, že signalizujú *hnev,* začal som byť *zvedavý.* Po ceste sa nestalo nič také, čo by vo mne vyvolalo *hnev.* Ako som premýšľal, uvedomil som si, že moje myšlienky – vlastne akési denné snenie – sa točili okolo situácie, v ktorej som si pomyslel, že ktosi, kto mi dlhuje peniaze za moju prácu, mi pravdepodobne nezaplatí, ako bol sľúbil. To bolo fascinujúce. Doteraz sa nestalo nič okrem mojich myšlienok, čo by nasvedčovalo, že mi nezaplatí. Takže až doteraz sa mi nestalo nič nespravodlivé, ale ja som predpokladal, že by sa mohlo. Tá myšlienka o „potenciálnej budúcej nespravodlivosti" spustila moju emóciu *hnevu.* A v emócii *hnevu* som si predstavoval, ako by som mohol vinníka potrestať.

Teraz, keď som už vedome premýšľal o tom, čo sa mi ten *hnev* snaží povedať, napadlo mi, že by ma mohol upozorňovať na možnosť, že by sa to mohlo stať a že by som to považoval za nespravodlivé. Preventívne by som mohol podniknúť kroky, aby som sa uistil, že záväzok tohto človeka je pevný a splní ho. Uvedomil som si tiež, že ten človek pravdepodobne nemá tušenia o mojej obave a pristúpiť k nemu v *hneve* by nebolo produktívne. Rozhodol som sa, že najlepšie riešenie bude jednoducho mu poslať email, aby som si ešte raz potvrdil našu dohodu a jej podmienky. Dôvod na napísanie bol ten, že som niečo plánoval a potreboval som si byť istý, pretože súčasťou tohto plánu bola aj táto platba, čo bola pravda.

Podľa mňa je toto príklad navigácie. Mohol som sa nechať uniesť *hnevom* a reagovať, čo by nebolo bývalo produktívne. Mohol som prejsť k iným emóciám, ako je *nevôľa* („nemal by som si to musieť overovať") alebo *rezignácia* („nič s tým nemôžem urobiť"), alebo dokonca *naivita* („som si istý, že to všetko vyjde"), ale nemyslím, že niečo z toho by bolo účinné. Navigácia teda je (1) uvedomiť si svoju emóciu, (2) počúvať a porozumieť jej, (3) skúmať zdroj emócie, (4) zvoliť si inú emóciu, ktorá by vám mohla pomôcť „vyhnúť sa skale" a efektívne sa posúvať vpred.

Príbeh č. 2. Odpustenie: Pred niekoľkými rokmi ma istá žena požiadala o koučovanie v niečom, s čím zápasila už mnoho rokov. Povedala mi, že si nedokáže *odpustiť* niečo, čo sa stalo pred desiatimi rokmi. Príbeh, čo mi rozpovedala, bol, že ona a jej partner mali spolu syna a ten býval v detstve chorý. Keď mal päť rokov, dostal horúčku, keď bola ona na služobnej ceste. Na základe partnerovho popisu považovala synovu chorobu za bežnú vec a pokračovala v ceste. Keď sa vrátila domov, zistila, že horúčka je horšia, ako si myslela, a vzala ho na pohotovosť. A až keď sa zotavil, sa ukázalo, že vysoká horúčka mu poškodila sluch.

Obviňovala sa z toho, že to hlbšie neskúmala, a svojho partnera obviňovala z toho, čo ona považovala za nedbalý prístup k zdraviu ich syna. Povedala mi, že bez ohľadu na to, čo odvtedy robila, stále „sa cíti vinná a nemôže odpustiť ani sebe, ani partnerovi".

Toto je skúsenosť, ktorú by nikto druhému neželal, ale stáva sa to, a pokiaľ sme ochotní zostať v stave utrpenia, musíme nájsť spôsob, ako ho navigovať. Žena bola evidentne „zaseknutá". *Obviňovanie, ľútosť, hanba, pocity viny* a *hnevu* boli pravdepodobne súčasťou jej zaseknutia, ale emócia, ktorú nedokázala vygenerovať, bolo *odpustenie*. A to je emócia, ktorú identifikovala tak u seba, ako aj u bývalého partnera.

Ak sa pozrieme na *odpustenie* z ontologického hľadiska, dokážeme dekonštruovať:

- Príbeh: „Som presvedčená, že niečo, čo si spravil, ma zranilo, ale sľubujem, že ja to v budúcich interakciách nepoužijem proti tebe."
- Predispozícia. Akceptovať, že niečo sa prihodilo, ale nezabudnúť na to, ani na dosah, aký to malo, a nevyužiť to proti tomu druhému.
- Účel: Odpustenie nám umožňuje žiť s realitou našej skúsenosti bez potreby trestať.

V tomto prípade bol príbeh o tom, že ona a jej partner urobili niečo, čo poškodilo ich dieťa, a okrem toho ona ignorovala svoje a partnerove charakteristiky, ktoré boli toho príčinou. To, čo márne hľadala, bolo *odpustenie samej sebe*. Jej interpretácia bola, že *odpustenie* zahŕňa aj zabudnutie, a dokonca raz povedala, že „nevie zabudnúť", čo urobili. Možnosť, že nemusí zabudnúť na to, čo sa stalo ich synovi, aby *odpustila* sebe i svojmu partnerovi, bola pre ňu nová interpretácia. Dobre si vieme predstaviť tú pascu, čo jej presvedčenie pre ňu utvorilo.

Žena referovala, že výsledkom bol posun v jej chápaní odpustenia a schopnosť prijať a praktizovať ho, aby sa mohla v živote posunúť ďalej. Toto je možnosť vzniku novej interpretácie emócií. *Obvinenie, ľútosť, hanba, vina* a *hnev*, všetky tieto emócie sa snažili doručiť nejakú správu, ale v tom zmätku nebolo cesty pre *odpustenie* samej sebe a svojmu partnerovi. *Odpustenie* v tejto interpretácii musí obsahovať pamätanie si a je to jednoducho záväzok prestať sa trestať za minulé správanie.

Príbeh č. 3. Hanba: Pracoval som s mužom, ktorý bol vedúcim oddelenia rozvoja vo veľkej spoločnosti asi s 2000 ľuďmi. Veľmi ho mali radi, takmer všetci ho rešpektovali a mal vo svojej role úspech. Bol šťastne ženatý a mal osemročného syna, na ktorého bol očividne hrdý. V súkromnom rozhovore mi povedal, že hoci vidí, že ho ostatní majú radi a dôverujú mu, rodina ho miluje a má úspech takmer vo všetkom, čo robí, nemôže sa zbaviť pocitu, že je na ňom niečo „zlé". Cítil, že všetok ten vonkajší úspech je v kontraste s vnútorným pocitom nedostatočnosti.

Keď sme skúmali jeho život a pochybnosti o sebe, začal to spájať s pocitom, že často máva chuť schovať sa. Keď som počúval pozorovateľa v ňom, napadlo mi, že predispozícia skryť sa sa často spája s emóciou *hanby*. Ontologický príbeh *hanby* je, že „porušil som pravidlá alebo normy spoločnosti". Keď som sa ho spýtal, či by mohol pociťovať hanbu, nevedel si predstaviť nič, čo by také spravil, aby to bol jej zdroj. Keď skúmal svoju prvú spomienku na to, uvedomil si, že ešte predtým, ako mal túžbu sa skryť, chcel skryť svojho otca. Ukázalo sa, že jeho otec pochádza z Ázie, a to bolo nezvyčajné medzi jeho priateľmi. Muž, s ktorým som pracoval, nemal telesné črty, ktoré by naznačovali, že je ázijským Američanom, a povedal mi, že si spomína, že nechcel, aby jeho priatelia vedeli, že jeho otec je Ázijčan, lebo sa líšil od ich otcov a bál sa odmietnutia. Dospeli sme k tomu, že cítil *hanbu* za svojho otca nie preto, že by jeho otec niečo urobil, ale preto, kto bol. V tom momente porozprával o tom, že cítil *hanbu* za to, že ako dieťa chcel skryť svojho otca. V podstate cítil *hanbu* za svoju predošlú *hanbu*. Riešenie bolo celkom jednoduché, a to, že sa porozpráva s otcom o svojich zážitkoch z detstva a že sa to nijako nespájalo s jeho láskou.

Pre mňa je tento príklad veľmi silný, pretože niekedy cítime emóciu, ako napríklad *hanbu*, nie za to, čo sme spravili, ale kvôli svojmu príbehu o tom, kto sme. Ďalší dôležitý aspekt je, že často cítime emócie o svojich emóciách, a to môže skomplikovať počúvanie ich významu. Ak napríklad cítime *hanbu* za to, že cítime *hnev,* je pravdepodobné, že budeme žiť v *hanbe* bez toho, aby sme objavili alebo preskúmali význam toho *hnevu.* Vypracujeme si emóciu, ktorú potrebujeme, aby sme sa postarali o seba, keď sme malí. Podobne ako v tomto prípade niekedy potom tie emócie neslúžia tomu, kým sme sa stali v dospelosti. Keď to objavíme a rozhodneme sa, ktoré emócie nám najviac pomôžu, umožní nám to ľahšie kráčať životom.

Príbeh č. 4. Netrpezlivosť. Ako vieme, ktorú emóciu prežívame, keď sú si podobné? Napríklad *smútok* a *zúfalstvo.* Alebo *úzkosť* a *pochybnosť.* Ontologicky sa to dá určiť pomocou príbehu alebo toho, čo si myslíme v čase emócie.

Pracoval som s istou ženou, ktorá mala takmer štyridsať rokov a stále mi rozprávala, aká je *netrpezlivá* a ako si želá zmeniť tento aspekt svojho charakteru, pretože sa jej nepáči. Keď som sa jej opýtal, čo cíti, keď je „netrpezlivá", povedala, že má silnú túžbu ísť von a niečo robiť, pustiť sa do veľkých úloh, dobrodružstiev a robiť náročné veci. Keď som sa jej opýtal, čo si v takých momentoch myslí, odpovedala, že si myslí, že svet je veľký a fascinujúci a chce ho celý zažiť. Mne to neznelo ako *netrpezlivosť,* čo je príbeh, že „veci by mali ísť rýchlejšie" alebo „strácam čas, keď robím toto". Keď som sa jej spýtal, ako vie, že emócia, ktorú prežíva, je *netrpezlivosť,* povedala mi, že tak to nazývali jej rodičia. Ukázalo sa, že bola najstaršia z piatich detí, vždy mala veľa energie a stále chcela niečo robiť. Rodičia jej hovorievali, aby „prestala byť taká netrpezlivá". Na otázku, akú inú emóciu by mohla prežívať, keby to nebola *netrpezlivosť,* menovala *nadšenie* a *hojnosť.* Ako sa ukázalo, to vystihovalo jej energiu a myšlienky omnoho lepšie ako *netrpezlivosť* a umožnilo jej to posunúť svoj dohad o sebe z niečoho, čo považovala za negatívne, k niečomu, čo vnímala ako pozitívne. Sú aj ďalšie emócie, čo mohla menovať, ako napríklad *povznesenie*, *vzkypenie* a *dobrodružnosť*, z ktorých každá má svoj príbeh. Možno prežívala ich kombináciu, a nejde o to, aby sme identifikovali jednu z nich ako „správnu" emóciu, ale videli pole, na ktorom sa odohrával jej život.

Takéto nesprávne nazývanie emócií je celkom bežné. Zamieňame si *hanbu* a *vinu*, nerozoznávame *službu* a *obetu*, nevieme odlíšiť *strach*, *úzkosť* a *pochybnosti*. Nevieme rozoznať, ktorá emócia je prítomná, nerozumieme, čo sa nám snaží komunikovať, alebo nedokážeme zvoliť účinný spôsob, ako ju navigovať. Sme postihnutí svojou nevedomosťou.

Príbeh č. 5. Dôvera: Štandardne sa väčšina z nás naučí, že dôverovať alebo nedôverovať niekomu je akési posúdenie charakteru. Spája sa to s tým, či sme si mysleli, že ten druhý je dobrý alebo zlý človek. V tom zmysle to možno chápať ako morálnu otázku. No potom je takmer nemožné sa o tom rozprávať, pretože by sa to chápalo ako obvinenie človeka, že má zlý charakter. Dôvera sa tiež nechápala ako niečo, čo sa môžeme naučiť a meniť. V mojej rodine sa rozprávali dva príbehy, ktoré to ilustrujú. Keď mal môj syn asi dvanásť rokov, prosil ma, aby som mu dovolil šoférovať auto. Aj keby to bolo iba na príjazdovej ceste, ale veľmi túžil začať šoférovať. Odmietol som jeho prosbu, pretože som mu ako šoférovi nedôveroval. Keď si vezmeme ontologickú interpretáciu *dôvery*, má to zmysel. Dôvera je emócia, ktorá „nám umožňuje interagovať s druhými ľuďmi", a je to odhad vytvorený úprimnosťou, schopnosťou a spoľahlivosťou. Moje stanovisko bolo, že je úplne úprimný, že nenarazí s autom, ale že nikdy nepredviedol svoju schopnosť, ani nepreukázal spoľahlivosť v šoférovaní. Tak som sa rozhodol s ním „nekoordinovať činnosť". V žiadnom prípade som si nemyslel, že má zlý charakter; absolútne som ho miloval a chcel som, aby sa učil. No na základe emócie *dôvery*, ktorá bola v tomto prípade malá, som mu to nemohol dovoliť. Neskôr, keď u mňa a profesionála absolvoval výcvik, som odhadol, že je úprimný a má schopnosť šoférovať, a od tej chvíle som mu *dôveroval,* aspoň v základe. Keď sa rozšírila jeho spoľahlivosť, moja *dôvera* narástla a mal som čoraz menej výhrad. Toto je príklad, ako rastie dôvera v čase, keď ustavične overujeme svoje odhady.

Naopak, keď mal môj nevlastný otec asi osemdesiat rokov, po šesťdesiatich rokoch jazdenia bez nehody začal so svojou dodávkou odierať rám garážovej brány. Vyskytli sa aj iné malé nehody a skoro nehody a jedného dňa, s použitím modelu *dôvery*, začalo byť rodine jasné, že hoci bol absolútne úprimný v tom, že chce jazdiť bezpečne, zhromažďuje sa množstvo dôkazov (história spoľahlivosti) o tom, že jeho schopnosti sa zmenšili. Výsledkom bolo, že sme ho požiadali, aby odovzdal kľúče a stal sa radšej pasažierom ako šoférom. Prechod bol pre neho veľmi ťažký, ale nakoniec súhlasil.

Toto je opäť príklad overovania odhadov, aby sme videli, čo sa zmenilo, aby sme mohli opatrne rozširovať svoju *dôveru.* Ani v tomto prípade nemalo naše rozhodnutie nič spoločné s kvalitou jeho charakteru alebo morálkou, len že sme usúdili, že je nerozvážne dovoliť mu naďalej šoférovať.

Emocionálne učenie posúva vzťahy

S istým príbuzným som zažil hlbokú roztržku a ťaživé obdobie. Vnímal som toho človeka cez príbeh, ktorý ma „zaslepil" hnevom a nespravodlivosťou, ktorú som cítil. Keďže som ho miloval a obdivoval, bol som presvedčený, že sa nemôžem zároveň na neho aj hnevať a byť z neho sklamaný. Môj kouč mi pomohol pochopiť rozdiel medzi obdivom (túžbou byť ako on) a uctievaním (kladením na vyššiu rovinu). Uvedomil som si, že sa môžem rozhodnúť prerámcovať spôsob, ako ho vidím, a to mi umožní úprimnejší a uspokojivejší vzťah. Základom rozhodnutia musela byť emócia, ktorú som voči nemu mal. Čistý výsledok bol emocionálny posun vo mne, čo mi dovolilo žiadať rozhovory, ktoré rešpektovali nás oboch, a mne to dodalo schopnosť žiť v integrite s väčšou ľahkosťou a láskavosťou.

— H. A.

Kapitola 7

EMÓCIE V KAŽDODENNOM ŽIVOTE

Zachytenie emócií

Keď budete nabudúce stáť v rade pri pokladni, všímajte si, čo sa s vami deje emocionálne. Aké vnemy alebo pocity prežívate? S akými príbehmi sú spojené? Ak si všimnete, že ostatné rady sa posúvajú rýchlejšie, ako ten váš, akú emóciu a príbeh to vo vás vyvolá? Mohli by ste cítiť *ľútosť*, keby ste si mysleli, že ste si mali vybrať iný rad. Ak si myslíte, že situácia je nespravodlivá, tak prežívate *nevôľu* a ak veríte, že je neoprávnená, tak ste *nahnevaní*. Alebo by ste mohli jednoducho *akceptovať*, že rady sa hýbu tak, ako sa hýbu, že prídete na rad načas a že sa nedalo uhádnuť, ktorý rad bude rýchlejší. Vtip je v tom, že zakaždým prežívate nejakú emóciu – ste „v emócii", ako sa to niekedy hovorí – a táto emócia je prepojená s vašimi myšlienkami alebo príbehmi. Nezáleží na tom, či prejavujete ktorúkoľvek z týchto emócií tým, že zmeníte rad, požiadate pokladníčku, aby sa ponáhľala, alebo bubnujete prstami; stále prežívate emócie.

Len čo si začnete uvedomovať, že „nikdy nie ste v stave bez emócie", naberú novú dimenziu vo vašom živote. Odrazu budú jadrom každej myšlienky alebo činnosti. Môžeme pravdivo povedať, že žiadna ľudská akti-

183

vita sa nedeje bez emócií. Fyzikálne porovnanie by mohlo byť, ak si budete všímať existenciu a prítomnosť vody. Vyteká z kohútika, padá z neba a používame ju na umývanie, varenie, čistenie, uhasenie smädu a polievanie rastlín. Nachádza sa vo vzduchu ako vlhkosť a tvorí väčšinu nášho tela. A predsa často prehliadame jej význam, jej absolútnu nevyhnutnosť pre ľudský život. Podobne ako je to s významom vody, ani pri emóciách nedokážeme oceniť ich hodnotu a nevieme s nimi zaobchádzať s rešpektom, pokiaľ nevidíme, že sa vyskytujú všade, a neuvedomujeme si našu závislosť od nich.

Emócie sa prejavujú v živote veľmi rôznorodo. V rozličných štádiách života máme rozličný vzťah s emóciami, najmä s niektorými konkrétnymi emóciami, ale ony sú neodlučiteľným aspektom ľudského bytia.

Učenie sa emóciám

Ak veríme, že oblasť emócií nie je fixne daná, je logické si myslieť, že sa rodíme s potenciálom porozumieť emóciám, ale ešte sa treba aj učiť. Práve tak ako sa deti rodia s určitými telesnými alebo kognitívnymi schopnosťami, tak je to aj s emóciami a deň čo deň si rozširujeme všetky tri okruhy schopností. No to, ako v týchto troch oblastiach rastieme, sa výrazne odlišuje. Intelektovo sa učíme pochopením. To znamená, že kognitívne učenie sa deje vtedy, keď vidíme niečo, čo sa hodí do nášho súčasného chápania toho, ako svet funguje, a „dáva nám to zmysel". Môže sa diať aj vtedy, keď sa niečo nehodí, a my revidujeme svoje poznanie, aby sme to do neho zahrnuli. To sa deje, keď sa dozvieme, že bociany v skutočnosti nenosia deti a že vianočné darčeky nenosí Ježiško. Kognitívna disonancia informácie, ktorá nezapadá do nášho poznania, vytvára emóciu *zmätku*, čo nás vyzýva k tomu, aby sme hľadali nový spôsob chápania.

Telesne, čiže somaticky, sa učíme opakovaním. To vysvetľuje, prečo si aj veľmi zruční atléti stále precvičujú základy svojho športu. Nie je to len preto, že nechcú „zabudnúť", ako sa pohybovať, ale chcú zjemňovať svoje somatické učenie sa. Preto musíme cvičiť na klavíri, ak sa chceme zlepšovať (učiť). Takisto to vysvetľuje, prečo kognitívne pochopenie hudby nestačí na to, aby sme sa stali pianistami. Nemusí to byť tak, že „cvik povedie k majstrovstvu", ale dá sa povedať, že „cvikom sa učíme".

Emocionálne sa učíme ponorením a to je kľúč k porozumeniu, ako sa v emocionálnej oblasti rozvíjame. „Ponorenie sa" v tomto kontexte znamená, že sme „potopení" alebo „namočení do" emócií. To sa môže diať, keď žijeme v určitom emocionálnom kontexte. Ak vyrastáme v domácnosti, ktorú vnímame ako nejakým spôsobom pre nás nebezpečnú, naučíme sa *strachu*. V inej domácnosti sa v závislosti od emocionálneho kontextu môžeme naučiť *službe* alebo *ambíciám*. Časť mozgu, ktorá je zodpovedná za emócie, tzv. limbický systém, sa učí ponorením. Byť ponorený v tomto kontexte tiež znamená „umožniť si prežívať svoje emócie". Analógia môže byť s jazdou na bicykli: keď sme vonku a bicyklujeme sa, cvičíme, ale aj zlepšujeme svoju schopnosť bicyklovať. Bez bicyklovania nemôžeme prehĺbiť naše telesné poznanie. Takisto nemôžeme prehĺbiť naše poznanie emócií, ak ich neprežívame.

Vedomé učenie sa deje v troch krokoch:

Uvedomenie → Voľba → Cvičenie

Platí to aj pri učení sa v oblasti emócií. Po prvé, veľa poznatkov o emóciách môžete získať čítaním tejto knihy a ďalších zdrojov. Po druhé, musíte sa rozhodnúť, či budú emócie niečo, čo budete študovať a učiť sa. Po tretie, budete sa musieť v tom cvičiť.

Smiech a plač

Naše telo je kontajner emócií. Prežívame ich cez pocity alebo vnemy, ktoré nám ponúka telo, a cez myšlienky/príbehy, ktoré sa dejú v mozgu, čo je tiež časť tela. Práve tak ako má mozog kapacitu myslieť, telo má kapacitu prežívať emócie. Naučiť sa algebru (alebo štatistiku či chémiu) si vyžaduje, aby mozog rozšíril svoju kapacitu. Učiť sa v emocionálnej oblasti má podobný efekt. Tento rast alebo expanzia sa deje, keď ju precvičujeme. Myslíme po novom a tým rozširujeme svoju kognitívnu kapacitu, cítime po novom a tým precvičujeme svoju emocionálnu kapacitu. Keď nemáme kapacitu niečo pochopiť rozumom, často to produkuje mentálny zmätok. Keď nemáme kapacitu na silnú alebo náhlu emóciu, naše telo reaguje buď smiechom alebo plačom. To je ontologický význam oboch. Buď vznikla emócia tak náhle, že sme nemali čas precítiť ju, alebo sme nemali kapacitu „podržať si" túto emóciu. Môžeme si všimnúť, že deti majú to, čo by sme mohli nazvať „malý emocionálny kontajner", a dokonca aj drobné udalosti u nich vyvolajú slzy (alebo smiech). Keď rastieme, naša kapacita sa rozširuje, často bez priamej snahy, a plač alebo smiech vyvolajú iba väčšie udalosti.

Toto rozlíšenie je cennou alternatívou príbehu, že „plač ukazuje slabosť". To má podobne ako naša tradičná interpretácia *dôvery* skôr morálny ako praktický základ. Plač a smiech je uvoľnenie, ale hovorí nám niečo dôležité aj o našej emocionálnej kapacite. Podobne ako pri iných aspektoch emócií a nálad sa môžeme časom učiť a budovať väčšiu kapacitu v tejto oblasti.

Emócie a činnosť

Základom je chápať emócie ako „e-mócie", teda „to, čo nami hýbe". V tomto kontexte by sa nemal zamieňať „pohyb" a „činnosť". V emócii, ako je napríklad *spokojnosť* alebo *akceptovanie*, či dokonca pri potlačenom *hneve*, nemusíme prejavovať žiadnu alebo prejavujeme len veľmi malú činnosť. *Činnosť* znamená niečo „vykonávať" alebo „robiť". Hýbať sa znamená „viesť alebo riadiť". Každá emócia má konkrétnu predispozíciu, čo znamená, že nás „vedie" alebo „riadi" smerom ku konkrétnemu činu, ktorý môžeme a nemusíme vykonať. „Byť s" konkrétnou emóciou preto nutne neznamená, že ju vyjadríme činom. V tomto poznatku spočíva základ odpovedania vs. reagovania na emóciu.

Emócie a plánovanie

Sprvu sa môže zdať, že medzi emóciami a plánovaním nie je nejaká súvislosť, keďže plánovanie obyčajne považujeme za racionálnu činnosť. Plánovať znamená voliť si priority, usporadúvať ich do poradia a priraďovať k nim časy, kedy ich spravíme. To je pravda, ale ignoruje to podstatu toho, čo potrebujeme na to, aby sme si „volili priority". Ak voľba priorít znamená zoradiť ich podľa dôležitosti, tak otázka znie, ako vieme alebo určíme, čo je najdôležitejšie. Toto určovanie je funkciou emócií. *Naliehavosť* povedie k jednému zoznamu, *služba* k inému

187

a *opatrnosť* zase k inému. V istom zmysle by sa dalo povedať, že zoznam „vidíme" cez filter emócie alebo nálady, v ktorej sme. Teda úplná činnosť plánovania je spojená snaha rozumu a emócií. Pomocou rozumu zbierame údaje a informácie a filtrujeme ich cez emócie, aby sme vypracovali plán.

Existuje aj drobný rozdiel medzi emóciami a náladami ako filtrom našich rozhodnutí. Pamätajte, že kľúčovým rozdielom medzi nimi je, že nálady predchádzajú nášmu chápaniu a činom, kým emócie sú reakciou alebo odpoveďou na udalosti. Takže niekto, kto žije v nálade *ambícií*, vidí svet ako plný možností a bude si podľa toho aj plánovať. Niekto, kto žije v nálade *rezignácie*, nebude vidieť žiadne možnosti a bude plánovať odtiaľ. Plánovanie z *nevôle* bude obsahovať spôsob, ako sa „vyrovnať" s niečím, čo považujeme za nespravodlivé, kým plánovanie zo zreteľa *služby* bude obsahovať užitočné veci pre druhých ľudí. Keď si začnete pripravovať plán, či už na dovolenku, podnikanie alebo filmovanie, stojí za to porozmýšľať o nálade, v ktorej plánujete, lebo to bude mať silný vplyv na výsledok.

Rozprávanie a emócie

Keďže jazyk je napokon funkciou tela a emócie sú to, čo telom hýbe, vyplýva z toho, že nemôžeme myslieť alebo rozprávať bez toho, aby v tom nehrali svoju úlohu emócie. Už samotný akt rozprávania je poháňaný emóciou. Položenie otázky je poháňané *zvedavosťou*, argumentovanie proti plánovanej činnosti môže vychádzať zo *starostlivosti*, *strachu*, *opatrnosti* alebo z nejakej inej emócie. Okrem toho konkrétne vety v jazyku poukazujú priamo na emócie. Keď poviete svojmu dieťaťu, aby si dávalo pozor, je to poháňané *láskou*, a keď vyhlásite, že pôjdete na cestu okolo sveta, je to poháňané *dobrodružnosťou*, *ambíciami* alebo *pýchou*.

Prečo sa namáhať?

Ak si chceme budovať odbornosť v oblasti emócií, musíme poznať rozdiely, ktoré sme už prebrali, ale aj ich prepojiť so svojím osobným životom, aby sme dokázali identifikovať svoje vlastné emócie. Väčšina z nás sa nikdy neučila, ako sa to robí, a tak to nemusíme dobre vedieť. Pamätám sa, že keď som bol malý, chcel som sa naučiť rozoznávať všetky značky a modely áut. Spolu s bratmi sme sa striedali v hlasnom pomenovávaní názvu, modelu a ročníka áut, ktoré sme videli na ceste, a buď sme súhlasili, alebo sme sa hádali kvôli tomu, čo sme si mysleli, že ten druhý povedal zle. Bola to pochabá hra, ale pomohla nám naučiť sa rozlišovať dokonca aj malé detaily na podobných autách až natoľko, že sme automaticky vedeli, čo vidíme. Táto metóda sa ukázala ako užitočná aj pri rozlišovaní emócií a rozširovaní slovnej zásoby. Keďže vykrikovať emócie na ľudí okolo vás by mohlo vyzerať trochu čudne, lepšia metóda je zapisovať si emóciu niekoľko ráz za deň a potom reflektovať, ako ste prišli na to, že to je práve tá emócia. Ak neviete presne pomenovať niektorú emóciu, môžete si ich zapísať viac alebo napísať tú, čo sa jej podľa vás najviac približuje. Ak budete pravidelne robiť toto cvičenie niekoľko týždňov, uvidíte, že ich dokážete rozoznávať a používať viac. Pomáha aj to, keď počúvate iných ľudí a ste zvedaví na emóciu, z ktorej rozprávajú. Napokon počet rozdielov a odlišností v oblasti emócií určuje vašu odbornosť podobne ako v ktorejkoľvek inej oblasti.

Pozorovanie vlastných emócií

Som kouč a zistil som, že v koučovacích rozhovoroch sa spočiatku občas vyskytuje neochota uznať význam, ba niekedy dokonca aj samotnú existenciu emócií ako prvku života. Pomoc koučovaným rozoznávať existenciu emócií a potom sa zamerať na udalosti, ktoré tieto emócie vyvolávajú, je teda silný nástroj. Najmocnejším aspektom workshopu o emóciách bola pre mňa výzva dopriať si čas a byť v emócii, či už na lavičke v lese alebo v jurte spolu s ostatnými, aby som hlbšie precítil emóciu a jej dosah.

To mi umožnilo hlbšie pochopiť aspekty tej ktorej emócie – napríklad radosti, strachu alebo úzkosti –, a keď som si ich lepšie uvedomoval, mohol som si zvoliť, ktoré sú pre mňa dobré a ktoré nie. Teraz praktizujem pozornú kontempláciu o lekciách, ktoré mi moje emócie dávajú, a viem pomôcť aj iným ľuďom, aby pristupovali k výzvam svojho života z emocionálne uvedomelého nastavenia. Táto zmena v emocionálnom uvedomovaní dodáva neoceniteľnú hĺbku rozhovoru o zmene. Túto metódu teraz používam u mojich koučovaných. Uvedomujem si, že veľa ráz ich ani nemusím „učiť" emóciám priamo, stačí im pomôcť rozpoznať svoje emócie a načúvať im a zmena nastane.

— K. M.

Keď sa očakávania stretnú s realitou

Keď moja dcéra prišla do adolescentných rokov, zrazu začala byť agresívna, nerozumná a obviňujúca. Nemala som tušenia, ako zvládnuť túto zmenu, a to u mňa spôsobilo pocity rodičovskej neschopnosti, ako aj smútok zo straty môjho „anjelika". Jedného dňa som sa cítila obzvlášť preťažená dynamikou, ktorá sa vyvíjala medzi dcérou a mnou. V ten deň som sa na skupinovom koučovaní prihlásila na koučovanie u Dana. Keď som začala formulovať svoju frustráciu, že „by sa to nemalo diať takto", Dan mi kládol otázky, ktoré spochybnili moje predpoklady: „Keď hovoríš, že by sa to nemalo diať takto, akú máš na to normu? Aký je príbeh o tom, že by to nemalo byť takto? Čo vytvára tvoje očakávania?"

Vynoril sa príbeh, že som presvedčená, že ak som dobrá matka, moja dcéra a ja prejdeme cez roky dospievania bez takých turbulencií. Ja som ako tínedžer strašne bojovala a bola som presvedčená, že to bolo väčšinou kvôli mojim rodičom, lebo neboli prítomní ani fyzicky, ani emocionálne. Preto som bola pre dcéru dostupná tak, ako moji rodičia nikdy neboli pre mňa, takže by nemala bojovať. A keďže bojovala, ja som očividne ako rodič zlyhala. Bolo to smiešne, keď sa to vyjadrilo týmito slovami. Ale bolo to tak.

191

Dan nám vysvetlil očakávanie a sklamanie. Ako si vždy vyrábame príbeh o tom, ako „by mala" budúcnosť vyzerať, a ak sa realita nezhoduje s našimi očakávaniami, prežívame emóciu sklamania. Ja som bola sklamaná, lebo som si vyrobila príbeh, ako to bude v rokoch dospievania mojej dcéry, a nedialo sa to tak. Naučila som sa, že keď sa očakávania stretnú s realitou, realita vyhrá. Tínedžeri v realite často bojujú bez ohľadu na to, akí sú rodičia. Môj príbeh vytváral silné emócie, ktoré som prežívala. Keby som mohla zmeniť príbeh, emócie by sa zmenili tiež. Namiesto toho, aby môj príbeh znel: „Som sklamaná, pretože to počas jej dospievania nie je tak, ako som predpokladala", som ho posunula takto: „V skutočnosti som dobrá matka a jej boj je súčasťou toho, čo tínedžeri prežívajú, keď dospievajú, je to normálne." Moja dcéra bola aj naďalej hormónmi hnaný adolescent, ako si viete predstaviť, ale môj príbeh sa zmenil a spolu s ním aj moje emócie o rodičovstve a o sebe.

— B. K.

Kapitola 8

EMÓCIE V ŠÍROM SVETE

Až doteraz sa vám mohli zdať idey a rozdiely medzi emóciami, o ktorých píšeme, zaujímavé. My, autori, zisťujeme, že pri koučovaní a vyučovaní emócií je najnáročnejší krok pre väčšinu ľudí to, aby videli emócie vo všetkom, čo robia, a prepájali svoje poznanie s každodennými skúsenosťami. V tejto kapitole prepojíme emócie a nálady s niektorými dôležitými časťami života. Keď dokážeme vidieť, ako nálady a emócie poháňajú alebo usmerňujú tieto oblasti, môžeme začať chápať nesmiernu silu emocionálnej oblasti vo všetkom, čo ako ľudské bytosti robíme.

Organizácie

Organizáciu môžeme chápať ako „skupinu dvoch alebo viacerých ľudí, ktorí sa spojili, aby urobili niečo, čo nemôžu urobiť individuálne". Takže čo ich to „spája"? Pri organizáciách hovoríme o vízii alebo cieli, alebo o osvietenom záujme o seba, aby sme vysvetlili toto puto. No dobrý spôsob, ako pochopiť túto dynamiku, je cez energiu emócií. Najkritickejšou emóciou v každej organizácii je *dôvera*. *Dôvera*, ako sme videli, je emócia, ktorá nám umožňuje koordinovať činnosť s ostatnými. Nepredstaviteľné je, aby nejaká organizácia existovala bez nej, čo nám hovorí, že kdekoľvek nájdeme nejakú organizáciu, je tam určitá úroveň *dôvery*, nech už by bola akokoľvek malá. Slabá organizácia stále stojí na *dôvere,* ale táto *dôvera* je na nízkej úrovni.

Dôvera je, samozrejme, dôležitá medzi spolupracovníkmi, ale je to veľmi relevantný pojem aj iným spôsobom. Ak je ohrozená *dôvera*, ktorú majú zákazníci k organizácii alebo jej produktom, je potrebné brať to ako najvyššiu prioritu. Keď v roku 1982 zomrelo niekoľko ľudí v Chicagu na kapsuly Tylenolu, do ktorých bol primiešaný kaynid, firma Johnson & Johnson okamžite stiahla naspäť 31 miliónov fľaštičiek v maloobchodnej cene 100 miliónov na vlastné náklady. Spustili reklamnú kampaň pre zákazníkov, aby sa vyhýbali ich produktom, ktoré ešte deň predtým propagovali. Rýchlo oznámili, že chyba sa stala v predajniach, nie na ich výrobných linkách. Zákazníkom ponúkli Tylenol v pevnom skupenstve a v odolnom balení ako náhradu za kapsule. Mnoho ľudí sa vyjadrilo, že Johnson & Johnson urobili „správnu" vec, a väčšina z nás neprotestuje proti takému názoru, ale ak sa pozriete za ich komerčné záujmy alebo etické záväzky na dôvod, prečo boli ich kroky také dôležité, nájdete emóciu *dôvery.* Ich hlavným záujmom bolo, aby zákazníci naďalej „koordinovali svoje činy" s nimi. Do roka od tohto incidentu sa Tylenol vo svojej kategórii opäť najlepšie predával. To je hodnota *dôvery*[5].

História rastu a zmien v automobilovom priemysle je ďalšou oblasťou, ktorá je intímne spojená s *dôverou.* Keď v šesťdesiatych rokoch 20. storočia prišli na americký trh japonské autá, ich výrobcovia museli osvedčiť, že ich autá sú spoľahlivé. Na to sa zameriavali desiatky rokov, až sa vozidlá Toyota a Honda stali najspoľahlivejšími na svete. Museli presvedčiť zákazníkov,

---

5 „Chicago Tylenol Murders", Wikipedia, https://en.wikipedia.org/wiki/Chicago_Tylenol_murders

že štvorvalcový motor je trvanlivý a spoľahlivý tak isto ako šesť- alebo osemvalcový, čo bola v tom čase norma. O úspechu Toyoty na americkom trhu sa hovorí na mnoho spôsobov, ale v zásade sa zakladá na rastúcej *dôvere* zákazníkov. Bez dostatočnej *dôvery* by ľudia „nekoordinovali svoju činnosť", čo sa v tomto prípade prejavilo kupovaním áut. Naopak, situácia, v ktorej sa v súčasnosti nachádza VW, je tiež vecou dôvery. Ukazuje sa, že VW nepostavil dieselové motory tak, ako vyhlasoval, a tento fakt výrobcovia zatajili. Keďže *dôvera* sa buduje na úprimnosti, schopnosti a spoľahlivosti, podarilo sa im znížiť všetky tri a vidíme, že ochota spotrebiteľov byť s nimi v kontakte klesá a podozrenie narastá.

Ďalšia emócia, ktorá je pravidelnou črtou organizácií, je *vernosť. Vernosť* je emócia, ktorá nás predisponuje starať sa o hranice skupiny. V organizáciách to môže byť *vernosť* vízii, štruktúre, vedúcemu alebo produktom. Konkrétna „skupina", ktorej sa zamestnanec cíti súčasťou, určí, akú príchuť *vernosti* má a koho alebo čo bude brániť. Hoci je *vernosť* v organizáciách potrebná, nemusí byť v každom prípade užitočná. Zamestnanec, ktorý je slepo *verný* skorumpovanému vedúcemu, ho bude podporovať, ale na škodu organizácie, tímu alebo verejnosti. Zamestnanec, ktorý je *verný* organizácii, môže bojovať proti šéfovi, čo môže mať negatívne následky na jeho kariéru.

Medzi ďalšie emócie, ktoré často vytvárajú alebo udržujú organizácie, patrí *strach* (že organizácia môže skrachovať a my, zamestnanci, prídeme o živobytie), *pýcha* (presvedčenie, že sme urobili niečo dobré a chceme to povedať aj ostatným), *uspokojenie* (vnem, že máme dosť – napríklad úspechu – a sme teda spokojní), alebo *vášeň* (sme hlboko ponorení v tom, čo robíme, a máme to radi). V organizácii sa, samozrejme, môže prejaviť niekoľko sto emócií a občas sa aj prejavia, ale ak rozumieme tým hlavným, budeme vedieť, čo chýba, a že je potrebné zamerať sa na vytvorenie tých emócií, ktoré hýbu organizáciou želaným smerom.

Nálady so svojou hlbšou energiou majú v organizáciách inú úlohu. Nálady informujú našu interpretáciu zážitkov, takže organizácia žijúca v nálade *ambícií* bude vidieť svet plný možností, ktoré bude chcieť využiť. Nálada *vážnosti* alebo *serióznosti* vyústi v to, že budete brať sami seba aj svoju misiu vážne, kým *služba* bude mať poslanie starať sa o pohodu druhých. Ak je to nálada, tak to znamená, že bude prítomná vo všetkých rozhovoroch a aktivitách organizácie, často nevedomky. Nezhoda medzi náladou a činnosťami organizácie bude brániť úspechu. Ťažko si predstaviť organizáciu v nálade *hanby*, ako efektívne propaguje svoje služby a produkty.

Líderstvo

Ak si vezmeme hocijakého vedúceho, jeho rolou je posúvať svoju organizáciu z prítomnosti do budúcnosti. Všeobecne si myslíme, že dobrí lídri to dokážu tým, že tvoria víziu budúcnosti, ktorá druhých *nadchne*, a chcú pomáhať pri jej realizácii. Pokiaľ nie je úlohou vedúceho zavrieť organizáciu, máme tendenciu asociovať líderstvo s rastom a udržateľnosťou. Pod týmito ideami by sme mohli identifikovať špecifické správanie – jasnú komunikáciu, koherentnú víziu, aktívnu angažovanosť – a toto správanie stojí na základe určitej emócie. Dobrými kandidátmi sú *rešpekt, nadšenie, starostlivosť* alebo *inšpirácia.*

Keď príde konkrétna výzva, dá sa povedať, že úlohou vedúceho v zásade je „v organizácii vytvoriť takú náladu alebo emóciu, ktorá zabezpečí splnenie danej úlohy". V takom momente môžu byť pri generovaní potrebných krokov cenné emócie ako *strach, naliehavosť* alebo *súťaž,* ako aj *vernosť, pýcha* alebo *nadšenie.* Adept na vodcu je závislý, či už intuitívne, alebo vedome, od emócií, aby pohol sebou a aj svojím tímom. O silných vodcoch si často myslíme, že sú to hýbatelia či buditelia, alebo že majú charizmu, ale obvykle nespravíme ďalší krok, aby sme preskúmali zdroj týchto prívlastkov.

Politika

O politikoch si vo všeobecnosti myslíme, že ich poháňajú presvedčenia – liberálne, konzervatívne, socialistické, demokratické, marxistické, libertariánske –, a pri voľbe kandidátov takmer výlučne zameriavame svoju pozornosť tam. Presvedčenia sú však iba príbehy, ktoré spoluvytvárajú určité emócie. Napríklad keď žijeme v nálade *opatrnosti*, najmä čo sa týka finančných zdrojov, môžeme inklinovať ku konzervatívnemu názoru postavenia malej úspornej vlády, ktorá bude fiškálne zodpovedná. Keď žijeme v silnej nálade *súcitu*, mohli by sme túto pozíciu zmierniť a uvažovať o rozsiahlejšej vládnej štruktúre, ktorá by mohla poskytovať viac sociálnych služieb ľuďom s preukázateľnou potrebou. V tomto príklade podopierajú naše politické presvedčenia emócie *opatrnosti* a *súcitu*. Ak sa *obávame* o osobnú bezpečnosť, mohli by sme nájsť hľadanú pohodu v myšlienke na väčšie policajné sily, hasičov alebo armádu. Ak sa však *bojíme* zásahov vlády do nášho života, naše presvedčenia môžu inklinovať k libertarianizmu. Skrátka sú to v našom živote prevládajúce nálady a emócie, čo nás vedú k politickým názorom.

U politických lídrov to funguje presne rovnako a fakt, že sme si zvolili politiku ako povolanie, bude tesne prepojený s našimi osobnými emóciami. Otto von Bismarck povedal: „Politika je umenie možného." Ak začneme jeho definíciou, zrejmá otázka bude: „Ktoré emócie otvárajú možnosti?" Ak je mojou životnou náladou *služba*, budem slúžiaci vodca. Ak je dominantná *nenásytnosť*, budem hľadať finančné výhody, ktoré by som mohol získať z politického postavenia. Ak som politickým vodcom, môže to byť spojené so silnou osobnou náladou *ambície*, aby sme boli najlepší národ/štát/ mesto, alebo s *nadšením* pre možnosti, ktoré dokážeme vytvoriť, *nádejou* do budúcna, *aroganciou*, že ja budem viesť lepšie ako ktokoľvek iný, alebo *dôstojnosťou* pre každého z nás ako legitímneho občana.

V danej komplexnosti politického prostredia je kvôli ustavičným zmenám *dôvera* tou emóciou, ktorá spája človeka a účel a vplyv, ktorý naše politické činy majú na ostatných ľudí. Ak je *láska* tou schopnosťou, vďaka ktorej považujeme druhého človeka za legitímneho, bude mať ústredné miesto v politike, ktorá vyhlasuje, že je „o ľuďoch a pre ľudí". Ozajstné rozhovory sa začínajú *akceptovaním* legitímnosti druhého človeka. Osvietené je chápať dokonca aj politiku a politickú filozofiu prostredníctvom emócií ako nástroja na hlbšie porozumenie.

Veda

Keď sa vedecká metóda ako predmet vyučovala na školách, zakladala sa na tvrdení, že veda je „hodnotovo nezaťažená a nestranná". Učili sme sa, že na to, aby bol vedec taký, musí byť pri myslení a experimentovaní „objektívny". Tieto idey a normy boli pokusom učiniť vedu menej náchylnú na vopred existujúce presvedčenia a otvorenú úvahám o čomkoľvek, čo by štúdium odhalilo. Idea *objektívnosti* (úsudok založený na pozorovateľných javoch a neovplyvnený emóciami alebo osobnými predsudkami) sa zakladala na myšlienke, že človek môže byť pozorovateľom niečoho bez toho, aby to ovplyvnil alebo sa stal toho súčasťou.[6] V tej miere a s tými metódami, ktoré boli vtedy dostupné, sa zdalo, že *objektivita* je možná a stačí, keď budeme prísni pri jej dodržiavaní. Čo azda

---

6 „Objectivity" *The Free Dictionary*, http://www.thefreedistionary.com/objectivity

chýbalo, bolo to, že *proces* môže byť objektívny, ale tvorivý a experimentujúci *človek* nie. Objav kvantovej teórie demonštroval, že objektivita, ako sme ju predtým chápali, nie je možná. Pozorovateľ experimentu ho vždy ovplyvňuje, pretože je to konkrétny pozorovateľ. Ten posun tiež naznačuje, že ľudia, čo robia vedu, to nerobia bez emocií.

Jasné je, že veda by nebola možná bez emócie *zvedavosti*. Niekedy, ako napríklad v prípade verejnej zdravotnej krízy, môže štúdium poháňať *naliehavosť*. Súčasťou tohto spojenia často býva aj *starostlivosť* alebo *služba*, ale základom celej vedy je emócia *skepsy*. Keďže *skepsa* je emócia, ktorá nám umožňuje rozlišovať, v čo veríme (v tom, že sa to zhoduje s naším chápaním sveta) a v čo neveríme, tvorí podstatu vedeckého bádania. Je to emócia, ktorá nás vedie k otázkam, či sme si istí, že „x je príčinou y", a či existuje spôsob, ako si byť istejší. Je to tiež emócia, čo nás núti hľadať dôkazy, ktoré sú logicky nevyvrátiteľné. Žiadna sféra ľudskej činnosti nie je mimo emocií, pretože ľudia sú emocionálne bytosti. Mohli by sme povedať, že emócie sú časťou, elementom všetkých ľudských aktivít, pretože sú časťou každého človeka. Otázka opäť nie je, či sú „dobré alebo zlé", ale skôr čo nám umožňujú a čo nám neumožňujú robiť. V prípade vedy je centrálnou emóciou *skepsa*, ktorá ju umožňuje a činí ju tak úspešnou. V tom zmysle a kontexte je darom, ale mali by sme byť opatrní a nepredpokladať, že je nejakým spôsobom nadradená ostatným emóciám.

Psychológia

Sčasti ako dôsledok dôvery, ktorú sme vložili do vedeckého myslenia, nachádzame čoraz väčší počet možností, ako ju aplikovať v čoraz väčšom počte oblastí ľudskej skúsenosti. Jednou z nich je medicína, čiže „veda a umenie diagnostiky a liečby chorôb alebo úrazov a udržiavanie zdravia".[7] V rámci medicíny sme sa zamerali na „vedu, ktorá sa zaoberá duševnými procesmi a správaním", a využívame ju ako snahu o porozumenie „emocionálnym a behaviorálnym charakteristikám jednotlivca, skupiny alebo aktivity", čo nazývame psychológia.[8] Touto cestou sa emócie dostali do oblasti psychológie. Na Západe sme obzvlášť oddaní tomu, prinajmenšom zo zvyku, aby sme ich tam mali. Kedykoľvek sa začneme pozerať na emócie ako na oblasť štúdia, obyčajne to skončí pri psychológii a jej rozsiahlych výskumoch v poradenstve a psychoterapii, pretože to je naše tradičné chápanie.

Autori však vyhlasujú, že hoci to bolo a je užitočné pri budovaní, chápaní a štúdiu emocionálnej oblasti, je to aj obmedzujúce. Emócie a nálady existujú mimo psychológie, a keďže sa psychológia zakladá na spôsobe pozorovania, ktoré vychádza z vedy, môže vidieť emócie iba z jednej perspektívy. To ju zaslepuje voči iným interpretáciám, ktoré môžu byť pre nás užitočné. Ontologická interpretácia, ktorú sme tu uviedli, je jednou z nich. Hlavný rozdiel medzi emóciami chápanými tradičným psychologickým a ontologickým pohľadom je v tom, že psychologický názor bol založený na medicínskom modeli, ktorý obsahuje chorého pacienta a lekára, čo sa snaží tú chorobu vyliečiť, kým ontologický model sa zakladá jednoducho na učení. Je to gnozeologický model a nie je určený na to, aby sa zaoberal chorobou, ale iba skúmal naše poznanie a pochopenie emócií. Zameraný je tiež prakticky, čo znamená, že ľudia vyškolení v tejto interpretácii emócií budú lepšie rozumieť sami sebe a tak dokážu nezávislejšie navigovať svoj život.

---

7 „Medicine", *American Heritage Dictionary*, 5th ed., http://www.thefreedictionary.com/medicine

8 „Psychology", *American Heritage Dictionary*, 5th ed., http://www.thefreedictionary.com/psychology

Autori chcú dať absolútne jasne najavo, že podľa nášho názoru to nijako nezmenšuje hodnotu psychológie alebo jej záväzok pochopiť emócie a pracovať s nimi. Obidvaja autori boli príjemcami psychologickej intervencie, takže zážitkovo môžu potvrdiť jej hodnotu. Zároveň môžeme potvrdiť hodnotu ontologického prístupu. Chápeme, že idea štúdia a chápania emócií mimo psychológie môže spustiť určité emócie. Ako možnosti nám prichádzajú na um *nedôverčivosť, skepsa* a *pochybnosti.* Ponúkli by sme aj *nádej, nadšenie* a *zvedavosť.* Neveríme, že to je situácia „buď/alebo". Táto kniha je pozvánkou na budovanie nášho kolektívneho chápania emócií takým spôsobom, ktorý z nich robí praktické nástroje v každodennom živote pre nás všetkých.

Peniaze

Máme tendenciu si myslieť, že fenomén peňazí je zväčša matematický, pretože ich vyjadrujeme numericky. Mnoho finančných poradcov však tvrdí, že vzťah ľudí k peniazom je zväčša emocionálny. Každý máme príbeh o peniazoch. Ak je ten príbeh, že „láska k peniazom je koreňom všetkého zla" (ako sa to hovorí v Biblii, *1 Tim* 6, 10), môžeme prežívať emócie *znechutenia, hnusu* alebo *nesúhlasu,* keď sa zaoberáme peniazmi, a to nás predisponuje, aby sme sa vyhýbali interakcii s nimi. Môžeme mať príbeh, že „peniaze hýbu svetom", a v takomto prípade nás budú emócie *potešenia, ambícií* alebo *vzrušenia* predisponovať na iný prístup k peniazom. Z toho môžeme odvodiť, že porozumenie peniazom väčšinou súvisí so vzťahom k nim a ten sa zakladá na našich príbehoch a emóciách.

Organizované náboženstvo

Náboženstvo znamená rozoznávať a byť zaviazaný k životu, ktorý je konzistentný s túžbou po vyššej moci. Existujú dve základné nálady náboženstva: *viera* a *úcta*. *Viera* znamená, že *dôverujeme* niečomu, hoci nemáme dôkaz, že to je pravda. Môžeme *veriť* v boha, univerzum, život, iných ľudí, seba, vedu, prírodu. Inými slovami, *viera* nie je limitovaná na buď materiálno, alebo nemateriálno. Predispozíciou *viery* je veriť bez ohľadu na dôkazy. Ľuďom umožňuje operovať vo väčšom priestore, ako ho definujú materiálne dôkazy. *Veriť* v niečo neznamená, že to je buď pravda, alebo Pravda, ale iba to, že veríme, že sa môžeme spoľahnúť na to, že nás bude podporovať, a nepotrebujeme dôkaz, ktorý by podporil naše presvedčenie. *Úcta* znamená, že sme v *bázni* z toho, čo uctievame. Tieto dve nálady a konkrétna vyššia sila, v ktorú veríme, tvarujú naše náboženské praktiky.

Reklama a marketing

Ak sa pozrieme na marketing a reklamu očami emócií, vidíme, že emócie sú primárnym nástrojom, ktorý sa používa na poháňanie konania spotrebiteľov. Niekedy sú emócie vyjadrené priamo:

- „*Milujem* to“ (McDonald´s)
- „Otvorené *šťastie*“ (Coca-Cola)
- „*Šťastie* nie je za rohom, *šťastie* je roh“ (BMW)
- „*Vášeň* vyhráva“ (BMW)
- „*Vernostné* programy by mali byť *verné*“ (Delta)

- „*Radoooost*" (Audi)
- „*Bázeň. Inšpirujúce*" (Mercedes-Benz)

Inokedy sú len naznačené:

- „Nič nie nemožné" (Adidas) – *Inšpirácia*
- „Kam chcete ísť dnes?" (Microsoft) – *Dobrodružstvo*
- „Pomáha vám pri práci, pri odpočinku, pri hre" (Mars) – *Služba*
- „Len to urobte" (Nike) – *Ambície*
- „Diamanty sú najlepším priateľom dievčaťa" (Cartier) – *Vernosť*
- „Snažíme sa viac" (Avis) – *Vytrvalosť*

Všetky slogany, ktoré naznačujú, že váš produkt má najviac vlastností alebo je najštýlovejší, alebo že naša zdravotná starostlivosť vám pomôže vyhnúť sa bolesti, sa zakladajú na podstatnom hýbateľovi – na emóciách. Rozličné kategórie majú preferované a najpoužívanejšie emócie. *Strach* a *znechutenie* sa často používajú v reklamách na zmenu sebadeštruktívneho správania, ako je fajčenie alebo užívanie nelegálnych drog ako metamfetamín, *potešenie* v reklamách na osobný tovar a *vášeň* na tovar, kvôli ktorému by nás mohli obdivovať iní ľudia. Hodnota poznania emócií spočíva špecificky v tom, že v momente dokážeme dekódovať správu marketingu a vieme, čím nás ovplyvňuje. Potom sa dokážeme oprieť o svoje presvedčenia a emócie, aby sme sa rozhodli zo stredu. Ak sa necháme vtiahnuť do *naliehavej* akcie, pretože nám správa hovorí, že „už sú voľné len posledné tri miesta" alebo „30 ďalších ľudí si za posledných 24 hodín rezervovalo nocľah v tomto hoteli", možno sa nerozhodneme najlepšie. Bežne tomu hovoríme, že „myslíme na seba", ale je to skôr v duchu „emócie na seba". A naučiť to deti je dvojnásobne dôležité, keďže ony nemajú takú istú silu racionálneho a emocionálneho rozlišovania, ako máme my dospelí, keď sa rozhodujeme, čomu uveríme.

Konzumerizmus

Okolo roku 1965 slovo konzumerizmus dostalo význam „povzbudzovanie konzumácie ako ekonomická stratégia".[9] Odvtedy sa bežne označujeme ako konzumenti a nakupovanie je bežnou formou zábavy. Ako to súvisí s emóciami? Jedna línia je, že kupovanie a vlastnenie materiálnych vecí poháňajú emócie. Myslíme si, že dokážeme lepšie znášať životné ťažkosti, keď máme v mrazničke potravu alebo topánky v skrinke, a tak sa cítime *bezpečnejšie*. Nakupovanie často býva liekom na *nudu* a podporuje sa povzbudzovaním *nespokojnosti* alebo *vzrušenia*, niekedy sa dokonca spája s občianskou *vernosťou*. Keďže *nuda* je emócia, ktorá nám hovorí, že „nie je tu nič hodnotné pre mňa", máme sklon kupovať niečo nové, a to z nás robí konzumentov.

Spoločnosť

Autori sú presvedčení, že spoločnosť sa dá chápať ako „špecifický spôsob, ktorým skupina chápe a plní životné výzvy". Či už žijeme v rodine, podniku, susedstve, štáte, národe alebo náboženskom spoločenstve, spoločnosť definuje druh interakcií, ktoré sa očakávajú alebo akceptujú, rytmus jedál a náš vzťah k materiálnemu a duchovnému svetu. Takže spoločnosť sa definuje vyslovenými a nevyslovenými pravidlami každej skupiny a tieto pravidlá vyplývajú z podobnosti svetonázoru.

---

9   Online Etymology Dictionary, http://www.etymonline.com/index.php?term=consumerism

Primárna emócia asociovaná so spoločnosťou je *vernosť*. Toto je emócia, ktorá signalizuje, že sa vidím ako súčasť skupiny a budem, ak to bude potrebné, brániť hranice tejto skupiny. Ďalšie emócie, ktoré hrajú rolu v spoločnosti, sú *dôvera* a *ľahkosť*. Práve tak ako existujú emócie, ktoré tvoria spoločnosť, sú aj emócie, ktoré spoločnosť udržujú. Hlavná z nich je *hanba*. Príbeh *hanby* je, že si „uvedomujem, že som porušil pravidlá spoločnosti". Ak si to neuvedomujem alebo si nepriznám, že som prekročil nejaké spoločenské hranice, nebudem cítiť *hanbu*. Pravidlá, ktoré som porušil, môžu a nemusia byť explicitné a môžu byť jasne vyjadrené alebo nevyslovené. Intenzívna nepríjemnosť *hanby* nás vedie k tomu, aby sme dodržiavali pravidlá skupiny, ku ktorej patríme, či už je etnická, národná, organizačná alebo duchovná.

Keď skúmame vzťah spoločnosti k náladám a emóciám, často sa pozeráme nie na nálady a emócie samotné, ale skôr na ich prejavy. Hovoríme, že Taliani sú temperamentní, Kanaďania nie, Američania sú hluční a Švajčiari rezervovaní, zatiaľ čo bankári sú formálni, športovci agresívni a učitelia milí. Hoci to môže byť užitočné, aby sme vedeli, ako komunikovať s ľuďmi zo špecifických skupín, nedefinuje to všetky emócie, ktoré príslušníci danej spoločnosti majú, ale len tie, ktoré pomáhajú zachovávať pravidlá skupiny.

Podľa autorových skúseností majú všetci ľudia podobný rozsah možných emócií. To znamená, že *príbeh neprávosti*, čo vyvoláva emóciu, ktorú voláme *hnev*, existuje u všetkých ľudí bez ohľadu na ich prostredie. Aký je vzťah spoločnosti k *hnevu* a či to je emócia, ktorú je povolené cítiť a vyjadriť, to je už iná otázka. Ak ste strávili nejaký čas v Spojených štátoch, možno ste si všimli, že podobne ako v iných krajinách sú tu emócie, ktoré sa akceptujú a uprednostňujú, a potom sú aj také, ktoré sa odmietajú alebo považujú za nevkusné či tabu. *Nadšenie* a *ambície* sú dve také, ktoré nájdete hlboko zakorenené v spôsobe života Američanov. Emócie ako *akceptácia* (v interpretácii, ktorú sme uviedli vyššie) alebo *smútok* sa veľmi nepovažujú za cenné alebo užitočné. Ako sme už napísali, v tejto interpretácii emócií nie je nápomocné chápať emócie ako „dobré" alebo „zlé". Emócie sú jednoducho energia, ktorá nami hýbe, sprevádza naše skutky a pomáha vytvárať naše príbehy o sebe a o svete okolo nás. Takže to nie je ani chvála, ani kritika Spojených štátov, keď si všímame, ktoré emócie sú viac zastúpené a praktizované, len nám to môže pomôcť pochopiť Američanov. Ak nebudeme o Američanoch alebo ktorejkoľvek inej spoločnosti uvažovať z tejto perspektívy, skončíme pri povrchnejšom chápaní. Netreba ani hovoriť, že ktorákoľvek podskupina alebo jednotlivec z akejkoľvek spoločnosti môže mať veľmi rozdielnu emocionálnu orientáciu, ale existuje kolektívny pohľad, ktorý nám umožňuje nahliadnuť do spoločnosti, a takmer určite zohráva nejakú rolu v identite indivídua.

Všetky tieto pozorovania možno preniesť aj na iné spoločnosti, či už etnické, národné, regionálne, organizačné, lingvistické alebo demografické. Každá z nich bude mať jedinečný súbor presvedčení, hodnôt, pravidiel a noriem, ale ich podrobné preskúmanie každej ukáže spojenie s jej jedinečnou emocionálnou výbavou. Pochopiť hodnotu, ktorú spoločnosť prikladá emóciám všeobecne alebo špecifickým emóciám, je kľúčom k porozumeniu, prečo ľudia z tohto spoločenského prostredia idú životom tak, ako idú. Ak naozaj chceme rozumieť ostatným ľuďom, musíme ísť v tejto oblasti do značnej hĺbky.

Súťažné športy

Športy predstavujú telesné preteky s cieľom podľa istých pravidiel určiť, kto je spomedzi súťažiacich najlepší. No myslieť si, že šport je len telesný výkon, znamená opomenúť význam emócií, ktoré ženú telo do akcie. Bez *baženia*, *vášne* a niekedy aj *arogancie* by nebol dôvod zapojiť sa. Bez *radosti*, *pýchy* a niekedy aj *samoľúbosti* by nebolo vzrušujúce vyhrávať. Príbeh, ako telesne slabší vyhrá nad silnejším alebo telesne talentovanejším súperom, je archetypálny príbeh, ktorý siaha až k príbehu o Dávidovi a Goliášovi. Tieto príbehy stoja na emóciách *nádeje* a *obdivu.*

Okrem emócií súťažiacich sú tu emócie fanúšikov, trénerov, majiteľov tímov, sponzorov a všetkých ostatných, čo sú súčasťou športového systému. Či už sú fanúšikovia „skalní", alebo „sviatoční", ich emocionálnym poháňačom je *vernosť.* Ak je niekto šťastný, že jeho tím prehrával, a má skôr dôvod nariekať, tak ho pravdepodobne poháňa *nevôľa* alebo *cynizmus.* A tí, čo oslavujú víťazstvo, to robia z *pýchy, uspokojenia* alebo niekedy z *pomsty.*

V posledných desaťročiach možno pozorovať čoraz väčšiu extrémnosť športov. Niekedy sa to prejaví zmenou pravidiel, ktoré umožňujú pretekárom ísť rýchlejšie alebo viac riskovať, ale vidno to ešte viac na vzniku nových druhov športu. Expanzia extrémnych športov sa vytvorila na základe emócie *vzrušenia. Vzrušenie* sa vždy snaží zopakovať a byť intenzívnejšie. Takže športové udalosti sa snažia o vyššiu úroveň vzrušenia a emócia kŕmi samu seba. Náš súčasný svet športu stojí popri iných emóciách práve na tejto. To predpovedá ďalší vývoj takýchto športov, pretože vzrušenie sa nikdy neuspokojí, takže môžeme očakávať čoraz extrémnejšiu rýchlosť, výšku, dĺžku, hĺbku a aspoň viditeľnejšie riziko, pretože bez toho by nebolo väčšie vzrušenie.

Umenie

Spomedzi všetkých ľudských aktivít má najčastejšie priznávané emocionálne korene umenie. Predstavte si hudobný koncert a zvážte, ako je vystavaný tak, aby vytvoril alebo vyvolal špecifické emócie. Môže to byť *obdiv* virtuozity dirigenta alebo huslistu, *zúrivosť* heavy metalového koncertu alebo *potešenie* produkované jazzovou speváčkou. Ak niektorý typ hudby nenaplní očakávania základnej emocionálnej bázy, pravdepodobne bude označený ako *sklamanie,* čo je tiež emócia. Okrem emócií publika sú tu emócie hudobníkov, maliara alebo tanečnice. Pre nich môže byť súčasťou zmesi *vášeň, túžba* alebo *pýcha. Hnev, zlosť* alebo *sklamanie* môžu tiež sýtiť ich produkciu. Ľahké je predstaviť si, že tieto emócie boli prítomné, keď Picasso maľoval *Guernicu,* ako pripomenutie nemeckého útoku na civilné obyvateľstvo tejto dediny počas španielskej občianskej vojny. Emócie, tvoriace výbavu spoločenskej a národnej kultúry, sa pravdepodobne tiež prejavia v umení, čo znamená, že pozorovať umenie môže byť dobrým úvodom do pochopenia, čo je a čo nie je dôležité pre občanov tej-ktorej krajiny.

História

História sa dá a často sa aj prezentuje ako séria faktov, dátumov a mien, výsledkom čoho je, že sa javí bez života. Históriu však možno chápať aj ako emocionálnu choreografiu v čase. Ekonomické recesie a krízy, ktoré predchádzali svetovým vojnám, sa dajú pochopiť emocionálne ako obdobie, keď bolo veľa krajín v nálade *zúfalstva* a *beznádeje.* Šesťdesiate roky 20. storočia sa často označujú ako dekáda *hnevu,* ktorý viedol ku vzburám, a osemdesiate roky ako dekáda *nenásytnosti,* čo zase viedlo k nevyrovnanej ekonomike. Križiacke výpravy kresťanov boli poháňané takými emóciami, ako *zbožnosť* a *pomsta* za to, že sme kvôli islamu „stratili" Jeruzalem, kým skúmanie vo všetkých svojich formách bolo (a je) živené *zvedavosťou, údivom, ambíciami* a podobnými emóciami.

Ako som sa naučila ukázať svoje najlepšie emocionálne ja

Emocionálne poznanie doslova zmenilo môj osobný i profesionálny život. Počas intenzívnej, týždeň trvajúcej konferencie som si všimla, že som čoraz viac mentálne i emocionálne zaplavená, nové poznatky sa nerysovali a úzkosť narastala. Začala som sa pýtať, čo je so mnou „v neporiadku"? Prečo bolo také ťažké niečo sa naučiť? Prečo som zápasila? Počas zdanlivo náhodného rozhovoru s koučom som mu porozprávala o svojich pocitoch a on mi položil otázku, ktorá významne zmenila môj život. „Uvažovala si nad tým, že by si mohla byť introvertka?" V kultúre USA aspoň z môjho pohľadu to nie je práve kompliment. Sme krajina statočných, energických a výkonných – čo nie sú prívlastky, ktoré by som spájala s introverziou. Okrem toho som pri rôznych diagnostikách vždy vychádzala ako extrovert, takže som to mala aj „vedecky" potvrdené. Ukazuje sa, že som sa v mnohých ohľadoch žalostne mýlila.

Dan mi svojím diskrétnym, ale neuveriteľne efektívnym spôsobom pomohol uvidieť, že naozaj mám silné introvertné tendencie, že súčasťou mojej emocionálnej výbavy je emocionálna citlivosť a že tým, že o tom neviem, si neúmyselne spôsobujem utrpenie. Počas predošlých workshopov som každý deň sama podnikla prechádzku do prírody, ale na spomínanej konferencii som sa namiesto toho rozhodla byť stále spolu s ostatnými. Ukazuje sa, že to nebol najlepší nápad. Potrebovala som čas pre seba, aby som mohla veci spracovať, uvoľniť sa, nebyť stimulovaná ostatnými ľuďmi. Obrovský dar, ktorý mi Dan dal, nespočíval len v tom, že rozptýlil mnoho mylných názorov o introverzii, ktoré som mala, ale čo je dôležitejšie, pomohol mi ujasniť si, čo potrebujem, aby som sa postarala o seba, aby som mohla ukázať svoje najlepšie emocionálne ja. Vďaka Danovi si teraz dokážem efektívne vyžiadať čas pre samu seba, ktorý potrebujem, a mám možnosť ukázať sa v živote ako angažovaná, prítomná a radostná.

— E. C.

Ríše sa vybudovali na emócii *dôvery* (že my, dobyvatelia, máme schopnosť vládnuť lepšie ako ostatní) alebo *nedôvery* v iných ľudí, čo mali moc, *ambície* mať viac bohatstva alebo *nároku*, že si „zaslúžime byť vládcami". Palivo pre dobývanie pochádza z konkrétnych emócií, čo súvisia s príbehmi, ktorým veríme, o sebe a o druhých ľuďoch. Ľudská história sa opisuje ako „rozvíjajúca sa ľudská dráma" a my by sme dodali, že dráma je vystupňovaný výraz pre emócie.

Geografia

Súvislosť medzi emóciami alebo náladami a geografiou má mnoho foriem. Prírodné krajinky vyvolávajú emócie od *bázne* po *pokoj*. Hoci o návšteve konkrétnych lokalít rozprávame kvôli ich „drsnej kráse" alebo „priestrannosti", tieto „príčiny" vychádzajú z emócií, ktoré na tých miestach prežívame. Konkrétne miesta tiež majú alebo vyvolávajú nálady. Ostrovy sa často považujú za „izolované", čo môže tiež pochádzať z nálady *pokoja* a presvedčenia, že nechceme byť vyrušovaní, alebo *samoty*, pretože sa cítime fyzicky odrezaní od ostatných ľudí alebo oblastí. Nálada miest, ktoré vyrástli pri rieke, sa líši od nálady miest, ktoré sú pri oceáne. Hornaté regióny vytvárajú inú náladu ako rovné pláne alebo delty riek. A opäť, keďže do činnosti nás poháňajú emócie a nálady, pochopenie vplyvu geografie na náladu miesta a tamojších ľudí je podstatné na to, aby sme pochopili ich svetonázor.

Rod

Jedna z otázok, ktoré autori kladú najčastejšie, je, či veríme, že ženy sú „emocionálnejšie" než muži. Ak má tá otázka ten zmysel, či „majú ženy širšiu paletu možných emócií ako muži", tak by sme povedali, že nie. Nedá sa to celkom presne vedieť, ale na základe nášho pozorovania sme presvedčení, že oba rody majú podobný rozsah emócií. Ak má tá otázka zmysel, či „ženy cítia emócie viac než muži", naša odpoveď je, že „nevieme". Bolo dokázané, že ženy majú väčšiu prirodzenú schopnosť rozlišovať nuansy farieb ako muži, a keď sú nacvičené, majú väčšiu kompetenciu v aktivitách, ako je porovnávanie fotografií na základe farieb. Nie všetky, ale mnoho žien má túto vyššiu prirodzenú schopnosť a súvisí to s rodom. Takže ženy môžu vo všeobecnosti cítiť emócie viac než muži, ale povedali by sme, že do veľkej miery to závisí od toho, čo sme sa o emóciách naučili, keď sme rástli, a tiež od toho, koľko pozornosti a *dôvery* vkladáme do vnímania emócií. Ak sa pýtame na to, či „ženy viac prejavujú emócie ako muži", tak by sme povedali, že všeobecne je to pravda, ale máme pocit, že vo veľkej miere je to naučené, nie vrodené.

Otázka, „ktorý rod je lepší v emóciách", je podľa nás zväčša akademická. Práve tak ako každý, kto počuje, sa môže naučiť zameriavať pozornosť a počúvať rozdielne a detailnejšie, alebo každý, kto vie chodiť, sa môže naučiť chodiť efektívnejšie, tak isto je to aj s emóciami. Všetci sme boli obdarovaní emóciami ako ľudským atribútom a našou úlohou je naučiť sa o nich viac, praktizovať ich a učiť ostatných, aký je ich význam a ako ich možno navigovať.

„Izmy"

Nacionalizmus, konzumerizmus, evanjelizmus, socializmus, expanzionizmus, redukcionizmus, humanizmus, materializmus – tieto „izmy" (a mnohé ďalšie) opisujú istotu presvedčenia, čo súvisí s niekoľkými kľúčovými emóciami. Keď dosiahneme úroveň presvedčenia, že pri riadení nášho života niečo nie je len užitočné, ale je to aj jediná „pravá" cesta k poznaniu, dosiahli sme úroveň „izmu". Hlbšou emóciou v pozadí každého „izmu" je *správnosť*. To je emócia, ktorá nám umožňuje byť jednoznační a absolútne istí, že naše presvedčenie je „pravda". Takto vyjadrené to môže vyznievať negatívne, ale vlastne nám to dáva také možnosti, ako žiadna iná emócia. Aby sme bezvýhradne podporovali alebo bránili ideu, budeme potrebovať emóciu *správnosti*. Má však tienistú stránku v tom , že jej sila si vyžaduje, aby každé iné presvedčenie bolo vnímané ako nesprávne, čo znamená, že často bývajú znevažované alebo zničené.

Klimatická zmena

V súčasnej diskusii o globálnej klimatickej zmene sa utiekame k vede (produktu racionalizmu) ako k záchrane. Určite máme schopnosť zmeniť fundamentálne aspekty našej planéty prostredníctvom technológie (čo je produkt vedy), ale obyčajne neberieme do úvahy emócie, ktoré predovšetkým poháňajú vedu a technológie. *Zúrivo* alebo *zúfalo* voláme po činoch, ktoré môžu spomaliť alebo zastaviť túto tendenciu. Ozývajú sa hlasy, aby sa využívalo menej zdrojov, ale ak si uvedomíme, že všetky akcie sú vytvorené z určitých emócií, uvidíme, že to nerieši problém na jeho najzákladnejšej úrovni. Tou úrovňou sú emócie a nálady, v ktorých my ľudia žijeme. Jedným z poháňačov je emócia *nespokojnosti* s tým, čo máme, a ustavičná snaha o zmenu. Emócia *nároku* – že nám svet niečo dlhuje – je ďalšia.

Zvláštne je, že v rozhovoroch o zvládnutí klimatických zmien alebo iných celosvetových záležitostí sa sotva povie slovo o fundamentálnych emóciách a náladách, ktoré nás poháňajú. Ako keby sme všetci kolektívne boli slepí voči sile emócií, ktorá nás poháňa do činnosti. Ak je pravda, že klimatická zmena je výsledkom *ľudských aktivít*, ako sa to často hovorí, prečo sme si teda neosvojili emócie, ktoré nám umožňujú byť *konštruktívne neaktívni?* Čo by sa zmenilo, keby sme si kolektívne zvolili iný súbor emocionálnych poháňačov našich aktivít? Napríklad *vďačnosť, údiv, rešpekt?* Boli by *spokojnosť* alebo *uspokojenie* takou zlou alternatívou *nenásytnosti* a *výkonnosti?*

No, samozrejme, na to, aby sa to stalo, museli by sme inak chápať oblasť emócií. Museli by sme uveriť, že je to legitímna oblasť učenia a že máme schopnosť zvoliť si náladu, v ktorej žijeme. Museli by sme vidieť, že emócie majú takú konštruktívnu silu ako rozum a že vlastne oboje je *úžasný* pár, keď sa využíva spolu. Museli by sme sa naučiť počúvať hlbšie príbehy, ktoré si rozprávame, emócie, ktoré vytvárajú príbeh a pozorovateľa, ktorému tieto emócie patria. Skrátka, museli by sme posunúť naše chápanie, čo to znamená byť človek, a osvojiť si všetko v nás, nielen intelektové dary.

Od viny k uspokojeniu

Vždy som mala pocity viny za to, že netrávim dosť času so svojimi deťmi, keď som v práci, a za to, že netrávim dosť času v práci, keď som s deťmi. Kouč mi pomohol rozlíšiť emóciu viny od emócie nespokojnosti. To ma oslobodilo. Roky som strávila paralyzovaná, verila som, že sa cítim vinná, ale ak bola emócia, čo som cítila, nespokojnosť, tak je veľa vecí, ktoré by som mohla robiť, aby som vytvorila spokojnosť. Začala som si klásť otázky ako: „Ako by vyzeralo uspokojenie?" „Aké praktické kroky by som mohla podniknúť na to, aby som ho dosiahla?" „Keby som dosiahla uspokojenie, ako by vyzeralo?" Len čo som si začala predstavovať emóciu uspokojenia, náš rozhovor viedol k širšej záležitosti, k reflektovaniu uspokojenia pri tom, ako sa viac stávam „kráľovnou" (spokojná, schvaľujúca, dostatočná) vo svojom živote. Stále som niekde uprostred tohto skúmania, ale viac sa teším, keď som s deťmi a v práci, a som na dlhej ceste k tomu, aby som bola dôstojnešia aj v iných oblastiach svojho života.

— H. W.

Kapitola 9

ZÁVER

Neprejde ani chvíľa, aby sme neprežívali emóciu. Nič z toho, čo robíme (alebo nerobíme), sa nedeje bez energie emócií. Práve tak ako naše srdce bije bez prestania, či si to uvedomujeme, alebo nie, tak aj emócie stále plynú cez nás. A práve tak, ako často berieme svoje srdce ako samozrejmosť, často si neuvedomujeme fundamentálny význam našich emócií.

Túto knihu sme napísali s myšlienkou, že by vám mohla pomôcť uvedomiť si, všimnúť si, venovať pozornosť a učiť sa niečomu, čo je vašou súčasťou a neustálym spoločníkom. Emócie môžu byť jedným z najdôležitejších našich „aktív" alebo nástrojov, ktoré obohatia každú časť života, keď sa im naučíme rozumieť a naučíme sa ich tiež oceňovať. Príbehy, ktoré sme sa naučili, že emócie nie sú užitočné, že nám stoja v ceste, sú vrtošivé, svojvoľné alebo niečo, za čo sa máme hanbiť, nám už neslúžia. Nastal čas pozrieť sa znovu a prijať dar, ktorý na nás čaká.

Lucy a ja vám želáme úžasnú cestu do emocionálneho vedomia a gramotnosti. Ak bude vaša cesta podobná ako naša, tak v nej budú momenty údivu a tiež hrôzy. Mohli by ste si začať zaznamenávať svoje emócie a spriateliť sa s nimi, aj keď budú nepríjemné. Keď cestujete touto „krajinou emócií", začnete si rozumieť aj v oblastiach, ktorým ste predtým nikdy nerozumeli. Ostatní ľudia budú pre vás zrozumiteľnejší. Svet bude po mnohých stránkach oveľa jednoduchší.

Napokon budete mať príležitosť rozpovedať, čo ste zažili, aj ostatným. Keď sa to stane, rozšíri sa nové chápanie emócií ako gramotnosť. Veríme, že jedného dňa sa emocionálna gramotnosť stane „bežnou záležitosťou" tak isto, ako je čítanie a písanie pre väčšinu ľudských bytostí. A svet sa stane miestom, kde budú možné veci, ktoré doteraz nikdy neboli. To je náš sen.

Čo som sa naučila od závisti

Pred mnohými rokmi som pri koučovaní identifikovala u seba pocit závisti, že niekto iný, koho poznám, má také možnosti, ako ja nemám. Keďže som závisť považovala za „zlú" emóciu, bola som presvedčená, že by som ju nemala cítiť, a dokonca som váhala, či mám o nej nahlas hovoriť. Dan mi pomohol dekonštruovať závisť a ja som ju začala chápať ináč a odišla som od sebaľútosti. Naučila som sa, že závisť znamená „chcem niečo vo svojom živote, čo má iný človek vo svojom". Naučila som sa, že mu to buď môžem zobrať, alebo si urobiť plán, ako tú vec dosiahnem. Emócia, ktorú som cítila, nemala nič spoločné s tým, aby som mu to vzala, len to, že som po tom túžila, ale v mojom živote sa táto túžba nesplnila. Odvtedy som začala určovať kroky, aby som získala to, čo chcem. Ten rozdiel spôsobilo to, že som pochopila, čo sa mi závisť pokúšala povedať a ako sa ma snažila sprevádzať.

— S. S.

Teraz viem zmerať teplotu svojich emócií

Myslím, že veľký poznatok pre mňa bol, keď som privítala emócie. Najprv som si uvedomila emócie, že sú tu, že sú prítomné, sú darom a netreba s nimi bojovať. Myslím, že veľmi veľa rokov som žila veľmi rozkúskovaný život, a myslím, že to odráža určité odpojenie od emócií, keď žijeme po kúskoch. Neuvedomovala som si svoje pocity, až na to, keď bolo veľmi zle.

Mnoho rokov som nemala ani tušenia o emóciách. Pre mňa to bolo niečo ako ročné obdobia, ale aj v ročných obdobiach sa mení teplota. Dnes si viac uvedomujem teplotu ako ročné obdobia. Zima v roku 2015 bola pre mňa veľmi surová a ja som ju prijala. Nebojovala som s ňou. Môj vzťah k emóciám je čosi ako môj vzťah k teplote. Pomyslím si: „Pozrime sa, kde som" a odmeriam teplotu svojich emócií. Som zvedavá.

Myslím, že tento poznatok vyšiel z veľmi veľkej nespokojnosti, že život tak, ako ho žijem, nefunguje. Z výcviku som si odniesla poznatok, že neletím poslepiačky. Dostávam informácie od svojich emócií, ale musím spomaliť a počúvať ich a z toho môžem robiť závery a konať podľa toho, čo som počula. Pocítila som veľkú úľavu, keď som zistila, že život je taký štedrý a je tu toľko sprievodcov len pre mňa, a ja musím len spomaliť, prijať to, počúvať, dávať pozor a stať sa iným pozorovateľom. Vnímať nielen to, čo sa deje vonku, ale aj to, čo sa deje vo vnútri.

Život je teraz úplne iný. Je ako noc a deň. V tej veľkej kríze, čo som zažila koncom roka 2014, keď som bola oklamaná a stratila som obrovské sumy peňazí, som cítila veľa smútku. Objavila sa aj hanba a moje učenie sa emóciám ma viedlo pozrieť sa, čo tam je. Vďaka hlbšiemu uvedomeniu som pochopila, že ja som väčšia ako akákoľvek emócia, čo sa ukázala. Nemusela som byť zhltnutá ani spláchnutá mojimi emóciami. Keď sa to stalo, neklesla som do hanby, ako v začarovanom kruhu, keď idete stále dolu. Bola som schopná byť s tým, čo tam bolo, pretože teraz viem, že v živote nič netrvá večne. Je mi jedno, ako mizerne sa cítite, ono sa to zmení. Je mi jedno, akí šťastní ste, ono sa to zmení. Život nikdy nezostane rovnaký. Nemyslím, že som nejaká výnimočná; myslím si len, že som sa naučila nechať svoje emócie byť tým, čím sú, a nechať život, aby bol životom.

— K. F.

Kapitola 10

SLOVNÍK EMÓCIÍ A NÁLAD

Táto kapitola má slúžiť ako slovník na momenty, keď sa stretnete s emóciami, ktoré nepoznáte alebo sú vám nejasné. Usporiadali sme všetky emócie a nálady podľa abecedy a priradili sme k nim etymológiu, informáciu alebo príbeh, ktoré poskytuje, telesnú inklináciu, čiže predispozíciu, ako nás podporuje, účel emócie a nálady, ktoré s ňou nejako súvisia. Je to pracovný zoznam, ako sme uviedli na začiatku, nie je to univerzálny zoznam emócií a nálad a my ho neprestajne dopĺňame.

Emócia	Koreň	Príbeh
Agónia	Agony, lat. *agonia*, gr. *agonia*, „(mentálny) zápas o víťazstvo“, pôvodne „snaha vyhrať v hre“	„Toto sa nedá vydržať.“
Akceptácia	Acceptance (koniec 14. st.), „vziať, čo sa ponúka“, zo starej franc. *accepter* (14. st.) alebo priamo lat. *acceptare*, „ochotne vziať alebo dostať“	„Uznávam, že život je taký, aký je, aj keď nemusím súhlasiť, osvojiť si to alebo sa mi to nemusí páčiť.“
Ambícia	Ambition, lat. *ambitionem*, „obchádzať“, obzvlášť získavať hlasy	„Verím, že život má pre mňa prichystané možnosti a ja ich využijem.“
Antipatia	Antipathy, lat. *antipathia*, gr. *antipatheia*, „opačný pocit; na odplatu za utrpenie; pociťované vzájomne“, *anti-*, „proti“ + koreň *pathos*, „pocit“	„Prežívam opačný pocit ako táto osoba.“
Apatia	Apathetic, gr. *apatheia*, „absencia utrpenia, nepriechodnosť, nedostatok vzrušenia“, *apathes*, „bez pocitu, bez utrpenia“, *a-*, „bez“ + *pathos*, „emócia, pocit, utrpenie“	„Je mi to jedno.“
Arogancia	Arrogance (1300), stará franc. *arrogance*, lat. *arrogantia*, „domnienka, spupnosť, drzosť“	„Odhadujem, že ostatní ľudia sú menej inteligentní alebo schopní, ako ja, a preto som lepší ako oni.“

Predispozícia	Účel	Súvisiace emócie
Trpieť bolesťou alebo zápasom	Bojovať aj napriek nesmiernej bolesti	Podobné stiesnenosti, ale viac v telesnej oblasti
Byť v nehybnosti bez energie ktorýmkoľvek smerom	Schopnosť vyrovnať sa s faktami života okolo nás, odpočívať v mieri a pokoji	Keďže akceptácia sa javí ako neaktívna, možno si ju zameniť s rezignáciou, ktorá vyzerá podobne. Rozdiel je v príbehu.
Angažovať sa vo svete	Angažovať sa vo svete a vyhľadávať nové možnosti	Možno si spliesť s netrpezlivosťou, so vzrušením alebo nadšením
Nesúhlasiť	Rozpoznať svoje vlastné emócie príbuzné iným	Opak sympatie a niekedy sa zamieňa za neľúbosť alebo pohŕdanie
Vzdať sa zodpovednosti alebo účasti	Nemíňať emocionálnu energiu	Podobné nezaujatosti, ale s nádychom beznádeje
Zaobchádzať s ostatnými ako s menej dôležitými alebo inteligentnými ako ja; znížiť sa v reči alebo správaní	Správať sa, ako keby sme boli morálne nadradení voči ostatným.	Kontrastuje s poníženosťou a často býva zdrojom zľutovania sa nad ostatnými.

Emócia	Koreň	Príbeh
Ašpirácia	Aspiration, lat. *aspirare*, „dýchnuť na, fúknuť na, dýchať"	„Ťahá ma to stúpať, rásť alebo vyhľadávať niečo vyššie."
Bázeň	Awe (1300), *aue*, „strach, hrôza, veľká úcta", staršie *aghe* (1200), zo škandinávskeho zdroja, ako v starej nórčine *agi*, „úľak"	„Toto je väčšie a silnejšie ako ja a ľahko by ma to mohlo zraniť."
Baženie	Yearning, st. angl. *giernan*, „usilovať sa, snažiť sa, túžiť, hľadať, prosiť, žiadať"	„V živote nie je nič dôležitejšie, ako ísť za týmto."
Besnenie	Rage, stred. lat. *rabia*, *rabies*, „šialenstvo, zúrivosť, besnenie"	„Nič nie je hodné záchrany."
Bezmocnosť	Helplessness, st. angl. význam „neschopný konať za seba" (1200), od *help* + *less*	„Nie som schopný urobiť to sám."
Beznádej	Hopelessness, st. angl. *hopian*, „želanie, očakávanie, tešiť sa (na niečo)" neznámeho pôvodu + „chýba, nemôže byť, nie je" zo st. angl. *-leas*	„V tejto situácii nie sú žiadne možnosti."

Predispozícia	Účel	Súvisiace emócie
Postupovať k novým možnostiam; skúšať nové veci, ktoré predtým neboli v mojom dosahu	Rásť	Podobné inšpirácii, ale viac sa týka vlastného rastu ako aktivácie iných ľudí
Pristupovať s chvením a úzkosťou, uctievať a obdivovať	Pomáha nám udržiavať ľudskú moc v perspektíve s univerzom okolo nás.	Spojené s inšpiráciou a údivom, ale obsahuje aj element strachu
Sledovať zdroj baženia	Povedať nám, o čom sme presvedčení, že je to najdôležitejšia možnosť v živote.	Túžba, erotika. Opak ľahostajnosti alebo ambivalencie
Zničiť bez ohľadu	Odstrániť staré, o čom sme presvedčení, že nie je hodné záchrany	Príbuzné hnevu, ale viac sa spája s vnímaným zlom než nespravodlivosťou, zúrivosť
Čakať na pomoc iných	Umožňuje nám prijímať, keď nie sme schopní nič urobiť	Zúfalstvo, ale nie nevyhnutne negatívne; rezignácia, ale kvôli skutočnej neschopnosti
Vzdať sa a nekonať	Rozpoznať, že nič, čo budeme robiť, nespôsobí zmenu, a vzdať sa.	Rezignácia, ale viac ukotvené vedomie, že nemám potrebnú silu na zmenu vecí

Emócia	Koreň	Príbeh
Bezpečie	Safety, lat. *salvus,* „nezranený, v dobrom zdravý, bezpečný", príbuzné *salus,* „dobré zdravie", *saluber,* „plný zdravia"	„Nebudem zranený."
Bezstarostnosť	Serenity, lat. *serenus,* „mierny, pokojný, jasný"	„Všetko je v poriadku."
Bieda	Misery, lat. *miseria,* „úbohosť, nešťastie"	„Svet je strašné miesto."
Blahosklonnosť	Despise, lat. *despicere,* „pozerať sa zvrchu, opovrhovať", *de-,* „dolu" + *spicere,* „pozerať sa na"	„Toto je pod moju úroveň."
Bláznivý	Foolish, vulg. lat. *follis,* v zmysle „utáraný človek, čo má prázdnu hlavu"	„Netreba o tom veľa premýšľať."
Blaženosť	Bliss, stará angl. *blis,* „blaženosť, veselosť, šťastie, milosť, priazeň", z protonemeckého *blithsjo, blithiz,* „jemný, milý" + *-tjo,* prípona podstatného mena	„Toto je hlboko uspokojujúce."
Bojazlivosť	Timid, lat. *timidus,* „bojazlivý, vystrašený, zbabelý"	„Viac budem v bezpečí, ak sa nebudem prejavovať."

Predispozícia	Účel	Súvisiace emócie
Byť v ľahkosti	Odpočívať a slobodne sa hýbať	Podobné mieru alebo vyrovnanosti, ale najčastejšie je to o vyhýbaní sa zraneniu
Ostať v ľahkosti	Odpočívať bez starostí	Podobné mieru, pokoju
Trpieť	Pomôcť nám, aby sme videli najhoršie stránky ľudského života	Príbuzné agónii, stiesnenosti, odpudivosti
Znížiť sa buď slovami alebo činmi, opovrhovať	Vidieť, ako hodnotíme svoje postavenie v porovnaní s inými	Možno si ho zmýliť s nenávisťou, ale má tendenciu byť viac o človeku ako o nespravodlivosti
Konať bez rozmýšľania o dôsledkoch	Konať bez rozmýšľania	Trochu ako naivita, ale podobnejšie hlúposti než nevedomosti
Chcieť nasledovať zdroj tohto vnemu	Ukazuje nám zdroje nášho naplnenia	Druh aktívnej radosti, ktorá si nevyžaduje vonkajšiu oslavu
Skryť sa alebo ostať mimo činnosti	Umožňuje nám pozorovať z odstupu mieru nebezpečenstva	Podobné plachosti

Emócia	Koreň	Príbeh
Bravúra	Bravado (1580), z franc. *bravade*, „vystatovanie, chvastanie sa", z tal. *bravata*, „vystatovanie, chvastanie sa" (16. st.), z *bravare*, „vystatovať sa, chvastať sa, byť drzý", z *bravo*. Angl. slovo ovplyvnené špan. slovami končiacimi sa na -*ado*	„Budem sa správať, ako keby som mal viac odvahy, ako mám."
Buričský	Rebellious, lat. *rebellis*, „vzbúrenec, rebel", od *rebellare*, „rebelovať, re-voltovať", *re-*, „opak, proti" + *bellare,* „viesť vojnu", *bellum*, „vojna"	„Porušujem pravidlá a ja to viem."
Clivota	Wistfulness, možno zo zast. *wistly*, „úmyselne" (1500), neistého pôvodu. Str. angl. *wistful* znamenalo „hojný, dobre zásobený", od st. angl. *wist*, „proviant"	„Cnie sa mi za minulosťou, keď som mal všetko, čo som potreboval alebo chcel."
Cynizmus	Cynism, v starovekej gr. filozofii *kynikos*, „nasledovník Antisthena", doslova „psí", od *kyon* (gen. *kynos*), „pes". Údajne podľa škľabiaceho sa sarkazmu filozofov, ale pravdepodobnejšie od *Kynosarge*, „Sivý pes", názvu telocvične mimo Atén, kde učil zakladateľ Antisthenes a jeho žiak Sokrates.	„Nedôverujem zjavne dobrým úmyslom iných ľudí."

Predispozícia	Účel	Súvisiace emócie
Útočiť alebo zavádzať	Umožňuje nám to prevziať iniciatívu vtedy, keď sa bojíme alebo sa nám nechce	Možno si ju pomýliť s odvahou alebo riskovaním
Vedome porušovať pravidlá	Porušiť spoločenskú konvenciu	Príbuzné nezbednosti a nespokojnosti, ale aktívnejšie a vážnejšie
Chcem znovu vytvoriť tie časy, ktoré boli hojnejšie	Ukazuje nám, čo z minulosti sme považovali za dobré	Podobné nostalgii, ale obsahuje trochu viac bolesti a nie také orientované na činnosť. Ako ľutovanie, ale nie také hlboké
Odmietnuť všetky pozitívne alebo nádejné možnosti	Spochybniť nepodložené vzrušenie	Dá sa chápať ako aktívna rezignácia

Emócia	Koreň	Príbeh
Čakajúci	Expectant, lat. *expectare*, „čakať, hľadať; túžiť, dúfať, anticipovať; očakávať s anticipáciou" *ex-*, „celkom" + *spectare*, „pozerať sa"	„Čakám a veľmi si uvedomujem, že čakám."
Česť	Honor, lat. *honorem*, „dôstojnosť, pozornosť, povesť", neznámeho pôvodu	„Tradícia velí, aby to tak bolo."
Ďakovanie	Thankfulness, st. angl. *pancian*, *poncian*, „vzdávať vďaku, odmeniť sa, odslúžiť sa"	„Vymeniť niečo cenné za protihodnotu."
Depresia	Depression, zač. 14. st., „silou dať dolu", st. franc. *depresser*, neskoro lat. *depressare*, opakovacie lat. *deprimere*, „tlačiť dolu", *de-*, „dolu" + *premere*, „tlačiť"	„Táto situácia ma obrala o nádej a energiu."
Dezorientovaný	Befuddled (1580), „opiť sa", (neprechodné); (1600), „motať sa ako opitý" (prechodné); nejasného pôvodu, azda z dolnej nemčiny *fuddeln*, „pracovať lenivo (ako opitý)"	„Som dezorientovaný vo svojom zmätku."
Dobrodružnosť	Adventurousness, lat. *adventura*, „čo sa má stať", *adventurus*, „nastať, dosiahnuť, prísť do", *ad-*, „do" + *venire*, „prísť"	„Niečo úžasné sa stane v tejto činnosti."

Predispozícia	Účel	Súvisiace emócie
Uvedomovať si, že je niečo, čo chceme, aby sa v blízkej budúcnosti stalo	Pomáha nám porozumieť, po čom túžime, aby sa nám stalo	Podobné ako úzkostný, len bez obáv
Konať podľa tradičných noriem a očakávaní	Zachovať minulý poriadok	Niekedy sa neodlišuje od úcty, ale je to skôr o minulej tradícii než o uznaní kvality
Zapojiť sa do vzájomnej výmeny	Umožňuje nám uznať, ktoré veci majú hodnotu	Možno zameniť s vďačnosťou, ale toto je skôr o výmene ako o dávaní
Ostať nečinný	Zastaviť sa a pouvažovať, kde by som mohol nájsť nádej a energiu	Príbuzné sklamaniu, ale vážnejšie. Podobné beznádeji alebo malomyseľnosti
Motať sa duševne v snahe pochopiť	Umožňuje nám hľadať a snažiť sa pochopiť náhodným spôsobom	Podobné ako dopletený a zmätený, ale bez duševnej jasnosti
Plne sa angažovať do skúmania	Skúmať bez strachu	Podobné nadšeniu, ale bez božského spojenia a viac pre zmyslovú radosť

Emócia	Koreň	Príbeh
Domýšľavosť	Vanity, lat. *vanitatem*, „prázdnota, bezcieľnosť, faloš"	„Cítim sa prázdny alebo bezcenný, ale chcem sa tomu vyhnúť."
Dopletený	Baffled (1540), „potupa", možno škótsky prepis *bauchle*, „verejná potupa" (najmä krivoprísažného rytiera), čo pravdepodobne súvisí s francúzskym *bafouer*, „zneužiť, obalamutiť"	„Nerozumiem niečomu, o čom som si myslel, že tomu rozumiem, alebo že by som mal rozumieť."
Dôstojnosť	Dignity, lat. *dignitatem*, „hodnota", od *dignus*, „hodnota, hodnotný, vhodný, príhodný"	„Som hodný."
Dôvera	Trust, st. nór. *traust*, „pomoc, sebadôvera, ochrana, podpora", st. hor. nem. *trost*, „vernosť", nem. *Trost*, „útecha, potecha", gotika *trausti*, „dohoda, spojenectvo"	„Môžem sa spoľahnúť, že tento človek alebo vec splnia to, čo sľúbili."
Empatia	Empathy, gr. *empatheia*, „vášeň, stav emócie", asimilovaná forma *en-*, „v" + *pathos*, „pocit"	„Cítim to, čo cíti ten druhý človek."
Erotika	Eroticism, gr. *erotikos*, „spôsobené vášnivou láskou, označujúci lásku", *eros*, „pohlavná láska"	„Túžim stať sa jedno s druhým človekom."
Eufória	Euphoria, lek. z gr. *euphoria*, „sila ľahko vydržať", *euphoros*, doslova „dobre znášať", *eu-*, „dobre" + *pherein*, „niesť"	„Mám zážitok výnimočnej pohody."

Predispozícia	Účel	Súvisiace emócie
Snažiť sa vyzerať krajší, zručnejší alebo nadanejší, ako som	Pomáha mi vo vzťahu s druhými ľuďmi javiť sa ako niečo viac, ako v skutočnosti som	Príbuzné arogancii a narcizmu v tom, že predstieram, že som viac, ako v skutočnosti som
Hľadať poriadok a porozumenie	Byť si vedomý svojho zmätku alebo neporozumenia	Podobné ako zmätok, ale viac súvisí s niečím, o čom sme si mysleli, že tomu rozumieme, a teraz si uvedomujeme, že nie
Uctiť si sám seba, vytvoriť sebaúctu	Umožňuje nám stanoviť si a chrániť svoje hranice	Možno si ju zmýliť s aroganciou alebo narcizmom
Koordinovať činnosť	Schopnosť interagovať so svetom, s ostatnými ľuďmi alebo so sebou	Podobné sebadôvere, ale zo severoeurópskeho lingvistického koreňa, nie z latinského. Niekedy sa nerozlišuje od naivity
Rezonovať s emóciami druhého	Pomáha nám porozumieť, aké emócie prežívajú druhí ľudia	Podobné sympatii, ale silnejšie spojenie so subjektom. Často sa zamieňa so súcitom
Splynúť s druhým	Umožňuje nám úplne sa zjednotiť s druhým	Často sa nerozlišuje od vášne, sexuality alebo žiadostivosti
Ostať v tom zážitku	Pomáha nám pochopiť mieru, do akej môže byť pohoda príjemná	Možno si ju pomýliť s extázou, vzrušením alebo erotikou

Emócia	Koreň	Príbeh
Extáza	Ecstasy, „mysticky pohltený", gr. *ekstatikos*, „nestabilný, má sklon odchádzať"	„Som v prítomnosti nepochopiteľného."
Fascinácia	Fascination, lat. *fascinatus*, „začarovaný, okúzlený, fascinovaný", od *fascinus*, „očariť, okúzliť, počarovať, začarovať", nejasný pôvod	„Som k niečomu veľmi priťahovaný, dokonca aj keď nerozumiem, prečo."
Frustrácia	Frustration, lat. *frustrationem*, „podvod, sklamanie"	„Už sa to malo udiať."
Hanba	Shame, pravdepodobne z protoindoeur. **skem-*, od *kem-*, „zakryť" (zakrývanie je bežný prejav hanby)	„Porušil som normy svojej spoločnosti."
Hnev	Anger, lat. *angere*, „škrtiť, mučiť", (1200) „dráždiť, hnevať, provokovať," zo starej nórčiny	„Vnímam neprávosť; niekoho alebo niečo treba obviniť a potrestať."
Hnus	Revulsion, lat. *revulsionem*, „odtrhnutie, odtiahnutie", príč. min. od *revellere*, „odtiahnuť, *re-*, „preč" + *vellere*, „trhať, ťahať"	„Toto ma znechucuje."
Hojnosť	Exuberant, lat. *exuberantem*, „nadbytok", príč. prít. od *exuberare*, „byť v nadbytku, rásť luxusne", z *ex-*, „celkom" + *uberare*, „byť plodný"	„Život je plný prísľubov."

Predispozícia	Účel	Súvisiace emócie
Byť pohltený	Pomáha nám vidieť nesmiernosť a nepochopiteľnosť univerza	Intenzívna vášeň alebo erotika. Môže sa podobať bázni, ale bez elementu strachu
Sledovať a vyhľadávať spojenie	Priťahovať nás k veciam a ľuďom, keď nevieme prečo	Podobné očareniu alebo začarovaniu
Pustiť sa do človeka alebo veci, o ktorej verím, že bráni, aby sa „to" udialo.	Vedieť, kedy sme dosiahli svoj limit snahy a potrebujeme zmenu	Často sa neodlišuje od podráždenia alebo mrzutosti, ale nesie iné posolstvo.
Skryť sa pred odsúdením a trestom od mojej komunity	Rozpoznať normy spoločnosti a kedy sme ich prekročili	Často sa nerozlišuje od pocitov viny
Potrestať vnímaný zdroj neprávosti	Vytvoriť a udržať spravodlivosť na svete	Často sa mýli s rozhorčením kvôli podobnej energii a pocitom v tele
Odvrátiť sa	Vedieť, čoho sa chcem zbaviť	Príbuzné znechuteniu, ale silnejšie, alebo neľúbosti a nechuti, ale oveľa silnejšie
Pustiť sa do možností, ktoré prináša život	Chápať, aký hojný život môže byť	Podobné nadšeniu, hoci sa nespája s božským, ale viac so životom na ľudskej úrovni

Emócia	Koreň	Príbeh
Hravý	Playful, st. angl. *plegan*, „hýbať sa rýchlo, zamestnávať sa, cvičiť; samopaš; robiť si posmech; hrať hudbu"	„Toto je zábava."
Hrôza	Dread (koniec 12. st.), skr. st. angl. *adreadan*, skr. *ondreadan*, „odradiť alebo radiť proti"	„Môžem všetko stratiť a s takou možnosťou sa neviem zmieriť."
Chamtivosť	Covetous, lat. *cupiditas*, „vášnivá túžba, horlivosť, ambícia"	„Chcem, aby to bolo moje bez ohľadu na dôsledky."
Inšpirácia	Inspiration, lat. *in-* + *spirare*, „dýchať"	„Dokážem druhých podnietiť alebo primäť do práce."
Istota	Certainty, vulg. lat. *certanus*, lat. *certus*, „istý, pevný, stály, určený"	„Ja viem."
Jed	Ire, stred. hor. nem. *erken*, „znechutiť"	„Toto ma znechucuje."
Lascívny	Lascivious, neskorá lat. *lascivia*, „necudnosť, hravosť, veselosť, veselie", *lascivus*, „necudný, hravý, veselý, roztopašný"	„Toto je v sexuálnom zmysle skazené."
Láska	Love, st. angl. *lufian*, „starať sa o koho, ukazovať lásku; potešenie z čoho, schváliť"	„Akceptujem a starám sa o tohto človeka takého, aký je."

Predispozícia	Účel	Súvisiace emócie
Konať pre radosť z činnosti	Užívať si činnosť	Potešenie
Vzdať sa alebo nanajvýš postupovať veľmi opatrne	Uvádza nás do stavu pohotovosti voči tomu, čo nás môže zničiť alebo vážne poškodiť	Silná, ako môže byť strach, ale vágna ako úzkosť
Chcieť si vziať niečo, čo nie je moje	Vedieť, po čom vášnivo túžime alebo si nárokujeme	Závisť, nenásytnosť a žiarlivosť
Vplývať na druhých, aby konali novým spôsobom	Podporovať rast a skúmanie u druhých	Podobné ako ašpirácia, len sa zameriava na aktivizáciu druhých
Ostať pevný a nemeniť sa	Zaujať stanovisko	Podobné správnosti, ale nie z princípu moralistické
Odtlačiť to alebo sa zbaviť zdroja	„Vypľuť" alebo vyhodiť to, čo sa mi nepáči	Podobné znechuteniu, ale má iný lingvistický koreň
Flirtovať	Spojiť sa sexuálne	Príbuzné erotike, ale silne sexuálnej povahy
Legitimizovať druhého človeka takého, aký je	Udržiavať spojenie bez ohľadu na okolnosti	Často sa zamieňa za páčenie sa, čo je užívať si spoločnosť druhého, nie hlboko ho akceptovať

Emócia	Koreň	Príbeh
Láskavosť	Kindness, st. angl. *gecynde*, „prirodzený, rodný, vrodený", pôvodne „s pocitom príbuznosti s každým"	„Správajú sa ku mne ako k členovi rodiny."
Lenivosť	Laziness, pravdepodobne pochádza z dol. nem. *laisch*, „slabý, vetchý, unavený". Myslelo sa, že to je od *lay.* „ležať"	„Vôbec netúžim niečo robiť."
Ľahkosť	Ease (1200), „telesná pohoda, nerušený stav tela; pokoj, mier duše", st. angl. *aise*, „pohoda, slasť, pokoj; príležitosť", čo je neznámeho pôvodu napriek snahe prepojiť to s rôznymi lat. slovesami; azda keltské	„Toto si podľa môjho odhadu vyžaduje veľmi málo snahy."
Ľahostajnosť	Indifference, lat. *indifferentem*, „nelíšiaci sa, nie konkrétny, nedôsledný, ani dobrý, ani zlý", *in-*, „ne, opak" + *differens,* príč. prít. od *differe*, „oddeliť"	„Je mi to jedno."
Ľutovanie	Regret, „pozrieť sa späť s nevôľou alebo smutnou túžbou; žialiť na základe spomienky" (koniec 14. stor.), st. franc. *regreter*, „túžiť po, oplakávať, lamentovať nad smrťou niekoho; žiadať o pomoc"	„Život by bol lepší, keby som mal alebo nemal x."

Predispozícia	Účel	Súvisiace emócie
Cítiť sa vítaný	Ľahko sa kontaktovať a akceptovať pozornosť druhých ľudí	Podobné nežnosti, ale nezaoberá sa natoľko vytváraním bezpečia
Robiť málo alebo nič	Odpočívať	Spomalený
Robiť to, čo robíme, s radosťou a porozumením	Hovorí nám, na ktoré aktivity máme schopnosti a robíme ich bez veľkej námahy	Príbuzné šťastiu alebo potešeniu, ale viac sa týka energie než radosti
Nasledovať akýkoľvek sled činov, čo navrhujú alebo vykonávajú iní	Podriadiť sa vedeniu iných alebo nechať prebiehať situácie, ktoré nie sú pre nás obzvlášť dôležité	Podobné ambivalencii, ale viac o nedostatku záujmu než o schopnosti podporovať rôzne stanoviská. Niekedy sa mýli s apatiou
Potrestať sa za to, že som v minulosti niečo urobil alebo neurobil	Reflektovať rozhodnutia, ktoré sme spravili, a použiť ich ako návod do budúcna	Často naznačuje nedostatok statočnosti v minulosti. Ako nostalgia, ale pozerá sa na to, čo sa stratilo, nie na to, čo bolo dobré

Emócia	Koreň	Príbeh
Malomyseľnosť	Despondence, lat. *desponde-re*, „vzdať sa, stratiť, stratiť srdce, rezignovať, manželský sľub" (najmä fráza *animam despondere*, doslova „vzdať sa svojej duše")	„Všetko som stratil."
Melanchólia	Melancholy, neskoro lat. *melancholia*, gr. *melank-holia*, „smútok", doslova „čierna žlč", *melas*, „čierny" + *khole*, „žlč". Stredoveká medicína pripisovala depresiu nadbytku „čiernej žlče", výlučku sleziny a jednej zo štyroch „telesných štiav".	„Som smutný a nemám sklon konať."
Mier	Peace, lat. *pacem*, „doho-da, zmluva, mierový pakt, pokoj, absencia vojny"	„Všetko je dobre."
Morózny	Morose, lat. *morosus*, „morózny, nevrlý, hyperkri-tický, prieberčivý" od *mos*, „zvyk, obyčaj"	„Všetko je zlé a to je príči-na mojej nálady."
Mrzutosť	Aggravation, z lat. *aggra-vatus*, príč. min. *aggra-vare*, „zhoršiť sa", doslova „sťažiť"	„Táto situácia je znervózňujúca a oslabuje moju energiu."
Nadšenie	Enthusiasm, gr. *enthousi-asmos*, „božská inšpirácia", *enthousiazein*, „byť in-špirovaný alebo ovládaný bohom, byť nadšený, v ex-táze," *entheos*, „božsky in-špirovaný, ovládaný bohom, *en-*, „v" + *theos*, „boh"	„Dôvod môjho záväzku je ušľachtilý alebo dokonca božský."

Predispozícia	Účel	Súvisiace emócie
Nehybnosť	Pomáha nám vidieť, čo je pre nás dôležité na tej najzákladnejšej rovine – duši	Podobné zúfalstvu, ale vážnejšie alebo hlbšie
Hovieť si v nedostatku energie alebo motivácie	Vedieť, kedy sme telesne mimo rovnováhy	Smútok, ľahostajnosť, lenivosť
Pohybovať sa s ľahkosťou	Odpočívať bez starostí	Pokoj, vyrovnanosť
Hovieť si v príbehu o zlom živote	Pomôcť nám, aby sme videli, ako by vyzeral život, keby bolo naozaj všetko zlé	Bieda, odpudivosť
Spomaliť a posunúť sa do nálady podráždenia; sťažovať sa	Vidieť, čo nám bráni byť v stave plynutia (flow)	Ako podráždenie, len ťažšie. Príbuzné frustrácii, ale menej morálneho príbehu
Konať na základe príčiny väčšej, ako som ja alebo my	Umožňuje nám spojiť sa so záujmami a príčinami väčšími, ako sme my	Často sa zamieňa za vzrušenie, ale má súvis s „bohmi" alebo božským, čo vzrušenie nemá

Emócia	Koreň	Príbeh
Naivita	Naivity, lat. *nativus*, „nie umelý", tiež „prirodzený, dedinský", doslova „narodený, vrodený, prirodzený"	„Všetko v živote by malo byť dobré a také, ako to ja chcem."
Nádej	Hope, st. angl. *hopian*, „želanie, očakávanie, tešenie sa (na niečo)" neznámeho pôvodu	„Budúcnosť bude lepšia, ako je prítomnosť, a ja chcem byť pri tom."
Náklonnosť	Affection, st. franc. *afection* (12. st.), „emócia, sklon, dispozícia; láska, príťažlivosť, nadšenie; lat. *affectionem*, „vzťah, dispozícia; dočasný stav; rámec, konštitúcia"	„Chcem ukázať, že tento človek sa mi páči alebo že ho milujem."
Nárok	Entitlement, lat. *intitulare*, „dať titul alebo meno", *in-*, „v" + *titulos*, „titul"	„Zaslúžim si mať to, pretože mi to svet dlhuje."
Nedôverčivosť	Incredulousness, lat. *incredulus*, „neveriaci, nedôverčivý", *in-*, „ne" + *credulus,* „hodný uverenia"	„Nemôžem tomu uveriť."
Neha	Tenderness, lat. *tenerem*, „jemný, lahodný; útleho veku; mladistvý"	„V tomto vzťahu som v bezpečí."
Nechuť (synonymné so znechutením)	Distaste, vulg. lat. **tastare*, zjavne obmena *taxtare* (možno pod vplyvom *gustare*), „hodnotiť, zaobchádzať"	„Tento zážitok doslova zanecháva trpkú chuť v mojich ústach."

Predispozícia	Účel	Súvisiace emócie
Ignorovať, čo sa javí ako nepríjemné alebo škaredé	Pomáha nám vidieť potrebu prevziať zodpovednosť za naše vedomosti a činy	Príbuzné popieraniu, nevinnosti a nedostatku akceptácie
Posúvať sa do budúcnosti	Umožňuje nám vidieť, v čo veríme, ako bude vyzerať budúcnosť	Opak nostalgie, ktorá sa týka minulosti, nádej sa týka budúcnosti
Správať sa tak, že to demonštruje páčenie sa, lásku alebo zbožňovanie niekoho	Umožniť demonštráciu lásky, páčenia sa alebo obdivu	Podobné ako páčiť sa, ale hlbší prejav len ako jednoduché potešenie z blízkosti druhého
Vziať si všetko, čo vidím a chcem, nariekať, keď to nemôžem mať	Vidieť, o čom veríme, že nám bolo sľúbené a nedostali sme to	Je opakom vďačnosti
Pýtať sa, ako je niečo možné	Spochybniť informácie, ktoré dostávame	Podobné úžasu, ale s menšou kapacitou uveriť situácii
Poskytovať bezpečie iným	Umožňuje nám pozývať iných na bezpečné miesto blízko nás	Často sa zamieňa s erotikou alebo so sexualitou; súvisí s vytváraním bezpečia prostredníctvom blízkosti, nie s blízkosťou kvôli sexu alebo splynutiu
Odmietnuť, odvrátiť sa alebo nezúčastniť sa	Bráni nám púšťať sa do vecí, ktoré nie sú v súlade s našimi hodnotami	Podobné hnusu, ale nie také silné. Niekedy sa zamieňa za pohŕdanie alebo nenávisť, keď sa týka ľudí

Emócia	Koreň	Príbeh
Neistota	Uncertainty, vulg. lat. *certanus*, z lat. *certus*, „istý, pevný, stály, určený", un + certus	„Nie som si istý, či to viem."
Neľúbosť	Dislike, lat. *dis-*, „preč, iným smerom, medzi" + stred. angl. skrátené staroangl. *gelic*, „páčiť sa, podobne", protonem. **galika-*, „majúci tú istú formu" doslova „so zodpovedajúcim telom"	„Tento zážitok nie je radostný."
Nenásytnosť	Greed, st. angl. *groedig*, (záp. sas.) *gredig*, (angl.) „pažravý, hladný", tiež „chamtivý, dychtivý dostať"	„Chcem to."
Nenávisť	Hate, z protoindoeur. koreňa **kad-*, „smútok"	„Svet by bol lepší bez tohto človeka alebo veci."
Nepokoj	Restlesness, neschopnosť ležať, prestať konať", st. angl. *restan*, „dať si odpočinok poležiačky; ležať v hrobe; prestať sa hýbať, pracovať, vykonávať; byť bez pohybu; byť nerušený, neznepokojovať sa"	„Nemôžem sa prestať hýbať."
Neporiadok	Confusion, lat. *confusionem*, „miešanie, miesenie, pomiešanie, neporiadok", podst. m. činu od *confudere*, „zliať dokopy"	„V tejto situácii nevidím žiadny známy vzorec."

Predispozícia	Účel	Súvisiace emócie
Ostať tam, kde sme, pretože nemáme istotu, ktorá z možných ciest je najlepšia	Počkať na ujasnenie	Podobné ambivalencii, ale v tom prípade sú všetky cesty rovnako dobré, alebo nerozhodnosti, ktorá je spôsobená rovnakým nedostatkom bezstarostnosti
Vyhnúť sa tráveniu času s (niekým, niečím)	Hovorí nám, z čoho máme v živote radosť a z čoho nie.	Možno si ju zmýliť so správnosťou
Brať si bez ohľadu na iných alebo na svoje potreby	Vziať	Mýli sa s chamtivosťou, ale nie nutne o konkrétnej osobe; všeobecnejšie
Odstrániť ho/to z nášho sveta akýmkoľvek spôsobom	Identifikovať tie veci alebo ľudí, s ktorými nechceme byť na svete.	Silná antipatia
Hýbať sa alebo vyhľadávať pohyb, či už efektívne, alebo nie	Dáva nám energiu na hľadanie nových možných skutkov	Podobné podráždeniu, ale bez negatívnej konotácie. Protiklad pokoja, mieru, vyrovnanosti
Snažiť sa „prísť na to" alebo integrovať ideu do nášho poznania	Pri učení sa je to pravdepodobný krok, pokiaľ si nevytvoríme poriadok, ktorý obsahuje nové myšlienky	Podobné ako zvedavosť, ale môže obsahovať dohad, že „niečo je zlé". Príbuzné zmätenosti a ohromeniu

Emócia	Koreň	Príbeh
Nestriedmosť	Immodesty, z lat. *in-*, „ne, opak" + *modestus*, „dodržiavanie miery"	„Budem sa správať provokatívnejšie, ako sa očakáva."
Netrpezlivosť	Impatience, lat. *in-*, „ne" + *patientia*, „vytrvalosť, podriadenie", tiež „slabosť, zhovievavosť; poníženosť, podriadenosť; odovzdanie sa slasti"; doslova „kvalita utrpenia"	„Nechápem, prečo sa to ešte nestalo."
Neuspokojenie	Dissatisfaction, lat. *dis-*, „preč, iným smerom, medzi", *satisfacere*, „úplne vybiť, vyhovieť, nahradiť", doslova „dosť robiť", od *satis*, „dosť" + *facere*, „vykonávať"	„Odhadujem, že vo svojom živote nemám dosť x̲."
Neúctivosť	Irreverence (stred 14. st.), lat. *irreverentia*, „nedostatok vážnosti"	„Nemusím to brať, ako keby to bola jediná pravda."
Nevinnosť	Innocence, lat. *innocentia*, z *innocens*, „nepoškodený, nevinný"	„Neviem, ako sa to stalo."
Nevôľa	Resentment, lat. *re-* + *sentire*, „cítiť"	„Život by nemal byť takýto; nemal som to urobiť."
Nevrlosť	Orneriness (1816), am. angl. dialekt. skr. *ordinary*. „Všedná vec", teda „slabej kvality, obyčajná, škaredá". Do r. 1860 sa zmysel vyvinul na „priemerný, nevrlý".	„Som proti každej možnosti."

Predispozícia	Účel	Súvisiace emócie
Konať mimo spoločenských noriem	Spochybniť obmedzujúce spoločenské normy	Podobné neopatrnosti, ale viac sa týka správania ako rizika.
Hľadať cesty, ako obísť to, čo nás blokuje	Upozorňuje nás, že by mohla existovať aj rýchlejšia cesta	Podobné podráždenosti, ale racionálnejšie. Často zamieňané za hnev, týka sa však viac mojich noriem než nespravodlivosti
Nájsť spôsoby, ako získať viac x	Vedieť, čoho chcem v živote viac	Niekedy sa chápe ako negatívne, ale možno ho jednoducho brať ako informáciu o mojich túžbach alebo potrebách
Nebrať vec vážne	Umožňuje nám vidieť veci bez okuliarov vážnosti alebo nedotknuteľnosti	Zamieňa sa s neúctou, ale viac je to ignorovanie toho, že druhí niečo považujú za posvätné
Odmietať zodpovednosť	Ostať nedotknutý alebo nevedomý	Podobné popretiu, ale vychádza z nevedomosti alebo slepoty. Prirodzená naivita
Odporovať a mať tajný úmysel odplatiť sa	Vedieť, čo považujeme za nespravodlivé	Protiklad akceptácie. Niekedy sa zamieňa s hnevom
Odpovedať príkro na každú interakciu	Umožňuje nám separovať sa od ostatných	Podráždený, ale bez potreby provokovať

Emócia	Koreň	Príbeh
Nezaujatosť	Dispassion, lat. *dis-,* „preč, iným smerom, medzi", neskoro lat. použitie *passio,* vrátiť, gr. *pathos,* doslova „trpieť", od *polian,* „strpieť, vydržať"	„Vidím vášeň, ale nie som ňou chytený."
Nezbedný	Mischievous, st. franc. *meschief,* „nešťastie, poškodenie, ťažkosť; zlosť, súženie", sloveso *meschever,* „žialiť, byť nešťastný", opak *achieve,* „dosiahnuť". Zložené *mes-,* „zle" + *chever,* „stať sa, vyvrcholiť", vulg. lat. *capare,* „hlava"	„Toto pravdepodobne vyprovokuje druhých, a preto to robím."
Nezodpovedný	Irresponsible, lat. *ir-* + *respons,* „odpovedať". V lat. koreni má zmysel „povinnosť".	„Môžem konať bez ohľadu na svoje povinnosti."
Nostalgia	Nostalgia (1770), „vážny žiaľ za domovom považovaný za chorobu", v modern. lat. prvý raz použil tento termín Johannes Hofer r. 1668 v dizertácii na túto tému na univerzite v Bazileji. Z gr. *algos,* „bolesť, žiaľ, úzkosť" + *nostos,* „prísť domov", protoindoeur. **nes-,* „bezpečne sa vrátiť domov"	„V minulosti bol život lepší a ja by som sa tam rád vrátil."
Nuda	Boredom, stará angl. *borian,* „prevŕtať sa, perforovať"	„V tejto situácii nie je pre mňa nič hodnotné."

246

Predispozícia	Účel	Súvisiace emócie
Doslova stáť bokom a obrazne nebyť vtiahnutý emocionálne	Umožňuje nám pozorovať emócie a záujmy z vonkajšej perspektívy	Emócia, ktorú máme na mysli, keď hovoríme o „objektívnosti"
Úmyselne provokovať druhých pre zábavu	Skúšať hranice druhých ľudí alebo sa hrať a provokovať ich	Hravý
Konať podľa svojich vrtochov, nie sľubov alebo očakávania iných	Umožňuje mi slobodne konať spontánne, ale aj vedieť, kde sú moje povinnosti	Podobné ako nespoľahlivý, ale viac vedome
Spomínať a orientovať sa v myšlienkach na minulosť	Vedieť, že život môže byť dobrý, a vidieť možnosti, že taký bude znovu	Iné ako ľutovanie, čo je pohľad na minulosť a želanie, aby bola iná
Odpojiť sa	Poukazuje na to, v čom vidíme hodnotu a v čom nie	Opak zvedavosti alebo angažovania sa

Emócia	Koreň	Príbeh
Núdza	Scarcity, vulg. lat. *scarsus*, „vytrhnutý"	„Nie je toho dostatok."
Obava	Dismay, lat. *de-* + **ex-magare*, „zbaviť sa sily alebo schopnosti"	„Nemám silu, o ktorej som si myslel, že ju mám."
Obdiv	Admiration, lat. *admirari*, „žasnúť na", *ad-*, „na" + *mirari*, „žasnúť", od *mirus*, „úžasný"	„Keby som robil to, čo ty, chcem to robiť tak, ako ty."
Obeta	Sacrifice, lat. *sacrificus*, „vykonávať kňazské funkcie alebo sviatosti", *sacra*, „posvätné rituály"; vnímanie „aktu vzdania sa jednej veci kvôli druhej"	„Robím pre ostatných takým spôsobom, že ma to vyčerpáva."
Obozretnosť	Caution, lat. *cavere*, „byť na stráži"	„Aby som ostal v bezpečí, musím postupovať opatrne."
Obviňovať	Blame (zač. 13. st.), zo starej franc. *blame*, „obviniť, vyčítať; odsúdiť"	„Niekto spôsobil toto zlo."
Ocenenie	Appreciation (1650), „veľmi si ctiť alebo vážiť", neskorá lat. *appretiatus*, „stanoviť cenu"	„Tento človek, toto miesto alebo táto vec robí môj život lepším."

Predispozícia	Účel	Súvisiace emócie
Snažiť sa získať viac	Byť si istí, že v budúcnosti budeme mať viac	Typ strachu, ktorý súvisí najmä s nedostatkom zdrojov
Stiahnuť sa zo snahy rozhodovať	Pomáha nám rozpoznať limity našich síl	Podobné sklamaniu, ale nie také intenzívne
Napodobňovať alebo kopírovať	Identifikovať vzory správania	Niekedy sa zamieňa so závisťou, žiarlivosťou alebo zbožňovaním
Starať sa o druhých a zanedbávať vlastné potreby	Vzdať sa seba v prospech druhých ľudí	Niekedy sa zamieňa so službou, ale vyčerpáva nás, zatiaľ čo služba nás oživuje
Postupovať malými, uváženými krokmi	Uchrániť sa v bezpečí v prítomnosti možného nebezpečenstva	Opatrnosť
Brať na zodpovednosť človeka, o ktorom verím, že je za to zodpovedný	Umožňuje nám brať seba alebo iných na zodpovednosť za svoje činy	Často súčasť hnevu a nevôle alebo sa vyskytujú spolu
Vyjadriť ocenenie, poďakovať	Umožňuje tým, ktorých si vážim, aby vedeli, akú rolu majú pri zlepšení kvality môjho života	Podobné ďakovaniu a vďačnosti

Emócia	Koreň	Príbeh
Očarenie	Enchantment (koniec 14. st.), doslova i obrazne zo st. franc. *enchanter*, „začarovať, očariť, počarovať" (12. st.), lat. *incanter*, „očarovať, počariť"	„Cítim sa očarený."
Odolný	Resilient, lat. *resilientem*, „náchylný vykročiť alebo skočiť späť"	„Môžem skočiť späť."
Odpor	Annoyance, neskoro lat. *inodiare*, „učiniť odporným", lat. *(esse) in odio*, „(je mi to) odporné"	„Toto je pre mňa veľmi odporné."
Odpudivosť	Grimness, st. angl. *grimm*, „prudký, krutý, divoký, hrozný, bolestný", z proto-nem. **grimmaz*	„Toto je zlé alebo bude zlé."
Odpustenie	Forgiveness, st. angl. *forgiefan*, „dať, darovať, umožniť; odpustiť (dlh), udeliť milosť", tiež „vzdať sa"; *for-*, „celkom" + *giefan*, „dať"	„Niečo, čo si urobil, mi spôsobilo bolesť, ale ja to v budúcnosti nepoužijem proti tebe."
Odvaha	Courage, lat. *cor*, „srdce"	„Budem konať, aj keď sa bojím."
Omráčený	Stupendousness, nesk. lat. „žasnúť", súvisí s lat. *supere*, „byť ohromený", omráčený, zdesený, zarazený, alebo udivený"	„Toto je úžasné."

Predispozícia	Účel	Súvisiace emócie
Byť v úžase	Cítiť sily okolo nás, ktoré nevidíme a nerozumieme im	Podobné ako začarovaný, ale bez tieňa, svetlejšie
Vrátiť sa do stredu	Znovu nadobudnúť rovnováhu po zakolísaní	Vždy začína akceptáciou toho, čo je
Vyhnúť sa účasti na	Rozpoznať, kedy je mi niečo odporné	Trochu ako podráždenosť, ale skôr ako znechutenie než jednoducho podráždenie
Vstúpiť do situácie veľmi obozretne	Uvedomovať si vážnosť situácie	Podobné zúfalstvu, ale nie také hlboké; vážnosť
Koordinovať činnosť s vedomím, že sa môžem znovu zraniť	Vyhlásiť minulosť za uzavretú, keď sa budeme stýkať aj v budúcnosti	Tvorí dvojicu s ospravedlnením
Konať za prítomnosti strachu	Dovoľuje nám konať v prítomnosti strachu	Predchodca statočnosti
Byť znehybnený	Rozpoznať úžasné a udivujúce javy	Podobné nedôverčivosti, ale viac súvisí s úžasom než s nevierou

Emócia	Koreň	Príbeh
Opatrnosť	Prudence, lat. *prudencia*, „predvídanie, opatrnosť, dôvtip, praktický úsudok"	„Mohlo by sa vyskytnúť nebezpečenstvo, tak je lepšie postupovať opatrne."
Optimizmus	Lat. *optimus*, „najlepší"	„Viem, že v živote sa stávajú dobré i zlé veci, ale mne sa stávajú väčšinou dobré."
Osamelosť	Loneliness (1600), „sám, jediný", *lone + ly*	„Som bez spoločnosti, a teda nie úplný."
Oslava	Celebration, lat. *celebratus*, „veľmi častý; slávnostný; slávny", príč. min. od *celebrare*, „zhromaždiť sa na uctievanie", tiež „publikovať; spievať chválu; často vykonávať", pôvodne „vyskytovať sa vo veľkom počte", od *celeber*	„Chcem ukázať, že verím, že život je dobrý."
Ospravedlnenie	Apologetic, gr. *apologia*, „reč na obranu", *apologeisthai*, „hovoriť na svoju obranu", *apologos* „opis, príbeh", *apo-*, „z, zo" + *logos*, „reč"	„Myslím, že niečo, čo som urobil, ti spôsobilo bolesť, hoci to nebolo mojím úmyslom."
Ostražitosť	Wariness, st. angl. *waer*, „opatrný, bdelý, čulý"	„Niečo ma tu môže zraniť, ak si nebudem dávať pozor."
Ostýchavý	Bashful, „zízať prekvapene", *es*, „von" + *ba(y)er*, „byť otvorený, zízať", z latinského *batare*, „zívať, zízať", koreň *bat*, možno napodobňovanie zívania	„Nechcem, aby sa pozornosť upierala na mňa."

Predispozícia	Účel	Súvisiace emócie
Postupovať vpred opatrne, či už v mysli, alebo činmi	Postupovať v konaní tempom, ktoré umožňuje prispôsobiť sa meniacim sa okolnostiam	Podobné obozretnosti; protiklad netrpezlivosti
Konať slobodne v situáciách, v ktorých dopredu neviem, aký bude výsledok	Žiť tak, že sa stále teším na dobré veci, ktoré ku mne prichádzajú	Protiklad pesimizmu
Hľadať spoločnosť druhých ľudí	Nabáda nás vyhľadávať druhých ľudí, aby sme doplnili pocit seba	Často sa zamieňa za samotu, ale obsahuje pocit prázdnoty
Uznať dobro nejakej príležitosti alebo človeka	Skutkom ukázať, čo veríme, že je v živote výnimočne dobré	Ako radosť, ale aktívne, ako „skákať od radosti"
Priznať si svoj diel na zlyhaní	Umožňuje nám otvoriť možnosť obnovenia dôvery	Tradične znamenalo „priznať si chybu", ale ontologicky to neznamená, že hovorím, že sa mýlim. Dopĺňa sa s odpustením
Postupovať s bdelou pozornosťou a uvedomovaním	Pomáha nám opatrne sa pohybovať v neznámych oblastiach	Podobné opatrnosti, len viac zamerané na možné zdroje nebezpečenstva
Ostať bokom a byť si istý, že pozornosť nie je upriamená na mňa	Ostať anonymný alebo skrytý	Podobné plachosti alebo bojazlivosti, ale s nádychom sebavedomia alebo hanby

Emócia	Koreň	Príbeh
Otrava	Ennui, franc. *ennui*, st. franc. *enui*, „zlosť"	„Toto ma otravuje."
Otupený	Jaded, „unudený neustálou bezuzdnosťou" (1630)	„Toto je podľa mňa smiešne, otrepané a fádne."
Páčiť sa	Liking, str. angl. skr. zo st. angl. *gelic*, „ako, podobný", z protonem. **galika-*, „majúci tú istú formu", doslova „so zodpovedajúcim telom"	„Cítim sa dobre s týmto človekom alebo vecou a rád by som strávil viac času s ním/ňou."
Panika	Panic, gr. *panikon*, doslova „náležiaci *Panovi*", bohovi lesov a polí, ktorý bol zdrojom záhadných zvukov, čo spôsobovali nákazlivý, neopodstatnený strach v stádach alebo v ľuďoch na osamelom mieste.	„Zahynieme, keď sa odtiaľto nedostaneme preč."
Paranoja	Paranoia, gr. *paranoia*, „duševná porucha, šialenstvo", *paranos*, „duševne chorý, nezdravý", *para-*, „okrem, mimo" + *noos*, „myseľ"	„Každý mi chce ublížiť."
Pažravý	Rapacious, lat. *rapaci-*, koreň *rapax*, „uchopenie", od *rapere*, „chytiť" + *-ous*	„To je moje."
Pesimizmus	Pessimism, lat. *pessimus*, „najhorší", pôvodne „najspodnejší"	„Viem, že v živote sa stávajú dobré i zlé veci, ale mne sa stávajú väčšinou zlé."

Predispozícia	Účel	Súvisiace emócie
Odísť alebo ukončiť zážitok	Vedieť, čo sa nám nepáči alebo čo nemáme radi	Podobné zlosti, podráždeniu
Odmietať dôležitosť nejakej veci	Vidieť, čo nás zaujíma a čo nás unavuje	Podobné ako znechutenie, ale vychádza skôr z toho, že to je viac známe než nechutné
Byť spolu	Cítiť sa dobre v spoločnosti druhého človeka alebo veci a tešiť sa z toho	Radosť, jemnosť, akceptácia
Utiecť	Ujsť pred nebezpečenstvom	Strach, hrôza
Báť sa a vyhýbať sa ostatným ľuďom	Dostať sa z vnímaného nebezpečenstva, obzvlášť ak sa nesprávajú tak, ako keby nám chceli ublížiť	Strach, úzkosť
Vziať si	Vziať si bez ohľadu na vlastníctvo	Podobné ako nárok, ale aktívnejšie
Konať s neochotou a bez nadšenia	Umožňuje nám žiť bez nadmerných očakávaní	Protiklad optimizmu; podobné beznádeji, ale nie natoľko hlboké

Emócia	Koreň	Príbeh
Plachosť	Shyness, st. angl. *sceoh*, „ostýchavý, ľahko sa vyplaší" z protonem. *skeukh(w)az* „mať obavy", nem. *scheuchen*, „odplašiť"	„Nechcem byť videný."
Plný očakávania	Anticipation, lat. *anticipatus*, príč. min. od *anticipare*, „(postarať sa) vopred", doslova „vziať do vlastníctva dopredu", *ante*, „pred" + *capere*, „vziať"	„Teším sa na to."
Pobláznený	Infatuation, lat. *infatuatus*, príč. min. od *infatuare*, „robiť si blázna z koho", *in-*, „v" + *fatuus* „bláznivý"	„Tento človek ma úplne uchvátil a nestarám sa, či vyzerám hlúpo alebo bláznivo."
Podozrenie	Suspicion, lat. *suspiciosus*, „vyvoláva podozrenie, spôsobuje nedôveru"	„Nie som si istý, či dôverujem tomuto človeku alebo situácii."
Podráždenosť	Irritability, lat. *irritatus*, príč. min. od *irritare*, „vzrušiť, provokovať"	„Toto ma otravuje."
Podriadenie sa	Compliance, lat. *complere*, „naplniť"	„Pripojím sa k tejto iniciatíve, pretože neverím, že by som ju mohol odmietnuť."
Pohŕdanie	Contempt, lat. príč. min. od *contemnere*, „pohŕdať, opovrhovať", *com-*, intenzívna predložka + *temnere*, „pohŕdať, opovrhovať"	„Nič dobré nemôže od teba prísť a ja sa považujem za tebe nadradeného."

Predispozícia	Účel	Súvisiace emócie
Skryť sa	Mať odstup od situácie, v ktorej sme si neistí	Podobné ostýchavosti, ale má iné lingvistické korene
Tešiť sa na účasť v niečom alebo na prežívanie niečoho	Tešiť sa na budúcnosť skôr, než príde	Príbuzné nádeji, ale s väčšou istotou. Podobná energia ako pri úzkosti, ale s presvedčením, že nadchádzajúca udalosť bude skôr radostná ako nebezpečná
Nasledovať bez uvedomovania si seba	Zapojiť sa do toho, čo považujem za príťažlivé, bez vážnosti	Podobné slasti, ale bez ľahkosti a viac o nasledovaní než o splynutí
Spochybniť motívy alebo príbeh druhého človeka	Umožňuje nám ostať v bezpečí, aj keď nám povedali, že sa netreba ničoho obávať	Možno zameniť so skepsou, s cynizmom alebo nedôverou
Zastaviť alebo dostať sa preč od príčiny	Vedieť, že som už na svojej emocionálnej hranici	Podobné mrzutosti, ale menej vážne
Konať, pretože si myslíme, že musíme	Umožňuje nám konať v súlade s ostatnými, aj keď nesúhlasíme s ich príkazmi	Niekedy sa neodlišuje od záväzku, ale nie je dobrovoľné
Zaobchádzať s druhými pohŕdavo	Poznať vlastnú normu týkajúcu sa úcty voči iným ľuďom	Príbuzné neúcte, podobné opovrhnutiu

Emócia	Koreň	Príbeh
Pochopenie	Apprehension, lat. *apprehendere,* „podržať, uchopiť", *ad-,* „k, do" + *prehendere,* „chytiť"	„Och, mám to."
Pochybnosť	Doubt, lat. koreň *dubiosus,* čo znamená „kolísavý, pulzujúci alebo váhavý".	„Nie som si istý."
Pokoj	Calm, lat. *cauma,* „horúčava poludňajšieho slnka" (v Taliansku čas, keď je všetko tiché a nehybné), gr. *kauma,* „horúčava" (najmä od slnka)	„Necítim energiu, ktorá by ma ťahala akýmkoľvek smerom."
Pomotaný	Perplexity, lat. *perplexus,* „zložitý, zmätený, spletitý", *per-,* „cez" + *plexus,* „zamotaný, prepletený, zapletený, zahnutý"	„Všetky moje myšlienky sú zamotané a prepletené."
Pomsta	Vengeance, lat. *vindicare,* „ospravedlniť", od *vimdicare* „prejaviť autoritu", *vim, akuz. vis,* „sila" + koreň *dicere,* „povedať"	„Vyrovnám sa."
Poníženie	Humiliation, lat., „byť ponížený"	„Táto skúsenosť mi pripomína, že mám limity."
Pokora	Humility, lat. *humilis,* „pokorne, ponížene", doslova „na zemi", od *humus,* „zem", „ponížiť niekoho v dôstojnosti"	„Som človek a mám ľudské obmedzenia."

Predispozícia	Účel	Súvisiace emócie
Uchopiť myšlienku alebo pochopiť	Umožňuje nám vedieť, kedy sme pochopili novú vec	Často sa používa ako synonymum úzkosti, ale uchopená vec môže mať pozitívne aj negatívne dôsledky
Váhať alebo sa hýbať dopredu opatrne	Upozorňuje nás, že sme na novom území; privoláva našu pozornosť k príprave	Mýli sa s úzkosťou alebo so strachom. Nesúvisí s hnevom, ale s novými situáciami
Nehybnosť	Odpočívať	Mierny, pokojný
Pokúsiť sa rozmotať alebo upratať svoje myšlienky	Posunúť sa k usporiadaniu myšlienok v logickom alebo racionálnom poriadku	Zmätok, motanie sa, vyvedenie z miery
Konať takým spôsobom, že získam moc nad druhým	Umožňuje mi na najhlbšej úrovni porozumieť, aký spôsob zaobchádzania je pre mňa neprijateľný	Príbuzné arogancii a narcizmu v tom, že predstieram, že som niečo viac, ako som
Zvážiť svoje limity	Zosúladiť sa s realitou svojich schopností a sily	Podobné ako poníženosť, ale obsahuje nádych hanby
Konať bez predstierania, že som niečo viac alebo menej, ako som	Zosúladiť sa s realitou svojich schopností a sily	Opak trúfalosti; príbuzné poníženiu, ale bez pocitu hanby

Emócia	Koreň	Príbeh
Poníženosť	Obsequiousness, lat. *obsequiosus,* „poddajný, poslušný", *obsequi,* „prispôsobiť sa vôli druhého", *ob-,* „po" + *esqui,* „nasledovať"	„Moje myšlienky, nápady a činy nie sú také dôležité ako u iných."
Popretie	Denial, lat. *denegare,* „poprieť, odmietnuť, zavrhnúť," *de-,* „preč" + *negare,* „odmietnuť, povedať nie"	„Nie som ochotný uvažovať o tejto možnosti."
Posmech	Scorn, „odlomiť niekomu rohy", z vulg. lat. **excornare* (zdroj tal. *scornare,* „zaobchádzať s pohŕdaním"), z lat. *ex-,* „bez" + *cornu,* „roh"	Tento človek (alebo vec) nie je hodný mojej úcty."
Potešenie	Delight, lat. *delectare,* „zvábiť, potešiť, očariť, vyhovieť", opakovacie od *delicere,* „lákať"	„Toto je skvostné a radostné."
Potešený	Pleased, lat. *placere,* „byť akceptovateľný, páčiť sa, byť schválený", príbuzné *placare,* „utešiť, utíšiť"	„Toto je pekné alebo radostné."
Povinnosť	Obligation, lat. *obligare,* „viazať, zviazať, obviazať"	„Nemám inú možnosť, len to urobiť."

Predispozícia	Účel	Súvisiace emócie
Nasledovať vedenie iných ľudí, byť podriadený z nedostatku sebadôvery	Uvedomiť si potrebu zaujať vlastné stanovisko v živote	Možno si zmýliť s pokorou alebo službou; podobné podriadeniu sa, ale viac chýba sebadôvera alebo sebaúcta
Ignorovať zážitok	Dovoľuje nám fungovať v momentoch, keď nás pravda paralyzuje	Ostať vedome naivný
Vysmiať alebo znevažovať	Poznať svoju normu rešpektovania druhých ľudí	Podobné pohŕdaniu, ale aktívnejšie
Byť v zážitku	Povedať nám, čo nás teší a z čoho máme radosť	Príbuzné šťastiu, radosti a zábave
Tešiť sa	Prežívať pohodu	Radostný, šťastný, spokojný
Konať, či už chcem, alebo nie	Konať, aj keď to nie je to, čo by som si dobrovoľne zvolil	Príbuzné zodpovednosti, spoľahlivosti, podrobeniu sa a záväzku

Emócia	Koreň	Príbeh
Povznesenie	Elation, lat. *elationem*, „vynesenie, zdvihnutie" (koniec 14. st.), „prehnaná sebaúcta, arogancia", obzvlášť „uspokojenie so sebou, svojimi výkonmi alebo vlastnosťami, domýšľavosť", st. franc.	„Sotva môžem uveriť svojmu šťastiu."
Pôžitok	Enjoyment, st. franc. *enjoir*, „robiť radosť, tešiť sa, mať potešenie", *en-*, „robiť" + *joir*, „tešiť sa", lat. *gaudere*, „tešiť sa"	„Rád toto robím."
Prekvapenie	Surprise, lat. *sur-*, „nad" + *prendre*, „vziať", lat. *prendere*, skr. z *prehendere*, „uchopiť, chytiť"	„Nemyslel som, že sa to stane."
Prekypovať energiou	Effervescence, lat. *effervescentem*, „kypieť, vrieť", *ex-*, „vy-" + *fervescere*, „začať vrieť", *fervere*, „byť horúci, vriaci"	„Toto je také vzrušujúce, že sa neviem krotiť."
Prchký	Irascibility, lat. *irasci* „byť nahnevaný, byť zúrivý", od *ira*, „hnev"	„Toto ma provokuje."
Prísnosť	Rigor, lat. *rigorem*, „otupenie, tuhosť, tvrdosť, pevnosť; drsnosť, hrubosť"	„Keď sa to bude robiť stále tak isto, bude to najlepšie."
Príťažlivosť	Attraction, lat. *attractionem*, „priťahovanie k sebe"	„Toto je niečo alebo niekto, ku komu ma to priťahuje byť bližšie."

Predispozícia	Účel	Súvisiace emócie
Radovať sa, deliť sa a oslavovať	Umožňuje nám oslavovať šťastie a dosiahnuté výkony	Podobné vzrušeniu, ale týka sa špecificky môjho vnímania šťastia a/alebo výkonu
Pokračovať ochotne v účasti	Prežívať príjemnú stránku života	Potešenie
Zápasiť s náhlou zmenou	Vedieť, kedy sa niečo náhle zmenilo	Často predchádza sklamaniu alebo odolnosti; mierna nedôverčivosť
Kypieť energiou a vzrušením	Upozorňuje nás na intenzívne vzrušenie	Podobné vzrušeniu, ale je to niečo viac; príbuzné povzneseniu, ale bez sebakontroly
Rozdávať rany a bojovať	Posunúť sa k ochrane alebo útoku	Podobné hnevu, ale bez hnacej sily nespravodlivosti
Zvoliť si a udržať špecifickú formu	Čo najpresnejšie opakovať, aby boli výsledky konzistentné	Niekedy sa mýli s vytrvalosťou, čo je stála snaha, kým prísnosť je udržiavanie formy
Prichádzať bližšie, ukázať záujem, venovať pozornosť	Viac nás približuje do kontaktu s ľuďmi, miestami a ideami	Spojené so zvedavosťou, ako aj s takými emóciami ako potešenie

Emócia	Koreň	Príbeh
Prostoreký	Petulance, lat. *petulantem*, „samopašný, trúfalý, prostoreký, drzý", príč. prít. od *petere*, „útočiť, napadnúť, usilovať sa; žiadať, prosiť, dožadovať sa"	„Toto je absurdné a ja to poviem."
Pýcha	Pride (stred. 12. st.), „gratulovať si"	„Urobil som dobrú prácu a chcem to povedať ostatným."
Radosť	Joy (1200), lat. *gaudia*, „pocit rozkoše a potešenia" (1300); „zdroj rozkoše alebo šťastia", st. franc. *joie* (11. st.)	„Život je dobrý a ja ho chcem oslavovať."
Rešpekt	Respect, lat. *respectus*, „pozerať sa na, hľadieť na", doslova „akt pozretia sa späť (alebo často) na niekoho", *re-*, „späť" + *specere*, „pozerať sa"	„Táto vec alebo tento človek si zaslúži zaobchádzanie ako s dôležitým."
Rezignácia	Resignation, lat. resignare, „odpísať, anulovať,zrušiť, vrátiť späť, vzdať", z re- „opak" + signare „urobiť zápis do účtovnej knihy" doslova „označiť"	„Nech urobím čokoľvek, aj tak sa nič nezmení."
Rozcitlivený	Maudlin, od ženského mena *Magdalene* (st. franc. *Madelaine*), pôvodne priezviska Márie, hriešnice, ktorej odpustil Ježiš (*Lukáš* 7,37). Často zobrazovaná ako plačúca na znak pokánia.	„Urobil som zle; viem to a hľadám odpustenie."
Rozčúlený	Livid, lat. *lividus*, „modrastej farby, čierny alebo modrý"	„To, čo sa stalo, je nesmierne zlé."

Predispozícia	Účel	Súvisiace emócie
Vysmiať alebo zaútočiť pohŕdavým spôsobom	Pomenovať, čo verím, že je smiešne alebo neopodstatnené	Neúcta, ale viac o myšlienke alebo o situácii ako o človeku
Oslavovať svoje úspechy	Povedať ostatným, čo som podľa môjho názoru urobil dobre	Niekedy sa nerozlišuje od arogancie alebo narcizmu
Vychutnávať si moment, cítiť rozkoš alebo potešenie a pokračovať v živote	Cítiť dobrotu, pôžitok	Príbuzné šťastiu a uspokojeniu
Dobre zaobchádzať, zvažovať a počúvať	Vedieť, ktoré veci alebo ktorí ľudia sú podľa nás legitímni a hodnotní	Podobné dôstojnosti, ale všeobecne o tom, ako zaobchádzame sami so sebou a s inými, nie o hraniciach
Nekonať, nečinnosť	Stiahnuť sa z interakcie	Môže byť zamenená za akceptáciu, je však bližšie k beznádeji
Plakať	Umožňuje nám zastaviť sa, spoznať svoje chyby a prevziať za ne zodpovednosť	Príbuzné pocitom viny a často emócia alebo stav, ktorý nasleduje po pocite viny; môže byť rovnakým spôsobom príbuzné aj hanbe
Prísne potrestať	Byť schopný zvýšiť svoju energiu, aby sme sa postarali o to, o čom sme presvedčení, že je zlé	Hnev, zúrivosť

Emócia	Koreň	Príbeh
Rozhodnosť	Resolve, lat. *resolutus*, „rozviazať, odviazať, uvoľniť, povoliť". Zámer je „rozložiť (niečo) na časti", tak dospieť k pravde o tom a potom urobiť konečné rozhodnutie	„Toto si vyžaduje činy."
Rozhorčenie	Indignation, lat. *indigus*, „nehodný", *in-*, „ne, opak" + *dignus*, „hodný"	„Odmietam takéto zaobchádzanie, pretože to narúša moje normy."
Rozochvenie	Thrill (zač. 14. st.), „preniknúť, preraziť", metatéza st. angl. *pyrlian*, „prederaviť, preniknúť"	„Tento zážitok je vzrušujúci a chcem viac."
Rozpaky	Embarrassment (1670), „zmätený, hodený do pochybností", franc. *embarraser* (16. st.), doslova „blokovať", tal. *imbarrazzo*, z *imbarare*, „zatarasiť", asimilovaná forma *in-*, „do, na" + vulg. lat. **barra*, „prekážka"	„Urobil som niečo a nechcem, aby o tom druhí ľudia vedeli."
Rozpoltenosť	Dividedness, lat. *dividere*, „rozdeliť, štiepiť, distribuovať", *dis-*, „preč" + *-videre*, „oddeliť"	„Moje emócie sú priťahované opačnými smermi."
Rozptýlenie	Amusement, zo stred. franc. *amuser*, „odklon, príčina zadumania", *a-*, „na, do" + *muser*, „uvažovať, uprene hľadieť"	„Toto je radostné a odkláňa to moju pozornosť."
Rozpustilosť	Hilarity, lat. *hilaritatem*, „veselosť, veselie"	„Toto je viac ako zábava."

Predispozícia	Účel	Súvisiace emócie
Konať	Prejsť do činnosti	Niekedy sa zamieňa za ambície alebo nadšenie; viac ukotvené než ambície a nemusí byť nutne spojené s väčšou príčinou ako pri nadšení
Chrániť seba a svoje hranice	Postarať sa o seba a udržať si sebaúctu	Často sa zamieňa s hnevom, ale predispozícia je chrániť seba, nie trestať druhého
Vyhľadávať viac toho istého	Vedieť, kde je naša hranica príjemného zážitku	Vzrušenie, potešenie
Túžba skryť pred druhými ľuďmi, čo sme spravili	Pomáha nám vedieť, ako je najlepšie sa správať vo vzťahu k druhým ľuďom	Príbuzné pocitom viny a hanby, ale nie také intenzívne a viac sa týka konania ako bytia
Kolísať	Ukázať nám, na čom nám záleží, aj keď je rozhodnutie opačné	Podobné ambivalencii, ale s väzbou na obidve možnosti
Angažovať sa, zvažovať, dumať	Prináša ľahkosť a pocit hry	Možno si spliesť s bagatelizova-ním; príbuzné hre
Nekontrolovane sa smiať	Prerušiť vážnosť života	Tešiť sa z hlúposti niečoho bez toho, aby sme to znehodnocovali

Emócia	Koreň	Príbeh
Roztržitosť	Distraction, lat. *distractus,* „ťahaný inými smermi"	„Nemôžem udržať pozornosť na jednej veci."
Rozveselený	Exhilarated, lat. *ex-,* „celkom" + *hilarare,* „rozveseliť"	„Som nesmierne spokojný v tejto situácii."
Samoľúbosť	Smugness, možno obmena dol. nem. *smuk,* „úhľadný, upravený", str. dol. nem. *smücken,* „krášliť" (pôvodne „obliecť", druhotný význam „liezť, vkĺznuť")	„Ja to viem lepšie ako ty."
Samota	Lonesomness, st. angl. *all ana,* „bez spoločnosti, celkom sám", *all,* „všetko, celý" + *an,* „jeden"	„Som bez spoločnosti, a predsa celistvý."
Sebaistota	Confidence, lat. *confidentia,* z *confidentem,* „pevne veriaci, smelý", príč. prít. *confidere,* „mať plnú dôveru alebo oporu", *com-* + *fidere,* „dôverovať"	„Som presvedčený, že sa to urobí alebo stane."
Sebaobviňovanie	Self-recrimination, stred. lat. *recriminatus,* príč. min. od *recriminari,* „robiť zmeny proti", *re-,* „späť" + *criminari,* „obviniť"	„Nemal som urobiť x."
Sentimentálny	Sentimental, str. lat. *sentimentu,* „pocit, náklonnosť, mienka", lat. *sentire,* „cítiť"	„Toto vyvoláva nežné emócie z minulosti."

Predispozícia	Účel	Súvisiace emócie
Nedostatok sústredenia na jednu vec	Hovorí nám, čo je naj-dôležitejšie, kam uprieť našu pozornosť	Možno si ju zmýliť s pod-robením sa alebo ambiva-lenciou
Tešiť sa s väčšou mierou energie	Umožňuje nám oslavovať a oceňovať životné zážitky	Často sa mýli so vzrušením; radostný, ale s väčšou energiou
Znížiť sa	Rozpoznať, kedy sa cítime nadradení, alebo vedieť, kedy sa druhí cítia nadra-dení	Podobné arogancii, ale menej zjavné; niekedy sa zamieňa s pýchou
Užívať si samotu	Vedieť, že sa môžeme tešiť zo života bez spoločnosti iných ľudí	Často sa zamieňa za osame-losť, ale neobsahuje pocit prázdnoty
Koordinovať činnosť bez obáv	Pomáha nám interagovať so svetom, s druhými ľuďmi, so sebou	Dôvera
Potrestať sa	Potrestať sa za to, o čom som presvedčený, že som urobil zle. Volať seba na zodpovednosť	Príbuzné pocitom viny, spoľahlivosti a zodpoved-nosti, ale aktívne trestajúci sám seba
Byť nežný k minulosti	Vedieť reflektovať to, čo bolo v minulosti nežné	Podobné nostalgii, ale zamerané skôr na nehu než na to, čo bolo podľa nás dobré

Emócia	Koreň	Príbeh
Sexi	Sexy (1905), *sex-* + *y*, pôvodne „úplne zabraný do sexu"; „sexuálne príťažlivý", prvý raz o Valentinovi (1923)	„Sex je tu dôležitý."
Skepsa	Skeptical, gr. *skeptikos*, pl. skeptikoi, „skeptici, Pyrrhonovi žiaci, nasledovníci (Pyrrhon, grécky filozof, 360-270 pred n. l.); znamená „skúmavý, uvažujúci", príbuzné *skepteshai*, „reflektovať, pozerať, chápať"	„Pochybujem, že to je pravda."
Sklamanie	Disappointment, stred. franc. *desappointer* (14. st.), „zrušiť dohovor, odstrániť z úradu", *des-* + *appointer*, „dohodnúť"	„Očakával som, že sa veci stanú inak."
Služba	Service, lat. *servitium*, „otroctvo, nevoľníctvo, poroba", tiež „otroci kolektívne", od *servus*, „otrok"	„Robím pre druhých spôsobom, ktorý obohacuje nás oboch."
Smútok	Sadness, st. angl. *saed*, „sýty, plný, má splnené potreby (jedla, pitia, boja atď.), unavený (niečím)"	„Stratil som niečo, na čom mi záleží."
Spokojnosť	Contentment, lat. *contentus*, „obsiahnutý, spokojný"	„Nemusím nič meniť."

Predispozícia	Účel	Súvisiace emócie
Túžiť alebo posúvať sa k sexuálnemu zapojeniu	Vedieť, čo nás priťahuje k sexuálnemu zapojeniu	Príbuzné erotike, vášni; možno si zameniť so zmyselnosťou alebo nehou
Váhať, odmietať alebo hľadať ďalšie informácie	Zaistiť, že chápeme niečo nové správne	Ako cynizmus, ale menej vážne a s väčšou možnosťou zmeny. Podobné nedôverčivosti, ale snaží sa skôr odmietnuť to, čo je, než tomu jednoducho neveriť. Mierny cynizmus
Pokúsiť sa udržať príbeh o tom, aký „by mal" život byť	Informuje nás, že naše predstavy o tom, ako život pôjde a ako ide, nie sú v súlade	Podobné ohromeniu, ale výraznejšie
Postarať sa o druhých spôsobom, ktorý ma nevyčerpáva	Vedieť, čo pre mňa znamená konať starostlivo voči druhým	Často sa používa zameniteľne s obetou, ale služba ontologicky znamená, že naša snaha nás podporuje, kým obeta nás vyčerpáva
Utiahnuť sa a žialiť	Vedieť, na čom v živote záleží	Často sa zamieňa s depresiou, melanchóliou alebo rozcitlivenosťou
Byť v pohode s tým, ako to je.	Odpočívať	Podobné uspokojeniu

Emócia	Koreň	Príbeh
Spomalený	Slothful (koniec 12. st.), „ľahostajnosť, lenivosť, v str. angl. *slou, slowe*	„Nemám žiadnu túžbu ponáhľať sa, ani keď ma považujú za lenivého.“
Správnosť	Righteousness (rané 16. st.), obmena *rightwise,* st. angl. *rihtwis, riht + wis,* „múdry, spôsob“	„Moje presvedčenia sú tie jedine správne.“
Spustošenie	Devastation, lat. *devastare,* „úplne zničiť“, *de-,* „úplne“ + *vastare,* „premeniť na odpad“, od *vastus* „prázdny, opustený“	„Táto skúsenosť ma zbavuje všetkých túžob konať.“
Starostlivosť	Care, staroangl. *carian, cearian,* „byť dychtivý, rmútiť sa; cítiť obavu alebo záujem“	„Toto stojí za pozornosť.“
Statočnosť	Boldness, staroangl. *beald* (západosaské), *bald* (anglické), „statočný, udatný, smelý, silný“	„Budem iniciatívne konať, aj keď som neistý alebo sa bojím.“
Strach	Fear, st. angl. *faer,* „pohroma, náhle nebezpečenstvo, riziko, náhly útok“	„Niečo konkrétne v budúcnosti mi pravdepodobne ublíži.“
Stratený	Bewildered, *be-,* „naskrz“ + archaické *wilder,* „zablúdiť, vábiť do divočiny“	„Som úplne dezorientovaný a stratený.“

Predispozícia	Účel	Súvisiace emócie
Pohybovať sa pomaly a úmyselne bez energie	Pohybovať sa pomaly	Lenivý
Odmietnuť názory a presvedčenia druhých ľudí a vyžadovať poslušnosť	Byť si istý svojimi presvedčeniami	Možno si ho zameniť so sebadôverou, ale je absolútnejšie, a s aroganciou
Stiahnuť sa a žialiť	Vedieť, ktoré veci považujeme v živote za nemysliteľné	Možno si ho zmýliť s depresiou a so zúfalstvom
Venovať pozornosť ostatným	Umožňuje nám využiť energiu na podporu ostatných. Ukazuje nám, s kým a čím sme v živote spojení	Existuje rozdiel medzi „venovať starostlivosť" a „zaujímať sa". Môžem sa zaujímať o neobmedzený počet vecí, ale starať sa môžem len o to, na čo mám energiu a čas
Iniciovať činnosť aj v neistote	Umožňuje nám hýbať sa dopredu, hoci máme pochybnosti, alebo je to pre nás výzva	Podobné odvahe, ale proaktívne. Ako udatnosť, ale používa sa skôr na prekonanie pochybností než strachu
Utiecť	Vedieť konkrétne, o čom sme presvedčení, že nám ublíži	Príbuzné úzkosti, starosti, stiesnenosti, hrôze
Blúdiť a hľadať orientačný bod	Umožňuje nám rozpoznať, kedy sme na území, ktoré nepoznáme	Podobné ako zmätený, hoci to je stav učenia, ale stratený nie je

Emócia	Koreň	Príbeh
Striedmosť	Modesty, lat. *modestia,* „dodržiavanie miery"	„Správam sa poriadne."
Súcit	Compassion, neskoro lat. *compassionem*, z *com-*, „spolu" + *pati,* „trpieť"	„Byť s týmto človekom v jeho bolesti je cenné."
Súdiaci	Judgmental, lat. *iudicare,* „súdiť, úradne skúmať; vytvoriť si mienku"	„Ja viem, čo je morálne správne."
Svojvoľnosť	Unaccountability (1640), „nevysvetliteľný", znamená nespoľahlivý, nereagujúci na výzvu k zodpovednosti"	„Môžem sa správať, ako sa mi páči, bez následkov."
Sympatia	Sympathy, priamo z neskorej lat. *sympathia,* „spoločný pocit, sympatia", z gr. *sympatheia,* „pocit spolunáležitosti, spoločný pocit", zo *sympathes,* „spolu náležať, ovplyvniť podobnými pocitmi", asimilovaná forma *sym-,* „spolu" + *pathos,* „pocit"	„Moje emócie sú podobné emóciám iného človeka a vďaka tomu mu rozumiem."
Šťastie	Happiness (koniec 14. st.), „šťastný, priaznivý, mať šťastie, úspešný"; o udalostiach „dobre skončí", od *hap,* „šanca, náhoda" + *-y*	„Som spokojný so životom tak, ako je."
Štedrosť	Generosity, lat. *generosus,* „ušľachtilého rodu", obrazne „veľkodušný, štedrý", od *genus,* „rasa, zásoba"	„Túžim dávať iným, aby mali podiel na mojom šťastí."

Predispozícia	Účel	Súvisiace emócie
Konať v súlade so zvykmi a tradíciou	Uvážlivým správaním demonštrovať, že sme súčasťou skupiny a chceme ňou aj zostať	Podobné obozretnosti, ale zaoberá sa skôr spoločenským správaním než rizikom
Byť s druhým v bolesti	Umožňuje nám byť spojení s druhými a rozumieť ich emóciám bez toho, aby sme ich brali ako svoje	Podobné ako zľutovanie, empatia alebo sympatia, a často sa to nerozlišuje
Pristupovať k druhým z hľadiska morálky, či sú dobrí alebo zlí ľudia, či robia dobre alebo zle	Stanoviť normu správneho správania vo svojom živote alebo v živote komunity	Opak akceptácie ako emócie
Konať radšej podľa svojich vrtochov, než ako som sľúbil, alebo sa očakáva	Byť schopný konať bez obmedzenia	Nezodpovednosť
Súhlasiť s ostatnými v ich situácii a jej dosahom alebo významom	Umožňuje nám rozumieť, ako druhí ľudia prežívajú svet emocionálne	Často sa zamieňa s empatiou a súcitom
Tešiť sa z prítomnej chvíle	Vedieť, čo je podľa mňa v živote dobré alebo príjemné	Podobné radosti a uspokojeniu
Dávať	Vedieť dávať bez kladenia podmienok alebo očakávania	Príbuzné láskavosti, ale skôr je to o dávaní ako zahrnovaní

Emócia	Koreň	Príbeh
Teror	Terror, lat. *terrorem*, „veľký strach, hrôza, úľak, panika; objekt strachu, príčina úľaku; strašná správa", *terrere*, „naplniť strachom, ohroziť"	„Som si istý, že sa mi stane niečo hrozné, čo ma poškodí."
Tieseň	Anguish, lat. *angustia*, „tesnosť, rovnosť, úzkosť"; obrazne „tieseň, ťažkosť", *ang(u)ere*, „škrtiť, mučiť"	„Cítim sa touto správou priškrtený a zviazaný."
Tolerancia	Tolerant, lat. *tolerare*, „vydržať, udržať, podporiť, trpieť", doslova „uniesť"	„Vydržím s týmto človekom alebo v tejto situácii, kým sa nezmení podľa môjho vkusu."
Triviálnosť	Triviality, lat. *trvialis*, „bežný, obyčajný, ľudový"	„Nič nestojí za to, aby sme to brali vážne."
Trúfalosť	Hubris, gr. *hybris*, „samopašné násilie, bezočivosť, zneuctenie", pôvodne „opovážlivosť smerom k bohom"	„Moja mienka je ako keby od bohov. Nemôžem sa mýliť."
Túžba	Desire, lat. *desiderare*, „túžiť, želať si; žiadať, očakávať", pôvodne azda „čakať, čo prinesú hviezdy", podľa frázy *de sidere*, „z hviezd"	„Chcem byť v spojení s touto vecou alebo človekom."
Tvrdohlavý	Stubborn (koniec 14. st.), neistého pôvodu. Staršia forma je *stiborn*.	„Nezmením svoje presvedčenie."

Predispozícia	Účel	Súvisiace emócie
Skryť sa snahou o útek	Umožňuje nám identifikovať tie veci, o ktorých sme presvedčení, že predstavujú okamžitú hrozbu	Intenzívny strach. Niekedy sa zamieňa s hrôzou, ale je to viac o strachu než o poškodení, ktoré očakávam
Zápasiť o porozumenie	Rozpoznať zrútenie sveta v tej podobe, ako som ho poznal	Podobné agónii, ale viac vychádza z nového povedomia než telesnej nepohody
Vydržať s druhým danú chvíľu	Umožňuje nám urobiť krok vo vzťahu	Krok smerom k akceptácii, ale ponecháva si názor, že ten druhý sa mýli
Znehodnocovať alebo znižovať význam všetkého	Môže nám umožniť vyjsť z ťažoby alebo poprieť ťažkú situáciu	Niekedy sa zamieňa s potešením a rozptýlením
Konať extrémne arogantne	Zachádzať ďalej, ako je humánne, a keď vidíme druhých ľudí reagovať, pripomenie nám našu ľudskosť	Podobné arogancii, ale silnejšie. Opak poníženosti
Pátrať po tom, čo očakávam	Poznať veci, ľudí a zážitky, ktoré v živote chceme mať	Podobné baženiu
Odmietnuť sa zmeniť, najmä čo sa týka presvedčenia	Stáť si za tým, o čom sme presvedčení, že je správne	Podobné húževnatosti, ale viac o zachovávaní stanoviska než o posune vpred

Emócia	Koreň	Príbeh
Úcta	Reverence, lat. *reverencia*, „bázeň, rešpekt", *revereri*, „stáť v bázni, rešpekte, pocte, strachu, obavách"	„Toto je hodné mojej úcty a rešpektu."
Udatnosť	Bravery, zo stred. franc. *brave*, „skvelý, udatný", z talianskeho *bravo*, „statočný, udatný", pôvodne „divoký, neskrotený", možno stred. lat. *bravus*, „hrdlorez, zlosyn", lat. *pravus*, „pokrivený, skazený"	„Konám, aj keď cítim strach."
Údiv	Wonder, st. angl. *wundor*, „zázračná vec, zázrak, predmet údivu"	„Nerozumiem tomuto zážitku, ale aj tak sa mi páči."
Uchvátený	Captivated, lat. *captivus*, „chytený, uväznený", z *captus*, príč. min. od *capere*, „vziať, držať, uchopiť"	„Nemôžem uniknúť."
Umŕtvenie	Mortification, neskoro lat. *mortificare*, „spôsobiť smrť, zabiť", doslova „urobiť mŕtvym"	„Som v hlbokých rozpakoch a cítim, že umieranie (aspoň obrazne) bude najlepším riešením."
Únava	Tiredness, „unaviť sa", st. angl. *teorian*, „zlyhať, prestať; unaviť sa; vyčerpať sa", neistého pôvodu	„Nemôžem ísť ďalej."
Úprimnosť	Sincere, lat. *sincerus*, o veciach „celý, čistý, číry, nepoškodený, nepomiešaný", obrazne „zdravý, pravý, číry, pravdivý, úprimný, ozajstný"	„Som presvedčený, že to, čo hovorím, je pravda."

Predispozícia	Účel	Súvisiace emócie
Zaobchádzať s najvyššou úctou až dokonca so strachom	Zaobchádzať s druhým ako legitímnym človekom, ktorý si zaslúži úctu a rešpekt	Príbuzné bázni, ale bez elementu strachu
Konať veci, ktoré sa mne alebo druhým zdajú riskantné	Byť schopný konať aj vtedy, keď to môže ohroziť našu bezpečnosť	Príbuzné odvahe, ale bližšie k statočnosti
Ostať v zážitku	Spojiť sa s prvkami vo svete väčšími a silnejšími, ako sme my	Podobné bázni, ale bez strachu; zvedavosť vo vesmírnom meradle
Ostať zadržaný	Rozpoznať, ako vyzerá strata slobody	Podobné ako očarený alebo začarovaný, ale viac telesne
Skryť sa	Pomáha nám vidieť význam našej osobnej identity	Rozpaky, hanba, pocity viny
Spomaliť alebo zastať a odpočívať	Umožňuje nám vidieť hranice svojej energie	Vyčerpanie, ale nie také vážne
Byť transparentný	Základ na odhad dôvery, a teda aj koordinácie činnosti	Podobné poctivosti

Emócia	Koreň	Príbeh
Urážka	Affront, neskoro lat. *affrontare*, „udrieť proti", lat. *ad frontem*, „čelom", *ad + frons*	„Bol som napadnutý."
Uspokojenie	Satisfaction, lat. *satisfacere*, „úplne vybiť, podrobiť sa, nahradiť škodu", doslova „učiniť zadosť", *satis*, „dosť", z protoindoeur. koreňa **sa-*, „uspokojiť" + *facere*, „vykonávať"	„Mám dostatok."
Usúžený	Aggrieved, lat. *aggravare*, „sťažiť"	„Cítim sa, ako keby som bol z olova."
Utáraný	Garrulousness, lat. *garrulus*, „utáraný, uvravený"	„Hádať sa je zábava."
Útočný	Offensive, lat. *offendere*, „udrieť, naraziť na", obrazne „potknúť sa, urobiť chybu, uraziť, porušiť, provokovať"	„Rád by som povedal niečo, čo zraní tohto človeka."
Úzkosť	Anxiety (1620), lat. *anxius*, „úzkostlivý, nepokojný, utrápený v duchu", z *angere*, *anguere*, „dusiť, stlačiť", obrazne „muky, spôsobiť tieseň".	„Som presvedčený, že budúcnosť uchováva v sebe nebezpečenstvo, ale je nejasné, čo to je a odkiaľ príde."
Úžas	Amazement (1300), „prelud, zmätok" (tiež ako sloveso „ohromiť, omráčiť"), možno zo starej angličtiny **maes*	„Toto je viac ako moje doterajšie skúsenosti a neviem, čomu mám veriť."

Predispozícia	Účel	Súvisiace emócie
Cúvnuť	Stiahnuť sa zo situácie, v ktorej sme boli podľa nášho názoru napadnutí	Podobné rozhorčeniu, hoci mu môže predchádzať. Tiež môže vyústiť do hnevu
Oceniť, vychutnať alebo užiť si	Umožňuje nám vedieť, čo je dostatok a kedy sme úplne uspokojení	Často v protiklade s nárokom, ktorý sa zameriava na to, o čom som presvedčený, že si zaslúžim, nie kedy by bolo dosť
Pohybovať sa veľmi pomaly, hľadať úľavu od pocitu ťažoby	Spomaliť a dávať pozor na vážne životné zmeny	Príbuzné smútku ako stav, ktorý prichádza po uvedomení si straty
Hádať sa pre zábavu	Zaujímať stanovisko len pre radosť z protirečenia	Niekedy sa považuje za nedotklivosť alebo podráždenosť, ale deje sa nevedomky
Hovoriť spôsobom, ktorý raní druhého človeka	Vidieť silu slov	Príbuzné hnevu, ale nespája sa s neprávosťou
Robiť si starosti	Upozorňuje nás na možné nebezpečenstvo v budúcnosti	Podobné strachu, ale nie je zamerané na identifikovaný zdroj. Niekedy sa mýli s pochybnosťou alebo očakávaním
Byť vo vytržení	Ukazuje nám, že poznáme len časť univerza	Bázeň, údiv, nedôverčivosť

Emócia	Koreň	Príbeh
Vášeň	Passion, neskorá lat. *passionem*, „utrpenie, trvanie"	„Mám silnú túžbu byť blízko k druhému človeku."
Vážnosť	Gravity, lat. *gravis*, „ťažký, vážny, silný, bolestný, utláčajúci"	„Toto je veľmi vážne."
Vďačnosť	Gratitude, lat. *gratia*, „láskavosť, úcta, pohľad; príjemná kvalita, dobrá vôľa, vďačnosť"	„Život je dar."
Veľkodušný	Magnanimous, lat. „šľachetný", doslova „má veľkú dušu"	„Chcem využiť svoje zdroje, aby som sa postaral o druhých."
Vernosť	Loyalty, lat. *legalem*, od *lex*, „zákon"	„Budem chrániť a podporovať ľudí z mojej skupiny."
Veselá myseľ	Cheerfulness, neskoro lat. *cara*, „tvár"	„Toto mi robí dobre."
Viera	Faith, lat. *fides*, „dôvera, viera, sebadôvera, nádej, vierohodnosť, presvedčenie", od *fidere*, „dôverovať"	„Verím, aj keď nemám dôkazy."
Vina	Guilt, st. angl. *gylt*, „zločin, hriech, chyba, pokuta", neznámeho pôvodu	„Porušil som svoje vlastné normy."

Predispozícia	Účel	Súvisiace emócie
Byť čo najbližšie k druhému človeku, ako je to len ľudsky možné	Vytvoriť blízkosť	Často sa zamieňa s erotikou alebo sexualitou
Konať bez humoru alebo bez ľahkosti	Vedieť, čo je podľa nás vážne a hlboké	Serióznosť. Opak potešenia
Byť darom	Vidieť celý život ako dar	Často sa neodlišuje od vďaky, ktorá sa týka obchodovania (ďakovanie)
Využiť svoje zdroje na starostlivosť o druhých	Využiť svoje zdroje na starostlivosť o druhých	Podobné štedrosti, ale nie je natoľko o dávaní ako o starostlivosti
Brániť skupinu, ktorej som členom	Starať sa o integritu skupiny	Niekedy sa mýli so záväzkom alebo spoľahlivosťou, ale znamená starať sa o skupinovú identitu, a nie naše sľuby
Usmievať sa, smiať sa	Hovorí nám, kedy sa dejú podľa nás dobré veci	Podobné oslave, ale menej demonštratívne
Konať na základe presvedčenia	Konať bez potreby dôkazov alebo napriek dôkazu	Ako dôvera, umožňuje nám konať, ale nevyžaduje si odhad úprimnosti, schopnosti a spoľahlivosti
Potrestať seba	Poznať svoje hodnoty a kedy som ich zradil	Často sa zamieňa s hanbou, ale ide skôr o súkromnú než verejnú identitu

Emócia	Koreň	Príbeh
Víťazoslávny	Triumphant, st. lat. *triumpus*, cez Etruskov z gr. *thriambos*, „hymna na Dionýza"; koniec 14. st. „úspech v boji, víťazstvo", tiež „duchovné víťazstvo" a „procesia na oslavu víťazstva vo vojne"	„Vyhral som" alebo „Vyhrali sme."
Vľúdny	Gracious, lat. *gratia*, „láskavosť, úcta, pohľad; príjemná kvalita, dobrá vôľa, vďačnosť"	„Je správne správať sa k tomuto človeku milo."
Vo vare	Ebullience (1590), „vriaci", lat. *ebullientem*, „kypieť", doslova alebo obrazne, *ex-*, „vy-" + *bullire*, „bublať"	„Som taký vzrušený, že sa nedokážem ovládať alebo krotiť."
Vrúcnosť	Cherish, lat. *carus*, „drahý, drahocenný, milovaný"	„Toto je mi drahé."
Vyčerpanie	Exhaustion, lat. *exhaustus*, príč. min. *exhaurire*, „vyčerpať, odniesť, využiť, vyprázdniť", *ex-*, „vy" + *haurire*, „vyčerpať" (ako vodu)	„Nevládzem ísť ďalej."
Výčitky	Remorse, lat. *remordere*, „trápiť, rušiť", doslova „pohrýzť naspäť", *re-*, „späť" + *mordere*, „hrýzť"	„Mal som konať ináč."

Predispozícia	Účel	Súvisiace emócie
Verejne oslavovať víťazstvo	Schopnosť uznať výdobytok alebo zisk toho, o čo som/sme sa usiloval/i	Blízke pýche; možno si zameniť so samoľúbosťou a s aroganciou
Dobre zaobchádzať, uctiť	Umožňuje nám správať sa k druhým milo a úctivo	Láskavosť, veľkodušnosť
Angažovať sa s obrovskou energiou a nadšením	Hovorí nám, o čo máme záujem a nemôžeme sa zdržať činu	Podobnosť so vzrušením, oduševnením a nadšením
Starať sa, chrániť, pestovať	Mať druhého človeka blízko v duchu	Podobné zbožňovaniu, ale bez božského atribútu
Zastaviť sa	Vedieť, kedy sme dosiahli limit svojej energie	Možno si ho pomýliť somaticky s rezignáciou alebo akceptáciou
Obviňovať sa za minulé skutky	Vedieť, ktoré správanie v minulosti nebolo v súlade s našimi hodnotami a nákladmi na ne	Príbuzné pocitom viny, ale neobsahuje trestanie seba; pozri ľutovanie

Emócia	Koreň	Príbeh
Vydesený	Scared (1590), obmena stred. angl. *skeren* (1200), st. nór. *skirna*, „naľakať, cúvnuť, vyhýbať sa; brániť, zamedziť", príbuzné *skjarr*, „utlmený, plachý, bojazlivý", neznámeho pôvodu	„Pravdepodobne sa stane niečo, čo ma zraní."
Vyhnanstvo	Wretchedness, st. angl. *wrecca*, „úbožiak, cudzinec, vyhnanec", z protonem. **wrakjon*, „prenasledovateľ; prenasledovaný"	„Bol som nemilosrdne prenasledovaný a vyhnaný."
Vychutnávanie	Savoring, lat. *saporem*, „chuť, príchuť", príbuzné *sapere*, „mať príchuť"	„Toto je lahodný zážitok."
Vyrovnaný	Sedate, lat. *sedatus*, „vyrovnaný, mierny, tichý, pokojný", príč. min. *sedare*, „urovnať, upokojiť", príčinné od *sedere*, „sedieť"	„Je mi dobre, som v poriadku, nič ma neruší."
Vytrvalosť	Perseverance, lat. perseverantia, „stálosť, vernosť"	„Budem sa ďalej snažiť, nech sa deje čokoľvek."
Vyváženosť	Equanimity, lat. *equanimitatem*, „vyrovnanosť mysle, pokoj; dobrá vôľa, milota", *aequanimis*, „mierny, milý", doslova vyrovnanej mysle, *aequs*, „rovný, plochý" + *animus,* „myseľ, duch"	„Spravodlivé zváženie všetkých strán dá najlepšie výsledky."

Predispozícia	Účel	Súvisiace emócie
Utiecť	Vyhnúť sa vnímanému nebezpečenstvu	Strach, ale nie špecifický; bližšie k úzkosti, ale skôr zo severo-európskeho koreňa ako z latinského
Krčiť sa, vycúvať, odísť do exilu	Ukázať sa tam, kde nepatríme alebo nie sme vítaní	Zúfalstvo, rezignácia
Prijať zážitok a užiť si ho	Umožňuje nám dať chuť životu a užívať si ho	Podobné potešeniu, ale hlbšie a telesnejšie
Byť nehybný	Umožňuje nám byť nehybný, aj keď nám nie je jasné, že všetko v živote je dobré	Podobné ako pokojný, ale nie otvorene uvoľnený
Pokračovať v úsilí smerom k cieľu	Posúvať sa dopredu napriek prekážkam	Podobné statočnosti v napredovaní, ale bez prítomnosti strachu
Uvažovať pokojným a vyrovnaným spôsobom	Umožňuje nám uvažovať o živote z pokojného centra a zaobchádzať so všetkými stranami s rovnakou úctou	Umožňuje nám byť celkom blízko k „objektívnosti", pričom uznávame, že sme stále v emócii

Emócia	Koreň	Príbeh
Vzdať sa	Surrender, st. franc. *surrendre,* „vzdať sa, odovzdať" (13. st.), *sur-,* „nad" + *rendre,* „ustúpiť"	„Vzdávam sa."
Vzrušenie	Excitement, lat. *excitare,* „vzbudiť sa, vyvolať, zvolať, produkovať", opakovacie od *exciere,* „predvolať, povzbudzovať", *ex-,* „vy" + *ciere,* „rozhýbať, volať"	„Toto mi dáva energiu a chcem v tom pokračovať."
Xenofóbny	Xenophobic (1903), *xeno-,* „cudzí, neznámy" + *-phobia,* „strach"	„Každý, kto je iný ako ja, je nebezpečný."
Začarovaný	Bewitched (1200), *biwicchen, be-* + staré anglické *wiccian,* „počarovať, praktizovať čarodejníctvo"	„Zdá sa, že sa neviem zastaviť."
Zadumaný	Bemused, „zmiasť na najvyššiu mieru", *be-* + *muse.* Koniec 15. st. „odkloniť pozornosť, oklamať, podviesť", zo stred. franc. *amuser,* „odklon, príčina zadumania", *a,* „na, do" + *muser,* „uvažovať, uprene hľadieť"	„Je to pre mňa mierne záhadné."
Zamyslenosť	Pensiveness (koniec 14. stor.), st. franc. *pensif,* „zamyslený, duchom neprítomný, dumajúci" (11. st.), *penser,* „myslieť", lat. *pensare,* „zvažovať, uvažovať"	„Riešenie sa pravdepodobne nájde reflexiou."

Predispozícia	Účel	Súvisiace emócie
Dovoliť prevziať moc iným	Prestať bojovať alebo odporovať	Podobné rezignácii, ale je to dobrovoľné
Robiť viac; prežívať to znova; doslova *rozhýbať zvonka*	Vedieť, čo nám v živote dáva energiu	Možno si pomýliť s radosťou, potešením alebo nadšením
Vylúčiť každú osobu, čo je iná ako ja alebo my	Zachovať spoločnosť tak, ako je	Protiklad lásky, ktorá legitimizuje druhého človeka ako odlišného
Konať ako začarovaný	Dovoľuje nám to správať sa nezodpovedne	Podobné ako očarený, ale spojené s temnou silou
Snažiť sa pochopiť	Vytvárať jasnosť	Podobné ako *bezradný* alebo *zmätený*
Starostlivo uvažovať o možnostiach	Zvažovať možnosti, skúmať rôzne príležitosti	Podobné obozretnosti, ale súvisí viac s myslením než fyzickým konaním

Emócia	Koreň	Príbeh
Zápal	Zeal, „vášnivý zápal v sledovaní cieľa alebo priebehu činnosti" (koniec 14. st.), zo st. franc.	„Som veľmi vzrušený a chcem robiť toto."
Zarazený	Consternation, lat. *consternationem*, „zmätok, ohromenie", *constermat-*, „prekonať, zmiasť, ohromiť, popliesť, nastrašiť, vyplašiť"	„Niečo sa zdá nesprávne."
Zármutok	Sorrow, st. angl. *sorg*, „žiaľ, ľútosť, ťažkosť, starosť, bolesť, úzkosť"	„Cítim bolesť, že sa to stalo."
Zatrpknutosť	Rancor, lat. *rancere*, „páchnuť", v neskorej lat. „nevraživosť, trpkosť"	„Život je trpký."
Zaujatý	Intrigued, lat. *intricatus*, „zapletený", príč. min. od *intricare*, „zapliesť, zmiasť, uviesť do rozpakov", *in-* + *tricare*	„Toto ma naozaj veľmi zaujíma."
Záväzok	Commitment, lat. *committere*, „zjednotiť, spojiť, kombinovať; dávať dokopy", *com-*, „spolu" + *mittere*, „dať, poslať"	„Táto iniciatíva si zaslúži moju úplnú pozornosť a snahu a ja sa pre to rozhodujem slobodne."
Závisť	Envy, lat. *invidia*, „závisť, žiarlivosť", *invidus*, „závistlivý, cíti nenávisť alebo zlú vôľu", *invidere*, „závidieť, nenávidieť", staršie „pozerať sa (v zlom), hodiť zlým okom na", *in-*, „na" + *videre*, „vidieť"	„Zaslúžim si to viac ako on(a), a keď to nemôžem mať, chcem, aby to stratil(a)."

Predispozícia	Účel	Súvisiace emócie
Skočiť do akcie	Pustiť sa do energickej činnosti	Potešenie, ambícia, nadšenie
Pomaly zisťovať, či je cesta bezpečná	Zastaví naše konanie, aby sme si premysleli, ako byť opatrnejší	Príbuzné opatrnosti, ale viac strachu alebo úzkosti
Želať si, aby sa to nebolo bývalo stalo	Vedieť, na čom nám záleží, a dúfať, že sa to na budúce udeje inak	Podobné smútku, ale nemusí byť o niečom, čo sme stratili
Nenávidieť život; žiť, ako keby sme sa po celý život mýlili	Ochutnať, aký by bol život, keby v ňom nebola žiadna sladkosť	Nevraživosť, nevrlosť
Pátrať	Vedieť, o čo mám hlboký záujem	Podobné príťažlivosti, ale častejšie o myšlienke než o človeku
Konať v súlade so svojimi sľubmi	Konať konzistentne so svojimi sľubmi, aby sme v živote dosiahli to, na čom nám záleží	Možno si ho pomýliť s podrobením sa.
Podkopať človeka alebo ľudí, ktorí niečo vlastnia alebo dosiahli, o čom som presvedčený, že to je oprávnene moje	Vedieť, čo by sme v živote chceli mať alebo byť	Často sa nerozlišuje od žiarlivosti, ale vyvoláva ju chamtivosť, zatiaľ čo žiarlivosť je podnecovaná strachom

Emócia	Koreň	Príbeh
Zbožňovanie	Adoration, lat. *adorare*, „rozprávať formálne, prosiť, žiadať v modlitbe", v neskorej latinčine „uctievať", *ad-*, ku + *orare*, „rozprávať formálne, modliť sa"	„Podľa mňa je tento človek alebo entita božská."
Zdesenie	Horror, lat. *horor*, doslova „tras, triaška, chvenie", z *horrere*, „zježiť sa strachom, chvieť sa"	„Horšie si už ani neviem predstaviť."
Zloba	Wrath, st. angl. *wraeddul*, „hnev", od *wrad*, „nahnevaný"	„To musím potrestať."
Zľutovanie	Pity, lat. *pietatem*, „zbožnosť, vernosť, povinnosť"	„Vidím utrpenie, ale cítim sa nadradený, pretože to je ich vina, že trpia."
Zmätený	Confoundedness, lat. *confundere*, „zmiasť", doslova „zliať, miešať, miesiť", *com-*, „spolu" + *fundere*, „liať"	„Všetko je pomiešané a ja tomu nerozumiem."
Zmyselný	Sensual, lat. *sensualis*, „vybavený zmyslami"; znamená „spojený s uspokojovaním zmyslov"	„Mám rád vnemy alebo pocity, ktoré toto prináša."
Zmyslový	Sensuous (1640), „týkajúci sa zmyslov", zjavne vymyslel Milton, aby obnovil význam slova *zmyslový* a vyhol sa lascívnej konotácii, ktoré staršie slovo získalo.	„Prežívam tento zážitok mojimi zmyslami."

Predispozícia	Účel	Súvisiace emócie
Zaobchádzať s najväčšou úctou alebo uctievať	Vniesť božské do ľudských vzťahov	Príbuzné láske, ale obsahuje skôr obdiv ako akceptáciu, kým páčiť sa znamená potešenie byť spolu
Triasť sa a zamrznúť duševne	Uvedomovať si najhorší možný osud	Podobné intenzívnemu, myseľ ochromujúcemu strachu
Nemilosrdne potrestať	Umožňuje nám potrestať ohromnú neprávosť	Besnenie, hnev, zúrivosť
Pozerať sa zvrchu na trpiaceho ako na niečo menej, než som ja.	Priznať, že niekedy je potrebné pre ostatných mať lepšie schopnosti alebo vedomosti	Často sa zamieňa so súcitom alebo s empatiou, ale má aspekt nadradenosti
Pýtať sa alebo žiadať objasnenie	Pomáha nám vedieť, kedy nám chýba potrebná štruktúra, aby sme porozumeli	Podobné neporiadku. Môže viesť k strachu, frustrácii alebo zvedavosti ako nasledujúcim krokom
Zapojiť sa do činnosti	Užívať si vnemy zážitku	Môže sa zameniť so zmyslovým alebo sexuálnym
Uvedomovať si zapojenie sa do činnosti	Byť si vedomý prežívaných vnemov	Môže sa zameniť so zmyselným alebo sexuálnym

Emócia	Koreň	Príbeh
Znechutenie (synonymné s nechuťou)	Disgust, lat. *des-*, „opak" + *gustare*, „chutnať"	„Tento zážitok zanecháva trpkú chuť v mojich ústach."
Zodpovednosť	Responsibility, lat. *respondere*, „odpovedať, sľúbiť na odplatu"	„Je to niečo, čo musím urobiť."
Zradený	Betrayed, lat. *tradere*, „odovzdať", *trans-*, „cez" + *dare*, „dať"	„Tento človek ma odovzdal nepriateľovi."
Zronenosť	Dejection, lat. *deiectus*, „zhodenie, padanie, pád, zraziť; vyraziť; zabiť, zavraždiť, poraziť", *de-*, „dolu" + *-icere*, komb. forma *iacere*, „hodiť"	„Nemôžem uveriť, že sa mi to stalo, a vôbec sa mi to nepáči."
Zúfalstvo	Despair, lat. *desperare*, „zúfať, stratiť všetku nádej", *de-*, „bez" + *sperare*, „dúfať"	„Nemám žiadnu nádej, nevidím žiadne možnosti."
Zúrivosť	Fury, lat. *furia*, „násilná vášeň, zúrivosť, šialenstvo", príbuzné *furere* „zúriť, byť šialený"	„Zaútočiť ako blázon."
Zvedavosť	Curiosity, lat. *curiositatem*, „túžba poznať, pátranie"	„Tu je pre mňa niečo zaujímavé alebo osožné."
Žiadostivosť	Lust, st. angl. *lust*, „túžba, chuť, rozkoš; zmyslová chuť"	„Chcem to."
Žiaľ	Grief, lat. *gravare*, „sťažiť", *gravis*, „závažný"	„Cítim, že sa nikdy nezotavím."
Žiarlivosť	Jealousy, nesk. lat. *zelus*, „zápal, oduševnenie"	„Obávam sa, že mi vezmeš niečo, čo je moje."

Predispozícia	Účel	Súvisiace emócie
Odmietnuť, odvrátiť sa alebo nezúčastniť sa	Bráni nám púšťať sa do vecí, ktoré nie sú v súlade s našimi hodnotami	Podobné hnusu, ale nie také silné. Niekedy sa zamieňa za pohŕdanie alebo nenávisť, keď sa týka ľudí
Zobrať za svoje (obvykle situáciu)	Prevziať vedenie	Príbuzné spoľahlivosti, ale proaktívnejšie
V šoku klesať na mysli	Rozpoznať, kedy bola porušená vernosť	Podobné ako nevernosť, ale zrada sa konkrétne týka sľubov v našom vzťahu
Poprieť a odporovať tomu, čo sa prihodilo	Ukazuje význam veci, ktorú sme očakávali	Podobné sklamaniu; príbuzné nedôverčivosti, ale s tmavšou náladou
Stiahnuť sa a vzdať sa snahy	Dosiahnuť „dno", zažiť to najhlbšie	Príbuzné malomyseľnosti, ale menej vážne; možno si ho zmýliť so stavom depresie
Útočiť so všetkou energiou	Útočiť bez výhrad	Podobné zlosti, ale znamená to viac útočiť než zničiť
Klásť otázky	Porozumieť svojim zážitkom, aby sme sa niečo naučili	Opak nudy
Angažovať sa bez ohľadu na dôsledky	Vedieť, po čom túžime	Príbuzné vášni, ale viac z pohľadu využitia druhého než splynutia
Hľadať význam v udalosti, ktorá spôsobila ťažobu	Nájsť význam a zotaviť sa z vážnej situácie	Príbuzný smútku, ale stav prichádza po uvedomení si straty.
Snažiť sa uchrániť to, čo mám od druhého	Vidieť, čo sa bojíme v živote stratiť	Často sa nerozlišuje od závisti, ktorá je podnecovaná chamtivosťou, kým žiarlivosť podnecuje strach

Neotvorený dar

O AUTOROCH

Lucy Nuñez a Dan Newby sú kouči, tréneri koučov a facilitátori. Sú manželia a žijú v Barcelone. Lucy absolvovala štúdium psychológie, ľudských vzťahov, organizačného konzultovania, skupinovej dynamiky a niekoľko modelov koučovania. Trénuje koučov na Escuela Europea de Coaching a má dlhoročné skúsenosti s tréningmi a konzultovaním v podnikovej sfére. Pochádza z Venezuely a do Španielska emigrovala v roku 2001. Dan sa narodil v Spojených štátoch a 25 rokov je učiteľom, koučom, mentorom a autorom publikácií v oblasti firemného líderstva. Osem rokov zastával funkciu staršieho vedúceho kurzu v Newfield Network Coaching School v Spojených štátoch, Kanade a Európe. Teraz pracuje na voľnej nohe. Obaja sa veľmi zaujímajú o učenie ľudí, ako sa aplikuje v rôznych kultúrach, organizáciách a u jednotlivcov, a, samozrejme, o emócie.

Neotvorený dar

ZDROJE / ĎALŠIE INFORMÁCIE

Našou víziou je, že táto kniha bude časom rásť a meniť tvar. Pozývame vás, aby ste sa zúčastnili na tomto procese tým, že autorom pošlete otázky, nápady, príklady alebo emócie, o ktorých ste presvedčení, že by sa sem mali zaradiť.

Kontakt na Lucy Nuñez: lucynunez.alg@gmail.com
Kontakt na Dana Newbyho: dan@dannewby.me

Priebežné aktualizácie a ponuky kurzov možno nájsť na: www.dannewby.me

Naša práca

Workshopy: Niekoľko ráz ročne vedieme workshopy pre koučov, ktorí si chcú prehĺbiť poznatky o emóciách, ako aj o možnosti ich využitia ako nástroja pri zvyšovaní efektívnosti svojej práce. V Spojených štátoch každý rok ponúkame dva päťdňové workshopy v štáte Nové Mexiko. Účasť je obmedzená na dvanásť účastníkov. Miesto konania v Európe sa mení. Všetky workshopy sú v angličtine s podporou španielčiny.

Koučovanie: Ponúkame možnosť pracovného i osobného koučovania. Máme prax v koučovaní výkonných a vedúcich pracovníkov na všetkých stupňoch a v mnohých spoločnostiach. Dan koučuje len po anglicky, Lucy po španielsky. Koučovanie sa odohráva buď osobne, alebo ako videokonferencia.

Mentorovanie koučov: Koučom ponúkame mentorovanie, či už pri obnove certifikátu, alebo zlepšovaní zručností. Tieto sedenia môžu byť individuálne alebo skupinové. Obvykle sa konajú ako videokonferencie, ale možno ich usporiadať aj vo forme osobného stretnutia.

Facilitovanie: Lucy aj Dan majú dlhoročnú prax vo facilitovaní skupín, obzvlášť v oblasti rozvoja líderstva. Ponúkame programy šité na mieru potrebám vášho tímu alebo organizácie.

On-line tréning: Ponúkame aj on-line tréning v emóciách, koučovaní a príbuzných témach. Tieto programy sú asynchrónne a možno sa k nim pripojiť cez akékoľvek internetové spojenie. Možno ich podľa potreby upraviť alebo kombinovať s osobnou prácou.

POĎAKOVANIE

Radi by sme poďakovali stovkám študentov, koučovaným, koučom, učiteľom, priateľom, rodinným príslušníkom a facilitátorom, ktorí nás podporili a s ktorými sme mali to potešenie pracovať počas každej z našich ciest. Každý z nich prispel svojím spôsobom k našim poznatkom a v dôsledku toho aj k tejto knihe.

Obzvlášť ďakujeme Juliovi Olallovi a Rafaelovi Echeveriovi, ktorí boli nápomocní pri tejto priekopníckej interpretácii emócií a ktorých považujeme za jedinečných a nadaných učiteľov.

Ďakujeme Bethany Kelly z Publishing Partner za riadenie a podporu, ako aj ľuďom, ktorí kontrolovali rukopis a poskytli nám neoceniteľnú spätnú väzbu. Sú to Kim Ebinger, Clement Graham, Reiner Lomb, Will Newby, Mirko Kobiéla, Curtis Watkins a Nancy Graham.

Špeciálna vďaka patrí Douglasovi Harperovi, tvorcovi webovej stránky www.etymonline.com. Jeho stránka bola nesmierne cenným zdrojom poznatkov a pomohla nám objasniť pôvod našich anglických slov v tejto knihe a odporúčame vám, aby ste podporili jeho snahy.

Daniel Newby and Lucy Núñez
NEOTVORENÝ DAR
Príručka emocionálnej gramotnosti

Z anglického originálu Daniel Newby and Lucy Núñez: The
Unopened Gift: A Primer in Emotional Literacy, ktorý vyšiel v roku
2017, preložil PhDr. Ivan Valkovič.

Jazyková korektúra Mária Majerníková

ISBN: 978-0-692-85578-2